神奇的民族神奇的智慧

# 猶太的智慧

顧駿　著

# 神奇的民族　神奇的智慧 ──────── 顧駿

對於猶太民族和猶太文化，您也許還不很熟悉；其實只要留心身邊發生或出現的種種事件和現象，就可以發現猶太人和猶太人的智慧，一直在我們不知不覺之中參與著我們的生活。

關心國際政治的，一定經常聽到中東地區的以阿衝突，這以色列就是猶太人新建立的國家；相信基督教的，一定知道《聖經》、上帝和耶穌基督，這《聖經》中的〈舊約全書〉就是猶太教的正典，上帝就是從猶太人的至高唯一神耶和華演化而來，耶穌基督本人更是道道地地的猶太人。

熟悉哲學的，一定知道斐洛、斯賓諾莎、維特根斯坦；熟悉社會科學的，一定知道馬克思、涂爾幹、塞謬爾森；從事自然科學的，一定知道愛因斯坦、埃爾利希、科恩伯格；從事心理學的，一定知道弗洛伊德、弗洛姆、馬斯洛；喜歡美術的，一定知道夏卡爾、里普希茲、愛潑斯坦；喜歡音樂的，一定知道門德爾松、馬勒、奧芬巴赫……

即使對所有這些猶太人一個都不認識也沒關係！我們就來談談與現代人息息相關的──每週休息一天的規矩，便源自於猶太文化；諸如股票交易、可轉讓票據、政府債券，都有猶太人的創造痕跡；醫院裡的打針吃藥，螢幕上的電影、電視，許多也是猶太人的創造和出品。

沒有猶太人、沒有猶太智慧，世界絕不可能是現在這個樣

子！要了解這個世界，必須了解猶太人、了解猶太智慧！

　　猶太人古稱希伯來人，其祖先是一個遊牧部族，大約於公元前二千年從幼發拉底河流域（此為傳統說法）來到迦南，即今天的巴勒斯坦。當地人稱之為「哈比魯人」，意為「大河那邊來的人」；後因語音演變，遂成「希伯來人」。

　　公元前 1700 年左右，希伯來人開始自稱是以色列人。「以色列」是「與神角力」的意思。相傳他們的族祖曾於夜間同神角力，神不能勝，故為之起名以色列。

　　後來因迦南大旱，以色列人移居埃及。經過四百餘年的寄居奴役生活之後，由部族首領摩西帶領，離開埃及，重返迦南。途中，在西奈沙漠上流浪四十年。在這一期間，摩西代表以色列族眾與耶和華上帝立約，接受上帝授予的「十誡」，尊耶和華為至高唯一神。此乃猶太教的初步奠定。

　　公元前十三世紀，希伯來人征服了迦南人和其他土著，開始定居迦南。這時，在北方形成了由十個部落組成的以色列王國，南方形成了由兩個部落組成的猶大王國。公元前十一世紀，掃羅在這十二個部落的基礎上建立了統一的王國。第二代君王大衛和第三代君王所羅門前期，是猶太王國的鼎盛時期，所羅門王修築了耶路撒冷城和珍藏上帝與以色列人立約之信物的聖殿，史稱「第一聖殿」。

　　在所羅門晚期，國勢漸衰；到他死後，王國分裂為二，仍為北方以色列國，南方猶大國。兩國自相殘殺，兩敗俱傷。以色列遂於公元前 721 年為亞述人所滅，從此消失。

　　到公元前 586 年，猶大王國亦亡於新巴比倫人之手。耶路撒冷城破之日，聖殿被毀，上層人士和工匠、文士數萬人被擄至巴比倫，史稱「巴比倫之囚」。

流散在外的希伯來人當時被稱為「猶太人」，意為猶大國滅亡後的遺民。起初帶有貶意，後來相沿成習。

　　在歷時半個世紀的被囚期間，希伯來人中的文士和祭司為保存民族文化傳統，開始撰寫、編錄文獻資料，其中一部分構成了日後《聖經》的主要內容。

　　公元前 538 年，波斯人滅新巴比倫，允許希伯來人返回此時已處於波斯人統治下的巴勒斯坦，重建聖殿。希伯來人經過二十年的艱苦努力，重新建成聖殿，史稱「第二聖殿」。

　　在此期間，希伯來人開始將帶回的文獻加以整理，編為正典。約在公元前 400 年時，現存《聖經》中的前五卷，即所謂的「摩西五經」首先具備了現在的形式，以「托拉」為名，成為正在形成中的猶太教的最高經典。《聖經》中的其餘部分也分別於公元前 200 年和公元 100 年時被編入《聖經》，猶太教從此成為「一本書的宗教」，猶太民族從此成為以一書為樊籬，來規範民族生活，抵禦異族同化的民族；而這本書本身也作為代表，構成了西方文明的兩大基石之一（另一個是古希臘文化）。

　　一個以後被排斥在主流生活之外達二千五百年的民族，不久就將通過這本書，大大地干預整個人類文化、包括主流文化的進程。

　　從猶大國滅亡之後，希伯來人一直處於異族統治下。波斯人之後是馬其頓王國，隨後是馬其頓王國分裂後形成的埃及托勒密王朝和敘利亞塞琉古王朝。公元前 156 年到公元前 63 年之間，希伯來人曾通過「馬加比起義」，獲得一百年的獨立。此後，便落入羅馬人的統治之下。

　　公元 66 年，希伯來人進行武裝起義，遭羅馬人鎮壓，第二聖殿於公元 69 年被毀。公元 132 年，希伯來人再度起義，

於三年後失敗。隨後，羅馬人將希伯來人或殺或賣，餘者全部強行驅逐出巴勒斯坦。至此，希伯來人幾乎全部成為「猶太人」，從此開始漫長的「大流散」：起先散居於歐亞非三洲相鄰處，後來遍及全世界。

在這個歷時將近兩千年的漫長時期內，猶太民族始終處於被歧視的境地，並屢遭迫害，甚至殺戮。其中最為悲慘的莫過於納粹德國的「最後解決」：共有六百萬猶太人死於煤氣室中、或槍口下、或勞役的折磨。

然而，就是在這樣惡劣的生存環境下，猶太民族散而不亡，不但極為頑強、令人不可思議地作為一個民族生存下來，並在各個時期、乃至今日，為人類文明做出了巨大、與其人數不成比例的貢獻。

猶太民族最早確立不具形態的至高唯一神這種宗教的最高級形式，猶太教至今仍是一切宗教中最嚴格的「一神教」。猶太民族的《聖經》直接孕育了基督教和伊斯蘭教：基督教的《聖經》就是猶太教《聖經》（即所謂〈舊約〉）與基督徒編錄的〈新約〉之結合；伊斯蘭教的創始人穆罕默德本身深受猶太教的影響，伊斯蘭教的聖經《可蘭經》在許多方面源自猶太《聖經》。

中世紀基督教哲學的奠基人是猶太人哲學家斐洛，近代西方哲學的開端則始於荷蘭猶太人、大哲學家斯賓諾莎。在近代科學興起之後，猶太人迅速走過了自己的「啟蒙時期」，進入一個空前繁榮的創造時代，人才輩出，成果纍纍。

直到今日，各個領域、各門學科中幾乎都有猶太人的身影，其中不乏世界一流人物。僅以諾貝爾獎為例，據統計，從1907年至1970年，猶太人中獲此獎者的比率為世界最高，是

世界其餘人口中獲獎者比率的 25 倍！

猶太民族在喪失地域之後，便有意識地以民族文化為紐帶，借助於典籍和注重學習的傳統，在兩千多年的散居生活中維繫了民族的存在，始終保持著獨特的文化個性與民族個性，文化傳統一以貫之，從未中斷，並於現代民族解放的潮流開始之際，果斷地把握住歷史時機，終於在 1948 年重建猶太民族的新國家——以色列。

這是人類歷史上「絕無僅有」的「古國復活」之事例！

猶太民族長期居於屈辱地位，卻靠不屈不撓的精神和精明強幹，一再取得巨大的經濟成就；一個被歧視、被侮辱的民族卻同時以「有錢」而聞名於世，由現代開始，越來越成為世界經濟生活中一支重要的力量！

猶太人在復國的過程中，更復活了希伯來語。這是人類諸多民族上古語言中唯一復活成功的實例。

以色列人的文盲率為世界最低，僅占百分之五；平均受教育程最高；平均讀書量也為世界最高：十四歲以上的人，平均每個月讀一本書。

以色列的基布茲組織❶是人類烏托邦理想唯一的現實存

---

❶ 基布茲：kibbutz，以色列的集體居民點，一般從事農業，但也往往從事農業和工業。由成員擁有（或租用）和管理，1910 年建立第一個基布茲—德加尼亞，有幾個基布茲十分繁榮。收益首先用於對成員提供社會服務。醫療以及所有的必需品，所餘用於對居留地的再投資。成人有私人住所，但兒童則集體居住和由人照看。炊事和用膳都是共同的，1948 年以色列成立以來，在各集體居民點中，人身和財產更趨向私有。由猶太國民基金會分配土地，每周召開全體會議，其職能猶如公社政府。

在。在其中，生產公有，人人勞動，按勞務分配，甚至孩子也集體居住在一起來養育。

以色列是一個缺油少水的國家，卻成功地征服了沙漠，綠色的田野不斷伸展，5%的農業人口提供了全國所需的 95%農產品，還有相當數量出口歐洲，並至今保持著多項農作物單產世界紀錄！

對於一個有著如此災難性的經歷而能如此成功地生存下來、興旺起來的民族，對於一個幾乎在人類一切活動領域中都有不同凡響之貢獻的民族，對於一個在眾多方面都創造了人類前所未有之奇蹟的民族，人們不能不承認她確有智慧，確有不同尋常的大智慧。猶太智慧是人類的一筆大財富。

對於這筆財富，每一個正邁向廿一世紀的國家或民族都可以以自己的方式加以汲取和利用，以便加速自身的發展。尤其對於與猶太民族同列人類碩果僅存的兩個從未中斷的古老文明，同為早熟的民族，卻以截然不同的存在形式走過大相徑庭的歷史道路，而今又處在不同起跑點上的中華民族來說，更可以從猶太智慧中找到不少可用來補足自己、提高自己、完善自己的重要內容。猶太智慧與中國智慧的融合，必能生成一種新的、更見智慧的智慧。本書即是為此而作的一次嘗試。

全書除前言之外，共分八章，分別以猶太民族著稱於世的某一特徵為中心，來結構相關的智慧。具體內容在此不贅。這裡的主要方法論問題是，所有這些擴散的「生存智慧」整體上又如何體現出猶太智慧不同於其他民族智慧的根本特點？尤其是如何體現出猶太智慧在某種意義上，作為西方智慧一般代表的特點？

我們在全書八章中，選擇第一章作為對猶太智慧作提綱挈領的總闡發，以猶太式的釋義法為方法，以在猶太生活中具有至高無上地位的《聖經》為對象，從這本在猶太史上既作為初次亡國慘痛教訓之記錄，又作為維繫民族、衛護傳統之樊籬，還作為世界上眾多人之《聖經》的猶太智慧文本中，提尋決定猶太民族歷史命運甚或人類歷史進程的智慧密碼。該章第四節基本上表達了筆者從社會——文化視野，對猶太智慧、甚或人類社會生活智慧的一個總體看法。

本書主旨在於闡發智慧，所以對猶太歷史、包括文化史，沒有作專門的介紹；除了在這篇前言中作了概述之外，只在有關章節中分散地作了些相關介紹。讀者如覺不夠明瞭的話，請另行參考有關猶太歷史和猶太文化的資料。

對猶太智慧作系統的探究，於我還是第一次。擱筆之時，對自己的探索結果談不上有多少滿意，因為寫作也是一種「遺憾的藝術」。本書撰寫過程中所用的參考資料大多得之於顧曉鳴先生，在此一併表示感謝。最後我還要感謝陳蓮鳳女士為我提供了良好的寫作條件。

# 目錄 CONTENTS

# Chapter 1
# 聖經的民族　上帝的智慧

猶太民族是為人類貢獻了《聖經》的民族。

所謂「聖經」，顧名思義，就是具有至高神聖性的典籍。

猶太人給了《聖經》以如此之高的地位，《聖經》對猶太人又意味著什麼？

人類中的大部分跟著猶太人，給了《聖經》以如此之高的地位，《聖經》對人類文化意著什麼？

對猶太民族來說，這樣小小一本書可以在二千五百年中作為一個流散民族的樊籬，使她「散而不亡」；可作為其根本大法，使她能應付一切挑戰，並最終成為一個「取得了過多成就」的民族；這不等於說，《聖經》中已包含著猶太民族得以延存、成功和走在時代前端的「密碼」嗎？也就是說，猶太智慧以獨特的文化積澱形成，深埋於看似神話的故事言論背後，一代代人在虔誠信奉中，有意無意地承繼了民族的智慧，提升了自己的生存能力和技巧。

而對於整個人類世界來說，這樣一個小小民族的小小一本書竟分別孕育出當今世界三大宗教中的兩個：基督教和伊斯蘭教，感召如此之多的善男信女皈依上帝、或天主、或真主，並可以讓神學家從中找到神的旨意，道德家從中找到人倫的準

則，社會學家找到現代資本主義精神，革命家找到反抗暴君的公義，《聖經》在人類歷史如此長的時期內、如此無所不在地影響著人們的精神和心理，從而實際改變著人類的現實存在，以至於今日還被公認為對世界歷史影響最大的十本書之首！

這不等於說，世界歷史是人類受《聖經》中的密碼所「左右」而留下的一條行進軌跡嗎？也就是說，上古時代的猶太人以自己的獨特智慧，融合了當時國際環境中的「世界智慧」，發現了人類社會文化的普遍問題，通過《聖經》的記載和傳播，使之成為今日真正的世界性智慧。

那麼，由此出發，我們能否進一步從《聖經》中分離出人類社會生活的若干基本特徵，解析出人類歷史進程的若干原初公式？換言之，我們能否從「猶太上帝」的道理中，發掘出人類社會存在、人類文明發展的一般道理？能否覓得古老民族保持青春的一般方法？能否找到一切民族及其一切成員可以藉以取得成功的一般秘訣？

帶著這樣一些根本性的智慧問題，我們走進《聖經》的殿堂，由《創世紀》開始，讓「上帝之道」（言辭）來澄清我們對神奇的猶太智慧的一片混沌。

# 1．智慧樹上結的是什麼果？

《聖經》上寫著，上帝在創世的第六天造了人：「耶和華神用地上的塵土造人，將生氣吹在他的鼻孔裡，他就成了有靈的活人，名叫亞當。」（《創世記》）

然後，上帝又為亞當造了一個美奐美侖的伊甸園，使各樣的樹從地裡長出來，可以悅人眼目，其樹上的果子好作食物。

園子當中有兩棵樹，一棵是人食其果便能永生的生命樹，另一棵是人食其果便能分別善惡的智慧樹。

上帝將亞當安置在伊甸園中，使他修理、看守，並對亞當說：「園中各樹上的果子你可以隨意吃；只是分別善惡樹上的果子你不可吃，因為你吃的日子必死！」（《創世記》）

上帝見亞當一個人獨居過於寂寞，便乘他熟睡之際，取下了他身上的一條肋骨，造了一個女人，名叫夏娃，讓他們兩人匹配為夫妻。「當時夫妻二人赤身露體，並不羞恥。」（《創世記》）

上帝對人類如此恩寵有加，人類卻在蛇的引誘之下，背逆了上帝——

> 耶和華神所造的，唯有蛇比田野一切的活物更狡猾。蛇對女人說：「神豈是真說，不許你們吃園中所有樹上的果子嗎？」女人對蛇說：「園中樹上的果子我們都可以吃，唯有園當中那棵樹上的果子，神曾說：『你們不可以吃，也不可摸，免得你們死。』」蛇對女人說：「你們不一定死，因為神知道，你們吃的日子眼睛就明亮了，你們便如神一般能知道善惡。」
>
> 於是，女人見那棵樹的果子好作食物，也悅人的眼目，且是可喜愛的，能使人有智慧，就摘下果子來吃了；又給她丈夫，她丈夫也吃了。他們二人的眼睛就明亮了，才知道自己是赤身露體，便拿無花果樹的葉子，為自己編作裙子。（《創世記》）

「聰明反被聰明誤！」上帝從人恥於自己赤身露體，發現人偷吃禁果的秘密。上帝震怒之下，詛咒了蛇、女人及其丈

夫：蛇必須終生用肚子行走（不知蛇以前還有其他什麼走法）；女人必須經歷懷胎生產的苦楚；而男人必須在荊棘滿地的田野裡勞作，汗流滿面才得以糊口。

上帝怕人再吃生命果，從而得以永生，就把亞當、夏娃趕出伊甸園，並派天使帶著「四面轉動發火焰的劍」，把守通向生命樹的道路。

人類是因為偷吃智慧果而被逐出伊甸園的，這一點一直很清楚。但智慧果究竟是一種什麼果，或者說，智慧果中蘊藏的究竟是何種智慧，上帝和記載上帝神蹟的《聖經》都沒有明確交代，只告訴我們，這種智慧是「知善惡」的智慧。對這樣一個語焉不詳的回答，亞當、夏娃的後裔是不滿意的。於是，引出了種種議論和探究。

最簡潔、乾脆的要數著名的人類學家 J・G・弗雷澤的說法。他主張故事中最初只有生死樹，後來人為地又加上智慧樹的內容。這種簡單否定的說法實在過於簡單化了，連一切故事都是「人為」的，而非「神為」的——這一條也忘了，顯然不足憑信。

有人認為，智慧果代表一種道德智慧；有了這種智慧，人就能主宰自己、擺脫上帝。也有人認為，這裡的「善惡」並不是道德觀念，而是功利思想；有了這種智慧，人就有了維持自身發展的能力。這些說法似乎都有道理，但不知這兩種智慧的獲得，何以會觸怒了上帝？人類自律、自立，何以會令上帝如此震怒？

自從身為猶太人的著名精神分析學家西格蒙・弗洛伊德的泛性論問世以來，有不少學者又從性心理的角度探討了智慧果的底蘊。人們發現，《聖經》中有數處（《申命記》、《撒母耳記》下）出現「善與惡」的這個詞，都表示具有性能力；在古

希伯來人那裡，蛇就是性的象徵，無花果樹被認為能提高人的性能力；而人類的羞於赤身露體，則明白無誤地顯示了人類性意識的覺醒。所以，智慧果的秘密就是：它能提高性能力，可以促進生殖力。

可是，令人費解的是，一再以「生養眾多」作為對義人之賜福的上帝，為何又反對人類大大地提高生殖力？怕人類縱慾傷身嗎？猶太人及上帝好像又沒有這種禁慾的信條。

我將這一題目置於正文之首，自然是認為所有這些說法都沒有完全說明智慧果之謎，原因在於這些學者都沒有找到解開此謎的鑰匙。

智慧果之謎應該到上帝的智慧與人吃了智慧果後所能獲得的智慧之關係中去尋找，而鎖眼就是「如神」。

猶太人是一個智慧的民族，猶太人的上帝是一個智慧的上帝：「耶和華以智慧立地，以聰明定天，以知識使深淵裂開，使天空滴下甘露。」（《箴言》）甚至還會在同人摔角不敵之時，用摸人大腿窩的「犯規」手法，「智取」對手。

毫無疑問，在亞當、夏娃偷吃智慧果之前，他們只有籠罩在上帝的智慧之下，唯上帝之命是從。這時，他們不是沒有善惡，而是沒有自己的善惡，只能以上帝的善惡為善惡。人類甘居上帝的權威之下，從來不敢有所懷疑。

但是，上帝的智慧卻留下一個根本性的疏漏，那就是他在造人之時，是「照著自己的形象造人，乃是照著他的形象造男造女。」（《創世記》）這就意味著，上帝是個智慧之神，人就應該是一個智慧之人；上帝是一個自知善惡之神，人也應該是一個自知善惡之人。

然而，上帝又是一個嫉妒之神，不願意有其他神同他並列，更不願意見到「人如神」。可是一念之差，悔之晚矣。按

照上帝「照著自己的形象造人」的初衷，人類一定會獲得同神並列的智慧啊！

於是，出現了這樣一個尷尬局面：上帝不願人類獨立智慧的發生，但又無力阻止其發生。全能的上帝敗於「蛇」之口，本身表明上帝智慧中某種內在的無能。所以，上帝只能身不由己地「栽下」智慧樹，同時，卻又徒勞地禁止人類品嘗智慧果，以阻滯人類智慧的發韌。

正如上帝在創造世界時，不僅賦予萬物以實在的形體，還同時賦予了它們以實在的運行規律一樣（《創世記》），上帝所造之人也不能不循著上帝編排的程序，在某一天開始違背上帝的意志。在這個過程中，蛇不過是一個起催化作用的媒介，就像春天裡的一聲雷，驚醒了蟄伏的百蟲，看似雷的威力，其實首先是因為蟲能夠醒來，並且已經處在醒來的進程中。

既然人的智慧之覺醒是上帝的安排，是上帝預料中的事，即使上帝再心有不甘，也沒必要如此惱怒；（甚至可以說），不須如此驚恐，除非人類的智慧從根本上危及上帝的智慧，動搖了上帝的尊貴的地位。

這裡，蛇又一次出來誘惑了，但不是誘惑夏娃，而是誘惑夏娃的後裔，誘惑我們從它的「道」裡去找問題的解答。

毫無疑問，上帝栽下的智慧樹是特地為人考慮的，因為至今在伊甸園裡，唯獨人嘗了智慧果，有了智慧，而其他一切生靈都沒有智慧；只有一個例外，那就是蛇。

我們無意追問，蛇同樣作為上帝的造物，（在基督教《新學》全書的《啟示錄》中才作了說明：蛇原來就是魔鬼撒旦，是上帝的對立面和老冤家。既然猶太教不主張二元論，那只能承認撒旦也是上帝的造物，就像上帝經常要藉異族作為懲罰「硬著頸項」的猶太民族的鞭子，有時，上帝也許要藉撒旦做

懲罰他自己的鞭子，否則，全知全能的上帝怎麼會由著撒旦搗蛋呢？）究竟是先天就有智慧呢，還是先期偷吃了智慧果。如果是後者的話，又受誰的誘惑？而這個「誰」又是受哪一個「誰」的誘惑？

我們只發現，蛇的智慧是一種令上帝十分頭痛的智慧。這不僅僅因為蛇的智慧足以蠱惑上帝的造物繼而同上帝作對，還因為蛇的那番蠱惑性推理竟比上帝的誡命更為真實：上帝為了禁止亞當、夏娃吃智慧果，還扯了一個謊，謊稱吃了智慧果，人便有生命之虞，並以此騙得了亞當、夏娃的相信。

但是，蛇卻明白無誤地告訴夏娃，上帝在騙人，人吃了果子不會死。（當然，從上帝隨後設立的第二條規矩，即不許人吃生命樹之果，從而剝奪了人的永生希望來看，上帝又沒有說謊。關於這一點，我們留待後面討論。）這至少從暫時、眼前的意義上說，蛇沒有錯。而且，上帝也是生怕人不死，才把人趕下塵世的。就此而論，因吃智慧果而死，同因吃色彩鮮艷的毒蘑菇而死，絕不是一回事。

這麼一看，我們不得不承認，蛇的智慧是一種比上帝的智慧更有智慧的智慧，是一種戰勝上帝智慧的智慧（哪怕只是暫時），因為蛇的智慧恰恰是一種看破上帝的智慧。蛇知道：「你們不一定死，因為神知道，你們吃的日子眼睛就明亮了，你們便能如神能知道善惡。」

智慧高下的區別，本在於誰能知道（看破）誰。神知道人，而蛇竟能知道神！神的智慧一旦被蛇看破，再也稱不上智慧，只能稱之為笑柄。全能的上帝在蛇的面前成了僅僅手持笑柄的上帝，如此尷尬的局面，遠甚於亞當、夏娃的裸體相向。

反過來，這就意味著，上帝及其智慧的權威是依靠「不得置疑」的禁令而得以維持的。一旦人類懷疑心起，以實證手段

加以經驗驗證（「親口嘗一嘗」），這種權威就岌岌可危，甚至冰消瓦解了。

所以，蛇的智慧也可以說是一種懷疑的智慧。在這種智慧的感應下，夏娃、亞當都染上了蛇的懷疑。等到吃了智慧果之後，他們知道了善惡，再不是僅僅以上帝的善惡為善惡：上帝的善惡只是一種尺度，他們有了自己的尺度。

就這一點而言，他們果然「如神」了，果然同上帝平起平坐了。不過，這種情形與其說是「如神」，毋寧說是「如蛇」：如蛇一樣，能夠看破上帝了。

上帝惱怒了。

上帝驚恐了。

上帝失落了權威。

人類失落了樂園。

聖殿被毀了！

# 2・「原罪」是什麼罪？

亞當、夏娃因為偷嘗禁果，在上帝面前犯下人類世世代代贖不盡的「原罪」，而被逐出伊甸園，墮入塵世，失去了永生的希望。

偷嘗禁果何以招致如此根本性的懲罰？「原罪」究竟是什麼罪？兩種智慧——上帝的智慧與人類的智慧——的衝突到底喻示了什麼？

按照一般說法，「原罪」乃是違約之罪。

上帝曾同亞當、夏娃說好，智慧樹上的果子是不能吃的。但亞當、夏娃還是偷嘗了，從而違背了同上帝所立的約。

按照這種邏輯，嚴重之點不在於偷吃什麼，而在於偷吃這件事本身。只要是「偷」吃，就是違約，就是犯罪。

　　這種說法有點道理，就像小孩子在父親關照他們不要自己拿桌上的蘋果吃之後，卻因為肚子裡饞蟲（其模樣肯定有點像蛇）的誘惑，還是忍不住偷吃了；結果，讓父親發現，給揍了一頓。其時，父親，尤其是一個猶太父親，一定會給出這樣一個理由。

　　社會學家早就發現，猶太父親對子女行為態度的關注，遠過於對其行為結果的關注。

　　然而，猶太母親卻不會同意這種說法。在她們看來，行為的結果才是最重要的，至少不比行為的態度來得不重要。偷吃一個蘋果與偷吃一塊醬汁豬肉，絕不是一回事。

　　況且，要是照以上的說法來解釋的話，智慧樹的地位就完全混同於其他樹木，上帝也只做了一件徒有形式而無內容的事情，智慧果所隱喻的一切全成了虛晃一槍。

　　顯然，合理的解釋不能如此簡單化，必須借助於前面對智慧果的解碼，結合人類的一般命運，對原罪等給以重新闡釋，才有可能從中進一步發掘出猶太民族的一個最獨特、最具根本性的大智慧。

　　上帝的智慧與人類的智慧之爭，乃是集體智慧與個體智慧之爭！

　　「原罪」乃是個體智慧看破集體智慧，從而導致個體為禍集體、個人為禍民族之罪！

　　我們且從亞當、夏娃吃了智慧果之後說起——

　　人吃了智慧果之後，便有了自己的智慧，有了自己的善惡。這個「自己」的善惡，首先必定是相對上帝而言的人之善惡；同時，邏輯地說，也應該、甚或也必然是相對於他人而言

的「我」的善惡。

這就是說，自吃了智慧果之後，亞當有了亞當的善惡，夏娃有了夏娃的善惡；每個人都有了自己的善惡，都有了評判世事萬物的尺度。這就提出了一個問題。

這種純粹個體的尺度，其本身的最終依據又是什麼？

既然這裡討論的是「純粹個體的尺度」，那麼，最為首要的依據當然只能是對個體來說最為現實、最為根本、最不可或缺的「個體存在」本身。

因為，對純粹的個人來說，世界的意義存在之前提就是「我」的存在。「我在故我思」。若「我」都不在了，世界在不在又與我何干？更遑論什麼意義不意義了。用法王路易十五之言出之，即為：「我死之後，哪怕洪水滔天！」

所以，每個人都有了自己的智慧，都有了自己的善惡，其必然的結果，便是每個人都有了這種純粹個體的尺度，都以一己之利作為最高的評判標準：世界成了站在冷冰冰的極端利己主義面前受審的對象；個人利害關係成了凌駕於一切之上的至高尺度！

但是，以一己之利害為標準的人並非生活在唯有他一己生存的世界中。伊甸園裡也有亞當和夏娃，「兩個人」在英語中已經是一個「複數」世界，也就是一個集體了。雖則「人要離開父母，與妻子連合，二人成為一體。」（《創世記》）但這「連為一體」的夫婦因各自的一己之利害而同床異夢、同室操戈的戰事，從來就未曾停息過一天。

亞當有了自己的善惡之後，第一件事就是在上帝面前推卸自己偷吃禁果的責任，而怪罪於夏娃：「你所賜給我、與我同居的女人，她把樹上的果子給我，我就吃了。」（《創世記》）（倘若遇上的是中國人的「父親」，當時就會駁斥他：

「她讓你吃屎，你也吃？」）

　　所以，在聞聽到上帝的詛咒時，亞當的第一個想法必定是：最好讓夏娃一個人同時去經受「懷胎」、「生產」之苦和「汗流滿面」的勞作之苦，必定把「你必戀慕你丈夫，你丈夫必管轄你。」（《創世記》）看作是飛來的「倒福」。

　　而因為初次掌握個體尺度，使用不熟練而來不及惡人先告狀，將亞當獻為替罪羊的夏娃在懊悔之餘，必定指望這所有詛咒全落到亞當頭上。今日世界上那些不事生育還「管轄著」因「戀慕」她而「汗流滿面」的丈夫的摩登女性，正是在了卻作為母系之源的夏娃之夙願。

　　有什麼樣的父母，便會有什麼樣的兒子。亞當、夏娃僅有的兩個兒子，該隱和亞伯兄弟倆，也為了在神面前爭寵而哥哥殺了弟弟。

　　夫妻之間、同胞之間尚且如此，那在形同路人的其他「複數」世界中，按照一己利害之標準行事的人，相互之間更只能演成一場「一切人反對一切人的戰爭」了。在這種「人對人是狼」的境界中，「人際關係」除了成為「狼際關係」之外，還能有別的樣式嗎？

　　只有到了這個時候，「狼」們才不由無限感慨、無限留戀地回首悵望那個已經消失在遙遠天際，望也望不見的「人」的樂土⋯⋯

　　上帝的世界是一個人人都沒有智慧、人人都沒有尺度的世界，也是一個人人都有智慧、人人都有尺度的世界。這個智慧就是上帝先期安排的秩序，這個尺度就是上帝原已確立的規範。毋需個人的聰明，甚至毋需個人的意識，人人只要順其上帝造就的天性，循軌而行，便能相安共處。人人心中沒有「私處」，何須以無花果葉遮羞？人人手上不操起進攻的戈矛，何

須披掛防禦的盔甲？

集體生活本身就體現了上帝的智慧：集體生活的形式可以最為有效地保存個體。所以，保存集體也就是最大程度地保存個體。

然而，從純粹個體的角度來看，這種上帝的智慧卻有個根本性的內在缺陷，那就是：一切集體智慧首先、而且根本上是以集體生存為著眼點，而集體生存的要求同特定個體的生存要求又並非始終一致。一旦兩者發生衝突，集體智慧會毫不遲疑地安排個體作出犧牲來保全集體。可以說，個體由於集體生活而增加的安全正是來自於其他某些個體的不安全——犧牲。

群居動物中多的是此類例子，而亞當、夏娃之所以不准吃智慧果，只是早期人類個體所作出的部分犧牲之象徵。可怕的是，這種統計學意義上的「部分」降臨到任何一個特定個體頭上，往往就成為滅頂之災！

從集體本位來看，這種犧牲實屬天經地義，不言而喻。因為個體的生命形式本身是宇宙普遍進化中的一環；原始個體生存的意義根本上只在於維繫某一基因的傳遞，以便原始那塊最初的有機物能不停歇地跟上生命進化的步伐。

上帝的神聖光環是在花草純粹被動之春華秋實的輪迴反襯下，才顯得如此光耀奪目！

然而，從個體本位的角度來看，這種犧牲的必要性則是大可置疑的。

個體意識的覺醒，首先必定使個體意識到自己存在的「一次性」，也即是個體犧牲的無可補償性。上帝不許有了個體智慧的亞當、夏娃再吃生命果，以免他（她）獲得永生，實質上就表明了集體永生與個體一次生存的區別與矛盾——

當個體毫無個性地依附於集體之時，個體是永生的，因為

集體是永生的，犧牲了的個體在永生的集體中得到了永生；當個體智慧覺醒，意識到自己有別於集體之時，個體就得不到永生，因為集體的永生已經不是個體的永生，個體的生存只能是一次性生存。

所以，個體智慧的發軔、發展、發達，必然提出個體生存之外，集體生存是否還有意義的問題。而無論是「靈魂不滅說」，還是「來世說」，還是世俗追求不朽的道德說教，其背後的真正動機無一不是藉否定個體生存的一次性來肯定集體生存的從屬地位。

正因如此，犧牲個體，保存集體，這種在個體本位的框架中「不可理喻」之事，在集體本位的框架中卻一直是「不言而喻」之事。戳穿了說，它之所以會具有這種「不言而喻」的神聖色彩，本來就為的是它的「不可理喻」——「理喻」便會被「看破」！而讓個人把「不可理喻」之事看作「不言而喻」之事，恰恰是社會整合個體的過程中最為便捷最為有效的機制，能夠真心誠意地玩弄這套「神聖性」的把戲，恰恰是一大集體的智慧！

但是，在人類生活中體現為上帝律法的集體智慧與在其他群居生靈身上體現為本能的那套集體智慧之間，畢竟存在著本質的區別，而且這種區別恰恰就在於：前者必然導向懷疑，必然遭到懷疑。

其他生靈沒有能的作思考本位的切換，不會對集體的優先權提出質疑，不可能危及它們的集體智慧。

而人類則隨著心智的不斷開啟，隨著社會關係取代自然關係而愈益成為主導關係，或遲或早會意識到上帝在扯謊。終於，某一天，在蛇（此物究為何物，容待後文詳述）的誘惑之下，人嘗了智慧果，從此有了自己的善惡，有了自己的尺度。

「我死之後，哪怕洪水滔天。」這種實在極端而又極端實在的真理之發現，便是個體從一己利害的本位出發，對一切集體性質的神聖事物與觀念最根本的看破與否定！

這種極端成熟、甚至可以說過分成熟的智慧之光一旦照臨，集體的優先權就受到否定，集體的智慧就遭到反詰，集體的秩序就發生混亂，集體的生存就處在危險之中。民族的喪鐘敲響了！

所羅門父子的窮奢極侈、橫徵暴斂，直接導致統一的猶太王國僅僅三代就分崩離析；路易十五的腐敗放蕩喚來了法國革命斷頭台上的腥風血雨；「上帝死了」之後，人類經歷的浩劫豈止區區兩次世界大戰之慘禍！

人的智慧如此僭越上帝的智慧，個體的生存如此惡性地導致民族、乃至整個人類永生希望之失落，這種個體智慧的覺醒，這種個人理性的嘗試，難道還稱不上「原罪」嗎？

那一顆蘊藏著「看破上帝的智慧」之果子，不就是形形色色「個體為禍集體的智慧」得以衍生出來的萬惡之源以及墮落之源嗎？

看不破上帝的是不聰明，

看破上帝的是小聰明。

個體聰明了，

集體愚蠢了，

聖殿豈有不毀！

# 3・「蛇」究竟代表什麼？

知道了智慧果蘊含的是看破上帝的智慧，原罪是個體為禍

集體之罪，思考的邏輯必然會設問：作為促發個體看破集體智慧、進而為禍集體之中介的那條蛇又是什麼？

前文提及的《新約全書》那種「蛇即魔鬼撒旦」的說法形同循環論證，實為同義反覆，是遠遠不能令人滿意的。對這個問題，必須給以重新解釋。

正如上帝不能不栽下智慧樹，不能不造出那條作為中介的蛇一樣，個體智慧的發生、演化，甚至極端成熟，本是一個宿命的過程，既是自然史意義上的宿命過程，更是社會史意義上的宿命過程。

因為人類社會生活日益進化，不能不在某一點上提出建立某種穩固的社會結構之要求，而這種在部落戰爭環境中形成的「利維坦」❶❷，必然要求某種從未有過的高度權力集中。這種結構的誕生，既以集體智慧為搖籃，也是集體智慧的墳墓：處於集權結構之頂峰的那個個體必定是智慧成熟的第一人，也是僭越上帝智慧的第一人！

從這一層意義上說，集權結構及其最高位置才是真正的「蛇」；獨裁權力的初次使用才是真正的嘗禁果；「原罪」乃不受制約的獨裁權力危害民族之罪！

---

❶ 利維坦 Leviathan 猶太教神話中的一種獸。據《聖經》載它將成為海洋的統治者。一說上帝在創世的第五日造出魚鳥，又造利維坦，一雄一雌。但上帝為了保存世界，立即殺死其雌，以鹽漬其肉，待義人在未來世界食用。非正典著作《以諾一書》第 60 章載，利維坦是海洋的雌性統治者，與統治陸地的雄獸比希莫特相對，將來兩獸將大戰。各種資料以利維坦為鯨、鱷魚或蛇，眾說不一。猶太人有時認為它象徵猶太人之敵人的徹底滅亡。

❷ 利維坦 Leviathan 英國政治哲學家霍布斯著（1651），是一本維護君權的書。

這樣的闡發，初看起來，似乎與《創世紀》有離題萬里的牽強之感。然而，只要我們回顧一下猶太歷史，便會看到，《聖經》——尤其是其中的《創世記》和同時記載了古猶太王國（包括後來分裂而成的北方以色列王國和南方猶大王國）諸王業績與暴政的《列王記》，恰恰是在猶太民族第一次因君王誤國而導致聖殿被毀、民族被囚的「巴比倫之囚」時期及其後撰寫、編就的。

初次的傷痛是最為徹骨的，它所激起的反思也是最為深刻的。這種深刻性體現在反思的結構構成了整本猶太聖經、即《舊約》全書的基調：人與上帝的對抗和人向上帝的復歸。而其中最強的旋律就是作為個體之極端形式的君王與作為集體之一般代表的上帝之間的對立。

如果說，在更具神話色彩的《創世記》中，這一對立是以高度曲折的隱喻手法表達的，從而一方面使人們的解釋有了更大的生發餘地，另一方面也使這種種解釋更有可能被認為是牽強附會的話。那麼，在猶太民族議立第一個王，這一歷史轉折的關頭，上帝對立王的反對、無奈和警告，最確鑿無疑地表明了編錄《聖經》時，猶太民族對王權這一必要之惡背後更深層次的必要之惡——個體智慧——的反思、警惕和防範。

在解構這段「史實」之前，先交代一點歷史背景。

從古猶太人占領迦南（約在公元前 1230 年）到以掃羅王的確立為開端的王權制（約在公元前 1023 年），這前後相隔的兩個世紀，史稱「士師執政時代」。

當時，古猶太民族仍處於部落組織階段，代表民族共同利益的是「士師」——先知、統帥和救世主的三位一體。不過，士師只是一個名義上的領袖，因為統一的民族尚未形成。

古猶太史上最後一位士師是撒母耳。在他年邁時，由於外

部腓力斯人的威脅日趨嚴重，內部他的兩個兒子「不行他的道」，諸部落的長老都不願讓撒母耳的兒子繼承士師的位子，而要求撒母耳為他們立一個王。

一開始，撒母耳並不同意，眾長老便禱告上帝。

於是，上帝對撒母耳說：「百姓向你說的一切話，你只管依從；因為他們不是厭棄你，乃是厭棄我，不要我做他們的王……故此，你要依從他們的話，只是當警誡他們，告訴他們，將來那王會怎樣管轄他們。」（《撒母耳記》上）

撒母耳將上帝的話，傳達給求他立王的百姓說：

「管轄你們的王必這樣行：他必派你們的兒子為他趕車、跟馬，奔走在車前。又派他們作千夫長、五十夫長，為他耕種田地，收割莊稼，打造軍器和車上的器械。必取你們的女兒為他製造香膏，作飯烤餅。也必取你們最好的田地、葡萄園、橄欖園，賜給他的臣僕。你們的糧食和葡萄園所出的，他必取十分之一，給他的太監和臣僕。又必取你們的僕人、婢女，健壯的少年人和你們的驢，供他的差役。你們的羊群他必取十分之一，你們也必做他的僕人。那時你們必因所選的王哀求耶和華，耶和華卻不應允你們。」（《撒母耳記》）

但百姓竟不肯聽撒母耳的話，他們說：

「不然！我們定要一個王治理我們，使我們像列國一樣：有王治理我們，統領我們，為我們爭戰。」（《撒母耳記》上）

在這種情況下，撒母耳只能稟明上帝，為他們立掃羅為王。王國奠定後，撒母耳與百姓話別，臨行時還不忘告誡百姓，他們犯了大罪，以後唯有盡心事奉上帝，才能免於災禍。否則「你們和你們的王必一同滅亡。」（《撒母耳記》上）

在這段經文中，上帝與王的對立已經以勢不兩立的形式表

現出來：有上帝，無王；有王，無上帝——「其實耶和華你們的神就是你們的王。」（《撒母耳記》上）

有神的權威，就沒有人的權威；但沒有人的權威，也就沒有他人的權威。人人只需服從神的權威，而不需服從他人的權威。抽象的至高無上唯一神的存在，杜絕了任何一個人成為「神」的念頭和途徑。

但是，上帝雖有能力保護全體猶太人免遭某個猶太人的荼毒，卻沒有能力保護所有猶太人免遭猶太人的蹂躪，只有王才能「為我們爭戰」。掃羅為王後的第一件事，就是戰勝亞捫人，這是對王的資格的一段證明。

成問題的是，為了要他「為我們爭戰」而設立的王，卻很快就會「要我們為他爭戰」，最終連其本身在內，一個猶太人都保護不了——「你們和你們的王必一同滅亡。」

更糟糕的是，王一旦確立，無論其如何行惡事，上帝再也不會干預；更坦率地說，上帝再也無力干預：神的統治一旦為人的統治所取代，這個過程便再不可逆轉。

以抽象的理論術語出之，就是：藉文化規範施行的社會控制，一旦為藉集權結構施行的社會控制所取代，這個過程完全靠其自身是無法逆轉的。

因為，一方面，由於集權結構那種自上而下的層階式或懸臂式控制方式，身居權力金字塔頂峰的人，本來就不受權力結構的控制。

另一方面，集權結構又內在地要求執掌大權者具有超人的體能、智能，包括超人的個體智慧。而個體智慧的極端成熟必然導致看破集體智慧，導致追求個體利益的極大化，導致將整合一切社會成員的神聖價值，演變為控制其他一切社會成員的權宜手段。

作為集權結構之伴生現象的那種「朕即法律」的獨裁地位，標誌著這個不受「社會」控制的大權在握者，現在同樣不受「文化」的控制了。他成了一個身處控制的真空狀態之中的人，也就是成了一個可以任意而行、無所約束之人。這種狀態同人類集體生活內在的有序化要求必然形成根本的悖離。

人必須集體生活。這是自然的無上命令，也是社會的無上命令。而一切集體生活的生靈，無論是人，還是其他什麼，都不能不要求個體交出一部分天賦（即自然賦予）的權利。

在一切個體權利中對個體來說，最具生物學意義、即最能提高基因傳遞成功率，從而也就是最基本的權利，無非就是體能和智能的使用權；說得赤裸裸一點，就是暴力與狡詐的使用權。集體只有把個體的這類權利部分地收繳起來，一則用於對付外部環境，包括自然環境和社會環境，二則避免爆發頻繁的「一切人反對一切人的戰爭」，才能穩固地延存下來。

初民之崇拜神祇，猶太人之事奉耶和華上帝，都是這樣一種「權利托管」的特殊方式；而一切民族的神都多多少少包含著對個體使用暴力與狡詐，尤其是在集體內部使用暴力與狡詐的限制。

然而，這種主要以觀念形態存在的限制，是一種較為寬泛的限制，一種較多地帶有否定性質的限制。雖然在不同程度上，這種觀念形態的集體也會將積聚起來的暴力和狡詐用於處理外部事務。《聖經》中時常出現的那個作法於異族人，被稱之為「萬軍之耶和華」的上帝，就是一例。

不過，「他」畢竟是一種觀念上的東西，常常連自己同子民的法定關係也維護不了，以至於出現「約櫃被擄」之類令子民大失信心的事件。

相比之下，權力機構這個「利維坦」由於直接借助於人的

肉體組織，在動員個體的體能與智能，使其形成一股巨大的力量方面，具有高得多的效率；相應地，在對待暴力和狡詐的問題上，也採取了更為積極、更為肯定的態度，從而在應付外部事務時，確實發揮了更大、更多、更有效的作用。

眾長老要撒母耳效法列國，為他們立一個王，就足以證明，在這方面，神的權威敵不過王的權力。

可怕的是，這個「利維坦」不僅對付外部事務很有效，而且對付內部事務也很有效，甚至對付內部事務比對付外部事務更有效。因為外部敵人畢竟是一種同樣有組織的力量，而內部對手常常只是零星、無組織的力量，很多時候還是只會以神的權威來抗衡王的權力的那種不知天高地厚的力量，絕對不堪王權之一擊。

於是，這種幾乎無可匹敵的有效性就像蛇誘惑夏娃般，開始誘惑高居於權力結構頂峰且不受控制（確切地說，最初多少還處於某個上帝，即某種觀念體系的約束之下）的那個獨掌大權之人，誘使他看破上帝，誘使他試試「利維坦」（即國家機器）在他追求個體利益極大化中的有效性。這種誘惑往往在君王英明、外患盡息的升平時候達到頂點。

更可怕的是，人類的慾望是滿足不了的，單單生物學的慾望已經是一個無底深淵，更何況還有與人類智慧同步發展的文化造就之需要！個體利益的極大化是沒有止境的，靠其自身是停不下來的，必經過「看破上帝」而至於「你們和你們的王必一同滅亡！」

開國之君掃羅妒賢忌能，為家天下而殘害忠良，甚至不惜濫殺無辜，曾於一天之內殘殺耶和華的祭司八十五人，公然向上帝挑戰。

英明的大衛王靠神的眷顧、即百姓的擁戴而登上王位，卻

行神眼中為惡之事。他妻妾成群，卻還為強占臣下為烏利亞之妻拔示巴而陷他於死地，連帶還送掉幾條衛士的性命，以至於被先知拿單喻之為家有九十九頭羊捨不得殺卻強取窮人唯一的一隻羔羊招待客人的富戶。

同時以智慧和財富著稱當時、享譽後世的所羅門王，窮奢極侈，壓榨百姓，甚至不惜以僅合他全國捐稅常規收入六分之一的價格，將二十座城市賣給掃羅王。他為了取悅他那人數上千的妃嬪，竟隨她們的意信奉邪神，公然把神的靈位當作賞賜女人的玩物。

而所羅門的兒子，那個直接導致統一王國分裂的羅波安，行的盡是神眼中為惡之事。他曾面對北方以色列國代表要求「輕賦薄徭」的懇訴，專橫地聲稱：「我父親使你們負重軛，我必使你們負更重的軛！我父親用鞭子責打你們，我要用蠍子鞭責打你們！」（《歷代誌》下）逼得以色列國背叛。

從此，以色列國與猶大國兄弟鬩牆，自相殘殺。後起諸王中行為惡之事的更其為多，更其變本加厲，為追逐那「蛇的誘惑」的專制權力而發生的內亂，幾乎成了每一個君王登基時的必行儀式！希伯來民族的永生希望終於斷送在那些英明程度等而下之而個體智慧越加發達的君王手中！

君王起來了。

上帝退位了。

洪水滔天了！

方舟何在？

重建聖殿！

# 4・上帝的道理

　　既然對任何民族來說，個體智慧的覺醒、王權的確立，都是一個宿命的過程，猶太民族同樣在劫難逃，那麼，猶太民族的獨特智慧又表現在什麼地方？僅僅體現為《創世記》中那些以後人的解釋為轉移的隱喻嗎？

　　當然不是！

　　放眼望去，當年在迦南之地與古猶太民族爭雄的諸民族，無論是亞述人、新巴比倫人、埃及人、波斯人、馬其頓人，還是羅馬人，不是在種族意義上滅絕了，就是在文化意義上中斷了。而猶太人流散兩千餘年，至今文化猶存、民族猶存，甚至民族國家重新建立，整個民族呈現出從未有過的繁榮興盛！僅從這一巨大的反差上，就可以推斷，猶太民族必有助其渡過這兩千年洪水期的「挪亞方舟」！

　　民族之陷於洪水，是因為集體事物先陷入了洪水；要拯救民族於洪水，必先拯救集體事物於洪水。這艘承載著猶太民族根本智慧、拯救集體事物於洪水的方舟，就是猶太民族的《聖經》（在英語中，方舟 ARK 和放《聖經》的約櫃 ARK 是同一個字），而這種根本智慧的一個相對富集之處，就是《聖經》中的《約伯記》。

　　《約伯記》本身被今人稱為《聖經》中三卷「智慧文學」之一（其他兩卷是《傳道書》和《箴言》），因其有「懷疑上帝的公義」之嫌，被認為「相當非聖經化」，屬於《聖經》中的「異端之書」，並常有人對其被編入猶太教正典而感到相當奇怪。

　　其實，從《約伯記》所內藏之猶太智慧的典型理路（遠遠談不上全部）來看，它被編入聖經正典是完全合乎邏輯的。因

為《聖經》畢竟不單純是狹義猶太教的「樊籬」，更是廣義猶太民族的「樊籬」。我們這裡所首先感興趣的，也是作為文化共同體的猶太民族的智慧。

《約伯記》在《聖經》中是獨立的一卷，它的篇幅達四十二章之多。

主要說的是一個叫約伯的義人，如何無端受苦而信仰發生動搖，最後目睹上帝的存在而重新確立信仰，並再得上帝眷顧這麼一件事。

在烏斯地有一個名叫約伯的人。他是個完全正直，敬畏上帝，遠離惡事的好人。為此，一直得到上帝的賜福，生有七個兒子、三個女兒；家產豐饒，有七千頭羊、三千頭駱駝、五百對牛、五百頭母驢，還有許多男僕、婢女。在東方人中，約伯是第一個大戶人家。

約伯雖然十分謹慎地事奉上帝，有一天還是突遭橫禍，而這無端之禍竟然是來自上帝之手。

上帝在魔鬼撒旦面前，因為約伯的虔誠而自豪。撒旦卻認為，約伯之事奉上帝，只是因為上帝賜福於他；如果上帝毀了約伯的家產、子女，約伯必當面背棄上帝。

上帝一時爭勝心起，便將約伯交在撒旦手裡，隨他處置，以便從無端遭禍的反應中，驗看約伯是否真的虔誠。

於是，在一天之內，約伯的牛、羊、驢和駱駝被人搶去的搶去，被火燒死的燒死，全部子女也在吃飯時因狂風吹塌房屋而被壓死。

約伯突然遭此大變，卻沒有改變他的虔信。

上帝為此在撒旦面前大大地炫耀。

撒旦卻回答說：這些毀掉的都是身外之物；要是傷了約伯的身體，他一定會背棄上帝。

好勝的上帝便又將約伯的身體交給撒且處置。

於是，約伯從頭到腳長出了毒瘡，整天坐在爐灰中，拿瓦片刮身體。妻子勸他背棄神，死了吧。約伯卻認為：人可以從神的手裡得福，也可以從神的手裡得禍。還是堅持不變自己的虔信。

後來來了三位朋友，想安慰他；看到他的這副慘狀，都放聲大哭，陪著約伯，一聲不吭地坐了七天七夜。

到此時，約伯終於開口抱怨，詛咒自己；而這三位朋友則輪番勸慰他。這些對話占了整卷《約伯記》的主要篇幅，概括起來就是——

約伯百思不得其解，自己沒有行惡事，何以突然遭此慘禍？上帝降禍於他，究竟為的何事？為什麼不對他說明，也不給他一個辯白的機會？惡人得福，義人遭禍，上帝行事究竟有沒有道理？

而朋友們勸解的說詞都是：上帝善惡必報，約伯必有罪惡，才會招致如此之禍，上帝不會不公道。

由於三個朋友沒有一個說服得了約伯，故事中又突然插進一個布西人以利戶（今人懷疑這是當時的「後人」為沖淡《約伯記》的「異端」色彩而特意增加的人物）。他滔滔不絕地批駁了約伯；意思無非是，作為一個人，約伯根本不可能知道全知全能的上帝的道理。

以利戶的長篇大論剛說完，上帝就在旋風中出現，並對約伯痛加訓斥。可上帝隻字未提約伯遭禍的理由，只是大談了一番自己的全知全能，以及對比之下，約伯的無知無能。

約伯一見上帝顯現，即馬上轉過意來，虔誠地懺悔，再無一點埋怨之意了。

有意思的是，接著，上帝卻說，約伯的三位朋友所說的維

護上帝公義形象的話，還不如約伯的抱怨正確，令他們到約伯那裡獻上燔祭，否則，就要向他們發怒氣。

最後，上帝重新賜福給約伯，讓他重新生了七子三女，家產則增加了一倍。約伯自己又活了一百四十年，直到年紀老邁，滿足而死。

從這篇議論風生的《約伯記》中，可以明顯地看出充分體現猶太民族智慧的若干獨特之觀念和思路。

其一，是約伯所受之苦毫無來由，原只是上帝與魔鬼之間一次幾近打賭的爭勝。但正因為如此，約伯受難從一開始就具有某種形而上的抽象性質：上帝要檢測的是約伯為信仰而信仰的那種虔信，而不是像撒旦所說的──有益則信，有害則棄。

「為信仰而信仰」如果抽象為一般公式，就成為「為××而××」。這本是猶太文化中的一個一般樣式。這種類似於現代所謂「唯美主義」、「唯科學主義」之類的觀念與價值，在猶太文化中是「司空見慣」的，猶太人多的是「為學習而學習」、「為慈善而慈善」、「為律法而律法」。這種思考或評價樣式的直接目的或效用，無非就是將功利性的標準，尤其是「一己功利」的標準排除在外。

「為××而××」實質上是一種通過將社會事物或社會行動視作自足之物或自足行為，從而使之神聖化的一般樣式。任何東西一經成為「為××而××」的東西，便成了目的本身，而非實現某種目的的手段。它對其他事物、包括人所帶來的影響，無論好壞，都不能作為評判它的標準。

這意味著，這種本質上人為的（集體人為的）事物，現在成了某種「自在之物」，某種神聖或者準神聖之物。而人類一旦承認自己的造物為神聖，也就是承認它們凌駕於他自己之上，承認自己的「卑污」。

《聖經》中上帝屢屢為了人的自卑而寬宥了他們所行的惡事，其實正是因為人（個體）的自卑本來就是對上帝（集體事物）的崇拜之反語。

所以，人為事物的神聖化，實質上就是取消了個體以自己的善惡來評判事物的資格。這是保護集體事物免遭「看破」厄運的最基本之方法。

其二，是約伯懷疑上帝的公義，而三個朋友維護上帝的公義，結果反倒是約伯的懷疑比三個朋友的維護來得正確。這絕不能理解為上帝承認自己的非公義，而只能理解為約伯所懷疑和三個朋友所維護的「對象」有問題。

約伯懷疑的不是上帝本身，而是他所知曉的上帝的道理；三個朋友維護的也只是他們所知曉的上帝的道理。然而，以人類的這點智慧，怎麼能保證他們所知曉的上帝的道理便是上帝的真正道理呢？

既然不是真正的道理，那麼對這種道理加以懷疑，當然要比對其加以維護來得正確。因為懷疑還可以引發出對真正道理的認識或接近之，而維護則只能永遠停留在這一純屬誤解，甚或曲解的境地。

猶太人特別注重研習《托拉》（猶太律法書），注重從「成文」《托拉》中重新發現「子虛烏有」或至少已像聲波消失在空氣中一樣的「口授」《托拉》，甚至主張人在來世所能享受的最大幸福乃是同上帝本人一起研習《托拉》，其中所包含的就是這一「懷疑比盲目信仰庸俗化的道理來得正確」這個道理。

可以說，那種庸俗化的道理已幾近於偶像，因為它已經成為某種刻板的模式，其信奉者也幾近於偶像崇拜，而偶像崇拜正是猶太人最為反對的，「摩西十誡」中就有「不可造偶像」

的律條。

　　猶太民族把「真正的道理」抬高到這般玄而又玄的高度，既從根本上否定了人僭越上帝的可能，同時也給予人根據現實需要而構想種種道理的「意志自由」和「思想自由」。

　　這種「適度的開放性」是猶太民族在固守一本不變的《聖經》之同時，卻能始終跟上時代步伐、甚至走在時代最前列的根本奧秘之所在！

　　其三，將約伯與其三個朋友一起駁斥的那個憑空插入的以利戶又是一個說法。他的基本觀點是：雖然上帝賞善懲惡不無道理，但上帝的道理又不是凡人所能知曉的那種道理——

　　「論到全能者，我們不能測度；他大有能力，有公平和大義，必不苦待人，所以人敬畏他。凡自以為心中有智慧的人，他都顧念。」（《約伯記》）

　　這裡，虔信被再一次拔高了：愚昧的虔信不如反思的虔信，而反思的虔信又不如「虔信中的虔信」。

　　這種類似於否定之否定的虔信鏈，實質上是將一種庸俗化的虔信，即善惡必報甚至善惡現報這種現實生活中必然出現無數例外的邏輯，轉變為一種充滿神秘氣息的虔信：上帝在執法，而不是在作交易。

　　「你若犯罪，能使神受何害呢？你的過犯加增，能使神受何損呢？你若是公義，還能加增他什麼呢？他從你手裡還接受什麼呢？你的過惡或能害你這類的人，你的公義或能叫世人得益處？」（《約伯記》）

　　上帝以不成理由的理由（即自己的全知全能和約伯的無知無能之對比）駁斥了約伯，毫無理由地痛責了約伯的三個朋友，卻沒有一句話批評以利戶。這不會是上帝耳背了，沒有聽見以利戶的辯辭，只能是上帝默認了以利戶的道理：甚至上帝

也是以凌駕於其一己利害之上的公義為評判標準和執法依據的，否則就是在「作交易」。這無異於對「一己利害」實行「種族滅絕」政策。

上帝尚且如此，那麼義人更應超越自己的利害，純以上帝之道來行義。行義絕對不應是一種藉行善來打劫上帝之舉，而應是一種自足的行為，一種以自身為目的的行為。

而且，上帝是不可知的，只能信。這裡的信與前面的疑，顯然構成了一對矛盾：信了，就不能疑；疑了，就不是信。信和疑本來就是二者必居其一，不能兩全的。然而，猶太智慧偏偏要它們同在。

信是一種形式，一種態度。信，信的是上帝總有道理。但究竟是什麼道理，則不能信，只能疑。因為，凡是人類智力所及的道理只能是「無知無能」或充其量一知半能之人的道理，而不是上帝的道理。所以，信是對信仰行為本身的信，而疑則是對懷疑活動之結果的疑。

這種信和疑的統一，既確定了人類理性探索的權利，引導人類以理性去探索未知的世界（在神學上是「上帝的道理」，在科學上是「自然的規律」），又從根本上否定了人類理性的能力。這種否定是對一己利害的個體尺度更深層次的否定：人類一己利害的尺度之所以不合用，不單純是因為標準不準，而是人類根本連設立標準的資格都沒有。不是方法不對，而是方法論上的根本錯誤！在上帝的全知全能面前，個人只有放棄理性思考、即在這些根本問題上的理性思考，虔誠地遵循上帝之道、亦即猶太民族的文化規範，方為正道。拉比在猶太生活中的特殊地位，就同這一潛在的觀念有關。

就此而論，猶太智慧本質上是一種以集體智慧為主體的智慧，一種拒斥個人理性的無意識層面之智慧。這種諸無意識的

方法本是抵禦個人理性覺醒的最佳武器。

而且，有材料表明，猶太民族確實很早就會熟練地使用藉暗示來使無意識層次的願望或恐懼上升為意識層次的表象這一方法❶。可見猶太民族歷來是在集體有意識地或至少下意識地利用個體的無意識，全套猶太經典、律法、節期和禮儀，明顯違反「科學邏輯」的拉比邏輯和拉比習用的「冷傳播」手法，以及今日以色列仍然不允許對猶太教作純科學研究的規定，在訴諸非理性的無意識這一方面，完全是一脈相承的。

順便說一下，精神分析學之由猶太人發現並成為一門「猶太科學」並非偶然。只有像其奠基者西格蒙·弗洛伊德那樣既堅持猶太人身分又不相信上帝的猶太人，才能隨意進出意識與無意識層次，才能感受和察覺兩者之間的隔絕與交通，並將意識、尤其是科學之理性帶進無意識層次。

其四，令人驚訝的是約伯見到上帝顯靈後的表現：約伯不再追問道理，只要證明上帝的存在，一切抱怨頃刻消解，而絲毫沒有以自己的遭難，再向上帝申訴：「我從前風聞有你，現

---

❶ 猶太教法典《塔木德》中記有這樣一則故事——

有個羅馬士官去見拉比，對他說：「聽說猶太人非常聰明，那麼，你能否告訴我，今天晚上我會做什麼夢？」

當時羅馬人最大的敵人是波斯。拉比便說：「也許你會夢見波斯人襲擊了羅馬，要羅馬人當奴隸，叫羅馬人做他們最討厭的事。」

第二天早上，羅馬士官跑到拉比那兒，對他說：「你為什麼能預知昨天晚上我做的夢？」

原來這個士官並不知道夢來自暗示的道理，連自己被暗示都不知道。

本節中我們一般不對所提出的論點加以詳細論證，因為許多論點實際上包含在以後各章各節之中，並構成其中的重點內容。考慮到有關意識與無意識的問題在本書中沒有作專門探討，故而這裡給出一點材料以作佐證。

在親眼看見你。因此我厭惡我自己，在塵土和爐火中懊悔。」

（《約伯記》）

這種只要所信仰的存在而不計利害的表現，再一次反映出猶太人不以個人功利為評價事物之尺度的根本觀念。

上帝「在」是超越功利之上的最高標準！

猶太民族可以從上帝手裡得到福，也可以從上帝手裡遭禍，他們對上帝的唯一要求就是「他」的「在」。即使「他」實際上並不「在」，猶太民族也要「他在」，確信「他在」；可以說，只要猶太人「在」，猶太民族「在」，「他」也就「在」了。

所以，不是上帝選中了猶太人，而是猶太人選中了上帝；不是上帝要猶太人存在，而是猶太人要上帝存在；不是上帝使猶太人，得以存在，而是猶太人使上帝，得以存在。使上帝得以存在的猶太人因為上帝的存在而得以存在：猶太民族本來就是一個文化共同體，猶太民族的存在就是因為有許許多多流散的個體相信有一個叫「猶太」的民族存在。

許多時候，他們的這種信念還是因為那些一心想「最後解決」猶太人的人之迫害行為而得以重新確立、鞏固和增強的。猶太民族就是由這樣一些不計個人利害，越因其猶太人身分遭禍而向心力越強的個體所組成的民族。

在西方，這樣的猶太人有時被稱之為「為了猶太人的地獄」的猶太人。不管這一稱呼中是否別有褒貶之意，猶太人盡可以視之為深受「孤獨」之苦的世人對其獨特的民族凝聚力、生命力的一種半是艷羨的禮讚，因為唯有具備卓越的集體智慧之民族，才有可能培育出、保存著如此感人的高度的民族（集體）素質！

這種「唯在是念」精神稍加轉型，便可以成為對政治理

想、科學真理、經營成就以及自己所從事的一切事業的無條件執著。「為了政治家的地獄」的政治家、「為了科學家的地獄」的科學家、「為了實業家的地獄」的實業家、「為了××家的地獄」的××家，才是具有最高敬業精神的政治家、科學家、實業家和一切××家！一個完全把自己交托給「神」的民族，最後成就的是一批真正的人中英傑！

其五，上帝在證明了自己全知全能的「在」之後，回過頭來又證明了自己執法的公正：「耶和華就使約伯從苦境轉向，並且耶和華賜給他的，比他以前所有的加倍……」（《約伯記》）

至此，公義之道的「在」已經不是約伯所抱怨的毫無理由，也不像以利戶所說的虛無飄渺，而是實實在在的「在」，實實在在的奠立在「實利」之上。

這意味著，這種超越了個體利害的「在」之證明，最終又曲折地返回個體的實利上來了。因為，如果說上帝的顯現對約伯來說，是其信仰的實在性之證明的話，那麼，「約伯的弟兄、姐妹，和以先所認識的人」，都從約伯之先遭禍而後遇福看到了他們信仰的實在性之證明，而世世代代的猶太人則從《約伯記》中看到了自己信仰的實在性之證明。所有這些除了約伯本人之外的人所看到的證明都是實利的證明。實利成為「上帝的道理」的證明形式！

這種既賦予「道理」以實利的實際內容，又賦予實利以「道理」的象徵意義的巧妙安排，再清楚不過地表明，猶太民族的一般心態和基本觀念就是：「道理」與實利是相容、相合、相一致的。真正的「道理」能夠帶來實利，而可靠的實利必來自於遵循「道理」。「道理」（人理）與實利（事理）的這樣一種融合，才是真正的「道理」！

人類世界首先是個「人理」的世界，像猶太人這種以一本《聖經》為生活藍圖（同時包括過去、現在、將來的生活）的民族，其所處世界的「人理」性質更甚於其他民族的世界。

　　這個世界的延存和繁榮（更合乎理想的話）靠的不單單是一般意義上的集體智慧，而是某種更高級、更具決定性意義的智慧——自覺不自覺達到的人理與事理（客觀規律）同一的程度。

　　人類社會的發展在某種意義上畢竟是一個「自然的歷史過程」，人類社會的健康發展畢竟有賴於人類對支配自身的客觀規律之認識。人類越是在早期，對這種客觀規律認識得越少，其中上升為相對正確之理性認識的也越少。尤其像猶太民族這樣以一本《聖經》為民族的樊籬，如果這種人理純是一種有悖事理的荒謬安排，那麼這個民族便只能像歷史上已經消失的那許多民族一樣，成為今人探古憑吊的歷史陳跡，絕不可能延續至今。

　　而事實是，猶太民族不但延續了下來，而且活得比許多後起的民族都好。這再好不過地證明了，猶太智慧是一種融合了人理、事理的智慧。猶太人在信守人理（集體規範）的同時，就可以獲得約伯那樣的實利回報，儘管他們常常也要同民族一起因這集體規範而遭受更其無端的慘禍！

　　這種融「道理」與實利於一體的巧妙安排，還於無形中在相當高的層次上實現了集體要求與個體利益的融合：在抽象的集體要求獲得個體利益的堅實基礎之同時，可以直接經驗的個體利益也具有了集體要求的昇華形式。

　　前面提及的「為××而××」的神聖化樣式不過是這種安排的一個例子、一種形式，或者一項機制。猶太教（哈西德派）可以允許吃、喝、性交，甚至抽菸這類凡俗的東西藉虔誠

而成聖，猶太生活沒有分裂成世俗生活和宗教生活這截然不同的兩個世界，都從一個非常重要的側面反映出，猶太民族藉集體智慧而建立的集體與個體之間的良性關係。

這意味著，困惑中國人數千年、甚至至今餘響猶存的義利之辯，在猶太民族的《約伯記》中已萌發了完滿解決的幼芽：個體的利符合集體的義，集體的義有助於個體的利；集體的利包含著個體的利，個體的利匯聚成集體的利！

這裡沒有「為富不仁」，沒有「不義而富且貴，於我若浮雲」，沒有「君子喻於義，小人喻於利」這種種道德困境造成的人格分裂，有的只是：信守集體規範乃是個體實現自身的最有利途徑！

「信守集體規範乃是個體實現自身的最有利途徑。」這是最最便捷、最最聰明的協調集體與個體關係的方法，是最最人道、最最有效的整合個體的文化機制。它從根本上避免了集體生存要求同個體生存要求的衝突，避免了個體為追求自身利益極大化而看破集體智慧的潛在可能性，避免了個體衝突文化規範之網而為禍集體的現實可能性。集體對個體不戰而勝了！更確切地說，應該是集體與個體已不再爭戰了！（這當然是一種過於理想化的說法。）

猶太民族有能力保證個體在集體生活中獲得最大的生存機會，（從大流散開始直到今日，散居世界各地的猶太人相互之間所表現出來的那種息息相關、同舟共濟的熱切情境，可以毫不誇張地說，確為其他一切民族所罕見。）有能力保證「信守集體規範乃是個體實現自身的最有利途徑。」（哪怕最不願意承認自己是猶太人的成功者，也絕不會缺少一種旁人不會認錯的猶太味，這幾乎已經成為歷史通例。）正是猶太民族根本智慧最為集中的表現！猶太民族令人讚嘆不已的生命力、凝聚

力、創造力、生產力以及其他一切謎一般的神奇魅力之奧秘，根本上就在於這種集體智慧之中！

正當我們告別約伯之時，忽然對《創世記》中上帝處置人類智慧之覺醒的對策，有了新的感悟——

上帝放逐亞當、夏娃，不就是放逐「人自己的善惡」，即個體尺度及其所產生的基礎個體智慧嗎？

猶太民族作為一個種族意義上開放的民族，以遵守上帝的律法為民族身分，不是一種最有效的放逐因個體智慧過於發達而看破作為猶太民族之象徵的上帝律法者的辦法嗎？

縱然個體理性的覺醒、個體智慧的發達是不可迴避的歷史宿命，但猶太民族卻把這些無法無天的窩裡鬥種子選手趕到窩外鬥去，等到他們鬥得頭破血流、兩敗俱傷，不能再鬥、不想再鬥、不敢再鬥之時，盡可以重新皈依上帝，這豈不是一種最富幽默感的謀略？

上帝不是手持笑柄的上帝，而是臉帶訕笑的上帝！

上帝並不緊張。

上帝並不驚恐。

上帝權威不倒。

人類樂園不失。

聖殿長存！

# Chapter 2
# 倫理的民族　道德的智慧

　　猶太教在道德學家那裡有一個別名，叫做「倫理一神教」。這個名稱表明：耶和華上帝眼中的第一等大事是人與人之間的關係。

　　所謂「人與人之間的關係」，是相對於「神與人之間的關係」而言的。因為上帝造就了人類共同的祖先，所以人類世世代代一切成員都必須在上帝面前「自卑」。除此之外，任何一個人都毋須、甚至不得向任何一個人、任何一種物「自卑」。因為向他人他物的「自卑」就是「跪拜他神」，這是在忌邪的耶和華上帝眼中為惡之事。

　　全知全能的上帝知道：人不怕下跪，就怕下跪在他人跟前；人不怕受神的約束，就怕有人可以不受神的約束；人不怕唯一的神，就怕假冒偽劣的「人」神！

　　所以，在正宗的「神與人的關係」支配下的「人與人的關係」是天然的平等關係、天然的民主關係、天然的法律關係、天然的最合乎道德之關係！

# 1‧己所不欲，勿施於人

猶太文化與中國文化有一個地方非常相似，那就是兩者都非常重視倫理，即人與人之間的健康而友善的關係。中國文化倫理價值體系的主體是儒家學說，又稱「仁學」；而猶太教也素稱「倫理一神教」，用社會學的術語來說，也就是著眼於神學的形式協調人際關係。正由於這個原因，猶太智慧與中國智慧在處理人際關係的基本原則方面，達到了高度的共識。

中國的偉人孔子說過，仁就是：「己欲立而立人，己欲達而達人。」以及「己所不欲，勿施於人。」同樣，猶太歷史上最著名的拉比之一——希雷爾拉比，也曾對猶太文化的精髓作過同樣性質的界定。

希雷爾拉比出身貧寒，靠自己的天賦和勤奮，掌握了淵博的知識。兩千多年來，他的言論一直被人們廣泛引用。據說，後來耶穌基督向其信眾訓誨的言論，有許多其實就是希雷爾拉比所說的要言。

希雷爾拉當了猶太教首席拉比之後，某次來了一個非猶太人。他要希雷爾拉比在他「能以一隻腳站立的時間裡，把所有的猶太學問告訴他」。

可是，他的腳還未提起來，希雷爾拉比已要言不繁地把全部的猶太學問濃縮為一句話，告訴了他：

「不要向別人要求自己也不願做的事。」

當然，這裡引的是譯文。希雷爾拉比不會說中文，更不會使用孔子用的那種文言文，儘管他們各自所處的時代相隔並不遠。但要是我們真的想把這句話譯得「要言不繁」的話，顯然，最好、最方便的莫過於直接借用孔子的那句話：「己所不欲，勿施於人。」

兩個古老民族的智者對各自的文化作出了完全相同的界定，這並不奇怪。因為無論哪個民族，在人類生活最本質的特徵上，都是同一的，民族文化的成熟、集體智慧的發達必然帶來對其中真諦的同樣把握。

　　人類的生活都是社會生活。這意味著，人與人之間最原初的關係必定是一種互助互諒的關係，這種關係本身又必定建立在互相理解的基礎之上。這種理解不管從理論上說可以有多少環節、多少障礙，但在經驗上，只要我們大家都是人，就可以從自身趨吉避凶的原始要求上，找到理解他人的前提。「己所不欲，勿施於人。」便是一條極便於掌握、應用的互相理解、互相體諒、互相謙讓的與人相處之原則。

　　不過，這條原則畢竟還只是一條一般的原則，在面臨具體問題時，如何恰如其分地掌握好分寸，還需要當事人體察特定情境中人際交往的微妙之處。在這一點上，猶太教典籍《塔木德》道出了一個極富教益的實例。

　　　一次，有位拉比要召集六個人開會商量一件事，便讓人安排一下，去邀請六個人來。可是，到了第二天，卻來了七個人。其中肯定有一個人是不邀自來的。但拉比又不知道這第七個人究竟是哪一位。

　　　於是，拉比只好對大家說：「如果有不請而來的人，請趕快回去吧！」

　　　結果，七個人中最有名望、那個大家都知道一定會受到邀請的人，卻站起來走了出去。

　　顯而易見，這個人是在為他人背黑鍋。他知道，七個人中必定有一個人沒有受到邀請，但既然到了這裡，再要自己承認

資格不夠，是一件令人難堪之事，尤其還當著這麼多人的面。為了保護這個人的自尊心，最好的辦法不是一一對質證明自己出席會議的資格，而是乾脆讓他「混跡其中」，藉匿名狀況來保全他的面子。所以，那位有名望者的退讓可謂用心良苦。但能如此設身處地地為他人著想並採取相應的行動，正體現了他的仁慈之心。

就此而言，我們可以說，這則寓言首先弘揚的就是「己所不欲，勿施於人」的道德精神。不過，這還只是第一層意思。

《塔木德》的使命本來就是為人們規定，在怎麼樣的具體情境中，碰到怎麼樣的具體問題，應當如何恰當而妥貼地遵循哪一些具體規範。上述事例也只是《塔木德》有意選擇或人為設定的一個特殊情境及其對策。但就是從這一情境、其中的出場人物及其表現上，可以進一步看出猶太民族那種追求行為最大程度的合情合理之智慧。

走掉一個人，是解決上述窘境的基本方法。但究竟走掉誰，卻大有講究。即便有人為了保全他人的自尊而主動離去，要是他本身也處於可邀可不邀的臨界狀態，那麼他的主動離去很可能被別人，除了那個心照不宣、真正不邀自來者之外，認作是不邀自來者，從而多多少少會受到一些諸如「此人自以為了不起」之類不出口的貶低。而這種雖然沒有多大分量的「道德污名」本不能落在他身上的，如果要求這樣一個人主動離席，那是對他的不公正。

為此，《塔木德》特意安排了一個不可能背黑鍋的人物出場：人人都知道他處於必邀之列，那麼他的退場一眼就可以看出是一種高姿態。「污名」沾不到他的身上，相反，只會進一步增加他的聲望。

從這裡不難看出，《塔木德》追求的是一種在幫助別人的

過程中，人人得利的結局，而不是將某種對個體有害無益的道德義務強加於「君子」（無貶義）身上。這種既顧及他人的利益，又顧及君子之利益的倫理安排，不僅本身極為道德，而且作為道義之引導，也可以最大程度地減少被引導者的委屈感、甚或反感，從而最有效地教化之。

設身處地地為道德典範們著想，將「己所不欲，勿施於人」的道德原則同等程度地適用於他們，使他們能保持一個人全部水靈靈的內心體驗，而不至於因為過分的要求和實質上的漠視，導致他們變為機器人身上的螺絲釘、甚至偽君子，是真正表現出一個民族的道德智慧的神來之筆。

# 2‧人所不欲，勿施於己

從前文述及的例子，即在令人窘困的情境中，有名望者主動退讓來成全他人，我們側重於發掘了猶太民族在將「己所不欲，勿施於人」的道德原則具體化時那種獨具特色、周詳妥貼的智慧。除此之外，我們還隱隱然地感覺到其中似乎仍有可作進一步開掘的更深意蘊。這就是：「己所不欲，勿施於人」應該是一種雙向適用的原則：健康、健全的倫理道德體系不僅應該有「己所不欲，勿施於人」的要求，也應該有「人所不欲，勿施於己」的要求。

稍加分析，便不難看出，一切形式的「己所不欲，勿施於人」之原則，都內含著若干關於人性的假定。

首先，這一原則假定存在著共同的人性；換言之，即為人性的同一性。凡是人類的一員，都具有共同的基本意向、欲求和滿足，都有共同的快樂和痛苦的對象，都有共同的趨樂避害

之本能。人類的所有這些共同點構成了設身處地為對方著想的前提和可能性。沒有這些，就會出現一方的好心好意，在另一方純粹成為強加於人的尷尬局面。

其次，這一原則還假定，所有人出於本性的要求，都是等價的；換言之，即為人性的等價性。形式上，我們只能由己及人，從自己的要求與感受出發來設想或猜度對方的要求與感受；但從原則上，我們絕不能以自身為本位，而認為自身高於他人，優先於他人。這種人性的等價性是運用「己所不欲，勿施於人」原則的價值前提。

再次，作為一個道德原則，它還隱含著一層承認他人人性的優先性，甚至克制自己的人性要求，以協調出美好人際關係的涵義。

社會事物，包括人的行為中，有許多都像取予、得失、勝敗等等一樣，具有正負兩極的效應。對一者是符合人性要求的東西，對另一者可能就是違反人性或者不太合乎人性的東西。所以，按照這一原則，個體在追求自己的人性要求時，必須顧及不至於因此而將違反他人人性要求的東西強加於他人。在可能造成這種結果的情況下，「己所不欲，勿施於人」的原則隱蔽地要求個人主動放棄自己的追求，儘管這種追求本身是符合人性的。所謂「友誼第一，比賽第二」就是一個極端的例子。

對於這三條假定，由於第一條是其餘一切假定的基礎與前提，相互之間沒有抵觸之處，所以不加討論。成問題的是第二、第三條假定，兩者實質上是既相聯繫又相對立的。

不承認人性的等價性，就不可能進一步承認對方的優先性；反過來，承認了對方的優先性，無疑又否定了從「我」的角度看過去，雙方人性的等價性。

正由於這種內在悖謬的存在，使「己所不欲，勿施於人」

的原則在某種程度上成為倡導他人優先性的單向道德要求。而從嚴格的道德意義上說，任何單向性的道德要求，就其總是在相當大的程度上壓抑主體、貶低自我的價值而論，內在地就是不夠道德，甚至不道德的。

因為這種單向性的存在很容易導致由承認泛化的他人優先性轉變為承認特定的他人優先性，由承認隨情境而變的他人優先性轉變為承認固定不變的壓倒一切的他人優先性。如果這兩者再結合在一起，就會成為一種只承認某一他人無條件優先性的不道德信條。

在所有的專制國家中，居於權力頂峰者之所以要給自己套上一輪倫理的光環，越是強權政治越是倫理化，其內在機制就在這裡。

所以，以猶太民族那天然地反對人神、反對強權、反對同為肉體凡身的他人篡奪上帝地位的本能，必定覺察出這種單向性，看出這種單向性的不道德內在傾向，進而必定在某種程度上和一定範圍內否定這種單向的他人優先權。

前文述及那個寓言，在深層次上就包含這種洞察和對策，而更為明晰的表達則見之於猶太教拉比關於人己關係的討論。

猶太史上有一部著名的神學和法學的大著作，名為《密西拿》，是成文律法《托拉》之外，《口傳法規》的標準部分。《口傳法規》緊密結合《聖經》戒律，借助於個別案例，來考察人們的行為。這些案例都圍繞著一個問題：一個想在各方面都符合《托拉》精神和規定的人必須做什麼和不准做什麼。以後，《密西拿》同《革馬拉》（律法釋義彙編）一起組成《塔木德》（猶太口傳律法）。

從這本蘊藏著猶太民族豐富之道德智慧的巨著中，我們可以找出兩則典型案例，從中看到猶太民族關於人己關係的思考

和處理。

第一則案例如下：

> 有一個人來找拉瓦拉比，請教他一個問題：
>
> 「市長要我去謀殺一個人。我要是不去，市長就會派人來殺了我。在這種情況下，我該怎麼辦？」
>
> 拉瓦拉比回答說：
>
> 「寧可讓他殺掉你，也不要犯謀殺罪。你為什麼認為你的血就比他紅呢？」

第二則案例是：

> 有兩個人外出旅行，走進荒無人煙的大沙漠。其時，兩個人中只有一個人有一點水。這點水如果兩個人喝，則兩個人都將渴死在沙漠裡；如果一個人喝，則此人就可以活著走出沙漠。在這種情況下，人應該怎麼辦？
>
> 本‧派圖拉比教導說：
>
> 「擁有水的人應喝以活命。」

按照猶太人的觀點，拉比對這兩個案例之所以得出這麼樣的兩個結論，是因為分別基於如下兩條原則——

一、人不應視自己的生命價值高於他人。

二、一個人自己的生命價值絕不低於他人。

要是我們越俎代庖，將這兩個原則結合在一起，馬上可以看出，這不就是一條人己關係雙向對等的原則嗎？

一個人沒有權利把自己不想要的東西（死亡）強加於他人（謀殺他），但一個人也不應該把一般人都不要的東西（死

亡）強加給自己（渴死）。而當自己與別人雙方都面臨著人類所不要的東西而又必須由其中一方承受下來（哪怕純屬於被動）的時候，就讓每個人自己擁有的客觀條件來決定，而不作人為的干預。

這種把問題的解答同初始的物質條件相掛鈎，不作人為干預的方法，從形式上看，是暫時給道德原則「加括號」，把它「懸置」起來，藉以迴避問題；但從實質上看，不就是不藉道德之名，將不道德的要求強加給信守道德之人嗎？

不可否認，任何道德體系都內在地具有抬高整體、包括作為整體之具體化的他人，而貶抑自我的要求這一根本傾向。猶太民族的道德信條也不可能完全消除這種傾向，除非不成其為道德。

然而，在道德有可能越出「道德」的範圍，而成為某種不道德時，猶太民族卻極為合理、極為道德的緊急制動，藉懸置道德來給出最為道德的準則。

這種以物的合理性，即物的歸屬，來規定人的合理性（即倫理或道德標準）的做法，正典型地體現了猶太智慧一個極為意義重大、極具現代色彩的特徵：主觀合理性與客觀合理性吻合，主觀合理性受客觀合理性決定；或者更確切地說，人的合理性與物的合理性之同一與融合。

「人所不欲，勿施於己。」不愧為道德的智慧，也是智慧的道德！


# 3・不脫離民族的慎獨

猶太人有這樣一個觀念，即人類居於動物與天使之間，越

靠近天使，便越接近神聖。

　　「那麼，神聖到底是什麼？」一位拉比問學生。

　　學生紛紛答道：為神犧牲生命是神聖；經常禱告是神聖；守安息日是神聖；等等。各種回答，不一而足。

　　可是拉比卻說：「正確的答案是：神聖就是選擇吃的東西，和你怎樣去做愛。」

　　學生一聽此言，頓時嘩然：「什麼？難道不吃豬肉啦，什麼時候不可以做愛啦，就是神聖之事嗎？」

　　拉比給出的理由很簡單，也很實在──

　　守安息日的狀態，大家都會知道；為了神而犧牲生命的事，別人一看也可以知道。

　　然而，你在自己家裡吃什麼，別人並不知道。在做客時或在大庭廣眾之下，吃的都是猶太律法規定可以吃的東西；但回到家裡卻吃了完全不同的東西，這樣的情形完全可能發生。

　　性行為也一樣。沒有人看得見你做愛時的情況，是否遵守律法規定，只有你自己知道。

　　這就是說，在家裡飲食時和發生性行為時，人類可以任意站在動物與天使之間的任何一個位置上。唯有這個時候，能夠提高自己的人才是真正的神聖。

　　猶太人的這一說法，用中國的道德習語，就叫「慎獨」。

　　在眾人面前受到社會的壓力，遵守規範是比較容易的。而單居獨處之時，外界的壓力完全消失，只剩下內心的良知抵禦著蠢蠢欲動的惡念。唯有此時能把持得住自己，方算得上有道德根柢的人。所以，《塔木德》上有一句話：「在他人面前害羞的人，和在自己面前害羞的人之間，有很大的差別。」

這個差別，借用略顯過時的文化學術語來說，就是「罪感」和「恥感」的區別。

所謂「罪感」，就是把罪之惡看作是由罪本身的屬性決定。無論何時何地，人知我知，犯罪就是為惡，就是一件應該激起愧疚之心的事情。

而所謂「恥感」，則把罪之惡看作某種取決於外界狀態的屬性，罪中為人知者方為惡，否則，無所謂惡不惡。所以，犯罪者的愧疚、或者更恰當地說：愧悔，不是為了作惡本身，而是為了作惡竟然被人所發現。這種「愧」是為了「出醜」而愧；「醜」要是不出來，何愧之有？這種「悔」是為了搞錯時機而悔，要是正逢無人發現的機會，何悔之有？

從文化規範的內化程度來看，「罪惡」顯然遠甚於「恥感」。在「罪感」支配下的個體行為，要比在「恥感」支配下的行為，在遵守規範時有著更大的自願性、自覺性和自律性。這三種屬性在猶太人的行為中表現得十分明顯。它們反映的是猶太文化整合的有效，促進的是猶太民族的凝聚。

猶太民族的大門始終敞開著，不能遵守上帝律法的人盡可以自己走出教門；何況連猶太共同體都長期處於某種「獨居」狀態，更不要說猶太人個體了。這樣一個民族不能不要求其成員多多「慎獨」，多多「知罪」。在拉比的教誨中，「獨居都市而不犯罪」，之所以能同「窮人拾遺不昧」和「富人暗中施捨十分之一的收入給窮人」同列為「神會誇獎的三件事」，其共同之處，盡在一個「獨」字。猶太人的上帝所讚賞的「慎獨」，其實正是猶太民族延存的基本要求。

不過，猶太民族的「慎獨之智」還不止於此。

猶太民族褒獎「慎獨」，但絕不弘揚「獨善其身」式的「慎獨」。像隱士形式一般的「獨善其身之人」，不是猶太社

會尊崇的楷模。

　　從前有個優秀的拉比，受到大家的景仰。因為他的
行為高潔，為人親切而富於慈愛之心；他做事十分拘謹，
很注意小節，同時，對神又非常虔敬；生活謹慎得走路不
會踩上一隻螞蟻，對神所造之物絕不加以破壞。所以，他
理所當然地受到弟子們的衷心愛戴。

　　過了八十歲後的某一天，他的身體突然一下子開始
變得虛弱了，並很快就衰老下去。他知道，自己的死期已
經臨近，便把所有弟子叫到床邊。

　　弟子到齊了之後，拉比卻開始哭了。

　　弟子十分奇怪，便問道：

　　「老師為什麼哭呢？難道你有忘記讀書的一天嗎？
有過因為疏忽而漏教學生的一天嗎？有過沒有行善的一天
嗎？您是這個國家中最受尊敬的人，最篤敬神的人也是
您；並且您對那像政治一樣骯髒的世界從來沒有插過一次
手。照道理，老師您沒有任何哭的理由才是啊！」

　　拉比長嘆了一聲，說：

　　「正是因為像你們說的這樣，我才哭啊！我剛剛問
了自己：你讀書了？你向神祈禱了？你是否行善？你是否
做了正當行為？對這些問題，我都可以作肯定的回答。但
當我問自己，你是否參加了一般人的生活時，我卻只能回
答：沒有。所以我才哭了。」

　　以後的拉比們常用這則故事，來勸說一些不在猶太人共同
體活動中露面的人，以使他們一起「參加一般人的生活」。從
這裡不難看出，這個「一般人的生活」不是指一般意義上的衣

食住行，也不是指常人的其他感性生活，而是特指猶太民族的集體生活。

《塔木德》明確宣布——

「如果一個猶太人完全與一切世事脫離，只是用功學習十年的話，十年後他就不能向神祈求寬恕了。因為不管你把學問做得多好，把自己與社會隔開，這本身便是罪惡。」

這意味著，猶太人之所以成為猶太人，不僅在於他作為一個純粹的個人能夠遵守猶太律法，更在於他必須是作為一個猶太民族自覺的成員而能夠遵守律法。

猶太民族要的是「慎獨」的民族成員，而不是為「慎獨而慎獨」，「慎獨」到最後成了「一盤散沙」似的孤家寡人，這無疑會使猶太人作為一個民族不復存在。

所以，個體的這種有分寸的慎獨，這種不忘民族身分、不脫離民族生活的慎獨，才真正體現了更高意義上的整合成功。否則，就說不清這套文化規範及其內化機制究竟在「為誰作嫁衣裳」了。


# 4・適度的享樂與適度的道德

善行與享樂（指狹義的感官享受）常常是難以兩全的。追求善行，會導向放棄享樂；而追求享樂，也會導致善行的失落。這幾乎是一切民族的道德觀念必定面臨的一個基本兩難。

在中世紀基督教社會中，片面追求善行，導致極端的禁慾主義；在中國的宋明理學中，片面講究「天理」，同樣導致「滅人慾」的強制性要求。在道學先生偏激火爆的嘈雜聲的背景上，猶太民族的話語聽起來卻令人頓生清涼舒心之感。

猶太人有一則關於「道德」與「享樂」之關係的寓言，其中以比喻的方式表達了他們的一般看法。

有一次，有艘船在航行途中遇到了強烈的暴風雨，夜間偏離了航向。

到次日早晨，風平浪靜了，人們才發現船的位置不對；同時，大家也發現前面不遠處有一座美麗的島嶼。船便駛進海灣，拋下錨，作暫時的休息。

從甲板上望去，島上鮮花盛開，樹上掛滿了令人垂涎的果子，處處都是美麗如茵的綠意盎然，還可以聽見無數小鳥動聽的歌聲。

於是，船上的旅客分成了五組。

〔第一組〕旅客認為，如果自己上島遊玩時正好出現順風順水，那就會錯過起航的時機。所以不管島上如何美麗好玩，他們堅持不登陸，守候在船上。

〔第二組〕旅客急急忙忙登上小島，走馬觀花地聞聞花香，在綠蔭下嘗過了香甜的水果，恢復精神之後，便立刻回到船上。

〔第三組〕旅客也登陸遊玩，但由於停留的時間過長，在剛好吹起順風之時，以為船要開走而慌慌張張地趕回船上，結果有的丟了東西，有的失去本來的好位置。

〔第四組〕旅客雖然看到船員在起錨，但沒看到船帆也在揚起，而且以為船長不可能扔下他們把船開走。所以，一直停留在島上。直到船要起航之時，他們才心急慌忙地游到船邊爬上船。有些人為此受了傷，直到航行結束，傷都還沒有痊癒呢。

〔第五組〕旅客由於在島上陶醉過度，沒有聽到起

航的鐘聲，被留在島上。結果，有的被樹林中的猛獸吞吃了，有的誤食有毒的食物而生了病，最後全都死在島上。

在拉比的解說中，故事中的船象徵著人生旅途中的善行，島則象徵快樂，各組的旅客象徵對善行和快樂，持著不同態度的世人。

〔第一組〕對人生的快樂一點兒都不去體會。

〔第二組〕既享受了少許快樂，又沒有忘記自己必須坐船前往目的地的義務。這是最賢明的一組。

〔第三組〕雖然享受了快樂並且趕回來，但還是吃了一些苦頭。

〔第四組〕也勉強趕回船上，但有些人傷口到目的地都還沒癒合。

人類最容易陷入的還是〔第五組〕，往往一生為了虛榮而活著，忘記將來的事而不知不覺吃下有毒的甜蜜果實。

「適度享樂而不忘追求善行的人，才是最賢明的。」

能說出這樣一句話的拉比，能確立這樣一種標準的宗教，其本身又是何等賢明！它清楚地表明，在猶太人的心目中，理想的人格絕不是那種閉眼不看世界、逃避塵世樂趣的禁慾主義者，而是知道如何享受生活卻又能不越出一定限度的人。

對塵世以及塵世樂趣的這種態度，從猶太神學的立場上來看，本是十分正常的。

既然世界以及其中的一切無非都是上帝所造，那麼享受世上的樂趣也就是上帝賦予人類的特權，甚至可以說是義務。伊甸園中不也有著「悅人眼目」的樹木與可口的果子嗎？這不是上帝特地為人栽下的嗎？人為什麼要忤逆上帝的旨意而堅持不

用呢？只要不去用那棵智慧樹上的果子就可以了，其餘全無禁止的必要。

所以，在拉比們看來，那些明明知道有好東西卻偏偏不去享受的人，皆屬有意與上帝為難之人，到最後都不能不向上帝交代清楚為什麼他要這麼做。拉比推薦的是這樣一種人的模型：有一個漂亮的家、一個漂亮的妻子和一些漂亮的衣物，因為它們會使人情愉快。

豈止僅僅「心情愉快」，甚至只要想到這些，就可以少了三分惡的衝動，而多出三分善的追求！

正是出於這個道理，拉比們甚至把發誓不喝酒的人稱為「罪人」，並進而推斷出：「既然一個戒酒的人就被認作罪人，那棄絕生活享受的人更是大罪人了。」

不過也正是在對酒的態度上，最典型地反映出猶太民族那種掌握適度的分寸感。

拉比們一向認為，酒這樣東西最忌過度，少喝一點是好事，一喝多了，麻煩就來了。「只要不沉溺酒杯，就不會犯罪。」還說「酒進了頭腦，辨別能力就出來了；酒進了頭腦，秘密就被擠出來了。」

多喝之所以誤事，因為這是撒旦在人類種葡萄準備釀酒時就做下的手腳。

當年挪亞種第一枝葡萄時，撒旦跑來問過：「你在幹什麼？」

挪亞說：「我在種一種非常好的植物。」

撒旦表示，他從來沒見過這種植物長得什麼樣子。

挪亞便告訴他：「它會結一種非常甜而可口的果實，喝了這種果實的汁後，人就會覺得非常幸福。」

撒旦一聽，來勁了，非得加入這種幸福中不可。於是，他跑去抓來了羊、獅子、豬和猴子，把牠們一隻隻殺死，拿牠們的血作肥料澆下去，葡萄長出來了，最後變成了葡萄酒。

所以，開始喝葡萄酒的時候，人溫順得像隻羊；再喝一點，就會如獅子那樣強大（當然，是借酒壯膽的獅子）；再喝下去，就會像豬一樣骯髒；喝得過多，就成耍猴子，唱啊跳啊，全無一點自制力。這就是撒旦送給人的幸福。

「適度的享樂」是對常人一種適度的道德要求；反過來，也可以說「適度的道德」就是對道德家的要求了。

在猶太人中，研習《托拉》一直被推崇為生活中的至高之善。但拉比們同樣注意不使自己「沉溺於其中」，就像常人對杯中之物一樣，不能為了研習《托拉》而不履行塵世中的義務。有位拉比說過：「研習《托拉》是件好事，但也只有同關心世事聯繫在一起時才是。」

相傳古時候有個名叫西蒙·亞海的拉比，為了躲避羅馬人的追捕，在一個山洞裡藏了十二年。後來，他終於走出了洞穴。

陽光照耀下，映入他眼簾的第一幕景象就是周圍的人們都忙於日常事務，耕田的耕田，播種的播種。亞海拉比感慨繫之，不由嘆息道：「他們都放棄了永恆的生活，只知道埋頭於倏忽無常的生活。」

話音剛落，天上便傳來霹靂似的一聲斷喝：「你跑出來就為了毀滅我的世界嗎？回你的洞去吧！」

這種棄絕一切正常生活而追求道德上盡善盡美的惡習，理應受到神譴。因為它根本不符合人的天性，只會造成社會上道德者與不道德者的兩極分化：一邊是未婚守寡的何苦來，一邊是扒灰盜嫂的肆無忌憚；要嘛造成一個人身上外部表現與內心世界的互相悖離：滿口仁義道德，滿肚子男盜女娼。

所以，拉比們從來不要求人「狠鬥一閃念」之類純屬非分要求的說教。他們甚至認為，有不好的念頭而沒有發生相應的行動，反而顯示出一個人的高尚，說出來也不用羞愧。

有個男人一心想要和隔壁的漂亮太太做一次愛。有個晚上，他終於在夢中和她做愛了。

根據《塔木德》的說法，這是一種吉兆。

因為夢是一種願望的表示；如果真的發生肉體關係，就不可能做這種夢了。換言之，這是一種儘量抑制自己的犯罪行為之證據，所以是一種好現象。

「想是可以的，但做是不可以的，因為想是人之常情，抑制不了，做是犯罪之舉，抑制得了，是高尚之舉。」一個重虔信、重操守的民族能說出這樣一席合乎人性、人情的明達之言，一個很早就給自己立了 613 條律法的民族，卻比許多無法無天而又只知一味作道德說教的民族更其坦蕩無邪地為個人保留一塊道德上的自由空間，不能不使人深感睿智的分量。

要是所有裝模作樣地追求道德上盡善盡美的道學家全都滾回他們的山洞去而不再出來嘮叨個沒完，興許這個世界倒真有可能盡善盡美了。因為世界的不完善、人性的醜惡，本來就是世人眼睛不夠完善而內心醜惡的緣故。

譴責誰？

譴責你自己！

# 5 · 讓惡結出善果

猶太人是一個弘揚善的民族，同時也是一個對惡持十分理智、十分坦然態度的民族；這後一種品質尤為難能可貴。

在猶太人看來，惡本身是無所不在的，伊甸園裡有，其他地方也有，遑論人心之中了。

《塔木德》上說，當年上帝發大水淹沒不義之人時，曾預先告知義人挪亞，讓他造好一隻大船，全家避難於船上，並將所有動物都按一公一母配齊，各帶一對。當時，善他老兄聞訊也急急忙忙跑來找挪亞，要求登舟避難。可是，它卻遭到挪亞的拒絕。

挪亞說：「我只能讓公母成對的上船。」

於是，善只好跑回樹林，尋找可以和自己成為一對的對象，結果就找到了惡，便一起成雙作對地登上了方舟。

從此以後，有善的地方，也就必有惡的存在。

這就是說，猶太人基本上把惡看作某種正常存在的東西，是世界的一個組成部分，就像挪亞上方舟時不僅帶了潔淨的動物，也帶了不潔淨的動物一樣。

既然承認了惡的無處不在，那就沒有必要興師動眾，成年累月地從事消滅惡的徒勞。相反，猶太人常常認為，惡有時還會促使人做些於人類大有意義的業績。

猶太人有句名言：「如果人類沒有惡的衝動，應該會不造房子、不娶妻子、不生孩子、不工作才對。」

為什麼這麼說呢？因為猶太人至高的善乃是虔信和求知，而造房子、娶妻子、生孩子、賺錢，勢必讓人（哪怕暫時地）忘記虔信或者丟下經卷。這當然是惡的唆使了。

有個拉比曾就猶太人離開農業，進入城市從事商業，作過

神學上的辯解。他說：「要是猶太人像農民那樣整天忙於田裡幹活，那他什麼時候鑽研《托拉》呢？」

不過，猶太人與基督徒不同，他們不是把這些世俗活動本身看作惡，而是看作人類正常生存的必要條件甚或前提。上帝本人就經常許諾義人們「生養眾多」，還將財富、子女賜予他們。這與中世紀基督教修士幽居在黑暗的修道院裡禁慾苦修的自作孽大異其趣。

所以，從這裡，實際上可以看出猶太人的一種基本心態：惡，只要導入正常的渠道，就可以驅使人做出有功德之舉。這要比單純壓抑惡的衝動有效、有利得多了。

這當然不是說對惡就可以不加防範。不是的！猶太人有時防範得還特別緊，不肯讓人有一點鑽空子的機會。

從前，有一個青年深深愛上一個女子。後來青年病倒了，醫生診斷之後，對他說：「你是因為思念太深，不能實現，才患了這種病。只要和你思念的人同房，病一定會好。」

這個青年便來找拉比，把醫生的話告訴拉比，請他表達意見。拉比堅決表示，絕對不能與那個女人發生肉體關係。

於是，青年又表示，如果讓那個女人一絲不掛地站在他面前，也能使他內心的鬱結消除而病癒的話，可不可以這麼做？拉比還是認為不行。

既然如此，那麼是否可以讓他和她隔著牆作面對面的談話呢？拉比仍然不同意。

在《塔木德》中，沒有明白交代這個女性是否已經結婚。在別人問他何以如此強硬地反對這件事時，拉比回

答說：「人類應該恪遵貞節。假若一個人以思念很深為理由就可以立刻獲得與對方同房的話，社會的規範就得不到遵守了。」

對這則寓言，也不要理解為猶太人熱中於把人的惡念防範得嚴嚴實實，讓人因為不得發洩而死去活來。拉比知道這個青年一時死不了，說不定純屬裝病。因為本來只要他履行合法手續結婚就可以了，何必急著同房呢？當然，要是對方不愛他或者已經是有夫之婦，那青年即使真的病得要死，也沒有辦法。不過，就整體而言，猶太人相信的還是「防範不如疏導」。

猶太人有句諺語：「一米高的牆，勝過一百米高的牆。」

拉比們認為，一米高的牆必定屹立不倒，而一百米高的牆卻很容易倒塌。這「牆」指的是什麼呢？指的就是人對自己「惡的衝動」的疏導或防範。

猶太人不相信高牆大院關門苦修的寺院或不娶妻子的僧侶。因為這種生活不自然，人的正常欲求得不到疏導，就會越來越強烈，結果造成牆隨慾增，慾隨牆高的局面。修道院牆的高度成了修士們慾念強烈程度的函數與標誌。而且，牆越高，越容易倒塌；在絕大多數情況下，最終必然會使惡的衝動泛濫而出。

一個人短時間裡不做愛是辦得到的，但要一生不做愛，是完全不可能的，除非他（她）生理上不能。所以，猶太人只要求人們在一定的時間，比如月經期間、安息日前夕、安息日及其他宗教節期不要做愛，更重要的是不發生婚外性關係，而把絕對沒有性生活，或者說，沒有正常性生活的人，看做是不可信任的人。

所謂「凡教師不能沒有妻子，凡拉比不能沒有結婚。」真

是智人智語、智人快語。要是為人師表者只顧忙著在心中「築高牆」，還怎麼教育學生？要是聰明的人基因傳不下來，人類豈不越來越蠢？

猶太人對性中所藏匿的「惡的衝動」是這樣的態度，對其他事情中藏匿的「惡」也持同樣的態度。

拉比本來應當是猶太人的道德典範，但偶爾也有身為拉比的人作奸犯科的。以前紐約曾破獲一起大走私案，結果查出一個拉比，他在牙膏中夾帶鑽石走私。

在其他民族中，「德高望重」之人作出這種勾當，一定會激起信徒們的「義憤填膺」，說不定會放火燒掉某所寺院。但猶太人對這類事件的反應卻極為冷靜，甚至可以說，十分冷漠。因為他們本來就認為，惡是無處不在的。拉比也是人，身上同樣也有惡的存在。

猶太教徒的這種富於理智、富於人性敏感的冷漠，固然可能有多種原因促成，但其中必有「一米高的牆」在作用。道德典範不是靠一百米高的牆烘托出來的，信徒們的慾念更不會在一百米高的牆頭「驚濤拍岸」，而汲汲於趁道德典範的高牆倒塌之機，乘勢泛濫。

這也許是另一種意義上的「讓惡結出善果」吧！


# 6・針對罪行，不針對罪人

一個以刻板守舊著稱的宗教，對惡能持著如此坦然的態度加以正視固屬不易，但更為不易的也許還在於猶太民族對惡人的看待與處理上。

猶太人歷來主張把罪惡本身與作惡犯罪之人加以區分。一

方面，猶太人認為，罪惡（不是指原罪這種抽象的一般罪惡，而是指作惡這種罪）是人與生俱來的。

《塔木德》上寫著：「從胎兒開始，罪就在人心裡萌芽，然後跟著人的發育而增強。」這意味著「任何人都會犯罪」，「就好像有能力射中靶心卻沒有射中一樣，罪惡常常是在無意中犯下的。」

但另一方面，猶太人又堅定不移地相信，人能夠通過自己的努力，主要是學習，「倘若你被惡的衝動驅使的話，為了驅逐它，應該開始學點什麼才好。」從而去除罪惡，改邪歸正。罪人一旦成為義人，同樣可以得到神的賜福。《聖經》中就有多處借耶和華上帝之口，勸說惡人「回頭是岸」的訓誡。

所以，猶太人對罪人、惡人的態度，總體上不是將作惡看作惡人的劣根性所致，而是看作被罪惡玷污了的人所作的行為。這種污痕是可以擦拭或洗滌掉的。因此，猶太人與其說寄希望於惡人遭到報應，毋寧說更寄希望於罪惡本身得到消除。

從前，有幾位拉比碰上一群壞人。這些人屬於那種非咬住人吸出骨髓不肯罷休的大壞蛋，世上再也沒有比他們更狡猾、更殘忍的人了。

其中有一個拉比忍無可忍，說道：「這種人還是讓他們掉進水裡，全部溺死算了。」

可是，同在他們之中的一個最偉大的拉比卻說：

「不！身為猶太人，不應該這麼想。雖然一個人會認為這些人還是死了比較好，但不能祈禱這樣的事發生。與其祈求壞人滅亡，不如祈求壞人悔改才對。」

《塔木德》的結論是：處罰壞人對我們沒有什麼益處；不能使他們悔改，不能使他們跟隨我們走正途，那才是一種真正的損失。

因此，猶太人對罪人沒有那種「深惡痛絕」，必欲置之死地的緊張、激烈情緒。相反，他們認為，猶太人犯了罪，仍然是猶太人；一旦改悔了，就不許再把他看作罪人。猶太人雖說有「憎恨罪，但不憎恨人」的說法，但實際上連對罪本身的「憎恨」也很少。

猶太人作為一個民族所面臨的最大的現實罪惡不是個別人的行為，而是民族之間的爭戰、征服、統治、奴役，甚至殺戮。對這樣一種民族壓迫，猶太人是敢於反抗的，雖則在相當長的時期內，這類反抗都以失敗告終，而且武力反抗也不是猶太人喜歡或者擅長的方式。但無論這種種壓迫，還是它所引發的反抗，還是反抗的失敗，都沒有導致猶太民族對其他民族、特別是那些虐待猶太人的民族產生憎恨。

第二次世界大戰期間，有兩萬左右的猶太人避難於上海。在此期間，有不少人曾受到佔領上海的日本當局虐待。有些人直到戰後很久，還念念不忘日本人的暴行。但拉比卻跟他們講了一個《塔木德》故事——

> 有隻獅子的喉嚨被骨頭鯁住了。獅子便對外宣布，誰能把他喉嚨裡的骨頭拿出來，就給他優厚的獎品。
>
> 於是，來了一隻白鶴，他讓獅子張開嘴，伸進頭去，用長長的尖喙把骨頭銜了出來。
>
> 白鶴做完了，便向獅子說：「獅子先生，你要賞我什麼禮物呀？」
>
> 獅子一聽，大為生氣，吼叫道：「把頭伸到我的嘴裡而能夠活著出來，這還不算獎品嗎？你可以到處誇耀，你經歷了這樣的危險都活著回來了，沒有比這更好的獎品了。」

拉比的結論是：既然現在還能訴苦，就說明至今還活著；而至今還活著，就沒有理由訴苦。所以，不要再為曾經經歷的不幸而抱怨了。當然，更不能憎恨了。

這個故事流傳了數千年，這充分說明，猶太民族的集體智慧以及作為這一智慧之人格化的猶太知識分子——拉比們，一直在盡力避免「憎恨」。當年，個別的教師對羅馬的專制暴政給予了言辭激烈的譴責，但他們的集體反應卻不是譴責羅馬人，而是猶太人的自責。

在塔木德時代，宗教儀式中對於民族災難的解說，其主題基本上就是：「我們之所以被逐出自己的國家，是因為我們所犯下的罪孽。」人們接受的教誨是，猶太人的救贖方式是在道德上重新就個人的精神生活和社會生活；猶太人應當追求的是將全人類嚮往更為高尚的道德這一共同理想加以融會貫通。當各個民族最終發現他們原來是相互依賴的那一天，民族間的紛爭就會像個人之間的紛爭一樣，趨於結束。

無論人們對猶太人的這種做法怎麼看，猶太人自己的歷史則確鑿無疑地證明了，這種反躬自責、而不是一味憎恨的心態對民族生存具有重大的價值。作為一個長期寄人籬下成四散狀態的民族，猶太共同體無論是因為憎恨過甚而採取不自量力的反抗手段，還是因為憎恨過甚又反抗無望而自暴自棄，恐怕都不會存留到今天，更談不上復國，談不上在大部分的寄居國中都欣欣向榮！

# 7・為他人就是為自己

猶太人那種「遇事反躬自責」的良好習性表明，這個民族

是把握道德的本質了。道德信條在調整人際關係時，通常都是從讓人檢討自己、控制自己著眼入手的。當然，對於一些氣度小的人來說，這種要求難免讓他們生出委屈感、吃虧感，還有「憑什麼要我退讓」之類的不服氣感。

其實，一則道德是對所有人而言的，並不特別指向某一個人；二則在社會生活中，人與人之間的千絲萬縷、循環曲折、交叉縱橫的關係結構往往會使一個人因為在這件事上退讓，而得到另一件事上的補償。

用現代術語來說，人際關係本來就是相互的，這種相互性不單單存在於直接接觸、直接交往的兩個人的小範圍內，而且可以通過整個社會關係結構的層層折射，由毫不相干的第 N 人或第 M 事件而返回到各自身上。

猶太人有一則小故事，其中就包含著這層道理。

有一天，一個審判官經過一處市場，發現市場上到處都有贓物出售，交易還挺熱火的。他覺得有必要開導一下市民或小偷。為此，他不聲不響地在市場上給市民上了一堂課。

審判官放出一隻黃鼠狼，給牠一塊肉。黃鼠狼叼著那塊肉，立刻跑回自己的小洞裡去。一旁觀看的市民也馬上知道了黃鼠狼藏肉的地方。

審判官來到那個洞前，把黃鼠狼捉出來，把洞口堵住。然後，他又拿出許多肉塊給黃鼠狼。黃鼠狼叼起肉，又立刻回到自己的洞去。但這次牠發現洞口被堵死了，肉沒地方藏，於是重又回到審判官跟前，把肉放下了。因為黃鼠狼一時難以處理自己叼來的肉，只好叼回來還給牠的主人。

看到這裡，市民們若有所悟，不等審判官開口，就去重新把市場上的貨物做了一番調查，結果發現，贓物販子賣給他們的正是他們被竊走的貨物。

　　相對來說，純粹為自己的需要而去偷竊某樣東西的竊賊不多，因為這個要求難度太大、效率太低。竊賊同被竊之物的關係有點像（當然只是在某種程度上）商人與商品的關係，兩者都是為了換取其他東西而暫時占有某樣東西。

　　所以，竊賊的存在往往需要一個前提條件，就是有人收買他的贓物。贓物或許是自商品發明以來唯一始終真正「價廉物美」的商品。所以，始終找得到自己的市場，甚至還可以形成故事中那樣的專門市場。然而，正是這個市場的存在，最終導致了一個「失主買回贓物」的喜劇性場面。

　　當然，「正是他們被竊走的貨物。」這句話絕不能理解為小偷把偷去的東西再一個不差地賣給原先的主人。這樣做，小偷很可能被物主認出而扭送司法機關。小偷的存在並不以小偷與物主二人關係的閉合狀態為前提，即小偷偷了賣給物主，物主買了再讓小偷給偷了去。除非小偷是蠢蛋，而物主是傻瓜。

　　相反，失主與失竊之物的買主是通過對他們來說是「他人之物」的贓物而最終在整體上達到同一的：從整體上說，所有這些買主都正好買回了他們自己所失竊的東西。

　　這個「偷──賣──買──偷」的循環過程，正是因為每個買主都只看到自己買進他人失竊之物時所占的便宜，而一輪又一輪地繼續循環下去。

　　其結果必然是，每個人在賤價收買贓物的同時，刺激著竊賊去「更廣泛地」竊取他人的錢物。當然，這個「他人」僅僅相對於小偷而言，絕不是相對於收買贓物的人而言的。在對「他人」一視同仁的小偷的中介下，「他人」最終變成了自

我，收買他人的失竊之物最終變成了收買自己的失竊之物。

而且，要是大家都看中「偷竊」這一發財捷徑，人人試而習之，那麼到了最後，勢必成為「偷人之人被人偷」的現象。物主——小偷——買主實現「神聖」的「三位一體」。

至此，經過社會交往體系中介的每一項個別人際關係的相互性，便得到了最為理想、最為純粹的實現。因為再發展下去的話，勢必連買賣這種多費手腳的交往都不復存在，人際交往皆以「偷竊」為形式。到這個時候，可以說連人際關係也不復存在，剩下的只有「賊際關係」或「（黃鼠）狼際關係」了。

在聽完猶太審判官，其實也就是拉比，藉著黃鼠狼給我們上的這一課之後，再去看猶太人的基本行事樣式，就不難發現其中的智慧了。

猶太人之所以重視律法，之所以重視守信、守約，之所以虔敬，之所以一絲不苟地崇拜上帝，就是因為猶太集體智慧早就在個體不知不覺中安排好了，每個人交出的那點權利、每個人都履行的那點義務，最後仍然是他的權利，仍然是他對自己履行的義務。

在這種有序狀態下，每個人以自己不貪不爭不偷的方法最終獲得的成果，較之無序或失範狀態下，每個人都以自己貪婪爭搶偷竊的方式最終獲得的成果，肯定大得多、方便得多、愉快得多。因為相比之下，每個人身上都可以少幾塊傷疤，手中多一些實惠，而且心平氣和，一點不喘。

其實，中國有句俗話，叫做「吃虧就是占便宜」，其中包含的完全是同一個道理。這說明中國人在洞察人際關係的相互性時所達到的深度絕不亞於猶太人。然而，從國人聞名於世的「窩裡鬥」來看，這句話及其中的道理顯然尚未得到普遍採

納。這又只能說明，我們在將自己認識上的聰明轉化為行動上的聰明時，確實不如猶太人聰明。這個毛病與「科技成果難以轉化為生產力」，莫不是同樣的吧！

# 8・使彼知己，百戰不殆

　　為了保證人際交往的正常進行，每個人都應當儘量站在他人的立場上考慮問題，多多考慮自己的行為會給他人造成的後果，以及這種後果對自己帶來的影響。這固然不錯，但僅此還不足保證良好的人際關係。

　　因為，在這種情況下，每個人還僅僅從自己的角度考慮對方，還沒有想到：我對對方的考慮是否同對方對我的考慮一致？我為對方所作的好意安排，是否正好造成了同對方為我作出的好意安排彼此撞車的結果？因為完全憑自己對對方的揣摩，而又沒有讓對方知道自己在想些什麼的那種揣摩，只能是瞎揣摩。這就像寬闊的大街上僅有的兩輛相向而來的自行車，因為騎車人都一味憑自己的揣摩來避讓對方，結果卻冤家路窄地撞在一起。

　　所以，每個人自己考慮得再周密，由於沒有同對方考慮到一個點子上，還是會造成某種誤會式的衝突。對於這種可能性，猶太人很早就有所體察，並將自己的感悟濃縮在一則極短小的寓言中。

　　　　有個瞎子打著燈籠，在漆黑一團的地方行走。對面來人見他是個瞎子，便問他：「你是個瞎子，幹嘛還打燈籠？」

瞎子不慌不忙地回答：「因為我打了燈籠，不瞎的人才能看到我呀！」

　　對於熟悉「瞎子點燈——白費蠟」這句歇後語的中國讀者來說，初見這則寓言，特別是讀到瞎子最後的那句點題之語，都不能不感覺到切換思路所引起的短路火花。

　　確實，我們在考慮某一樣東西的價值時，往往本能地從該東西對「我」的直接效用的角度來考慮，很少想到，在社會交往的網絡中，每樣東西都可以因為對他人的效用而改變其對我的價值。這不能不承認是我們認識上的一個淺薄之處。

　　所謂「瞎子點燈白費蠟」，要是放在這個情境中，意思無非是燈籠對瞎子毫無效用。然而，諳熟人類生活的集體性質之人很容易看出，這種思考本質上是個體本位的：它只看到燈籠對一個單獨在漆黑一團的地方行走的瞎子的效用。這裡的單獨不是指沒有人陪伴瞎子，而是暗示了整個一條道上，從頭至尾沒有第二個人和瞎子同時行走甚或相遇。所以，瞎子與燈籠的關係便成了純粹的人與物；更確切地說，孤家寡人的一人與物的關係。

　　正是在這個岔道口，主張「瞎子點燈」的猶太人與不主張「瞎子點燈」的中國人分道揚鑣，轉入了另一條思路。

　　猶太人太清楚，一個人走一條道的機會實在太少了，因為對瞎子來說，在漆黑一片的地方行走，自己不小心跌倒的可能性遠小於被明眼人撞倒的可能性。這些習慣於靠眼睛走路的人在漆黑一團中成了名副其實的睜眼瞎，甚至連睜眼瞎都不如，因為他們不像真的睜眼瞎那樣，已經熟悉了永恆的黑暗。

　　因此，瞎子為了不使明眼人由於看不見他而將他撞倒，最好的辦法便是幫助他們擺脫睜眼瞎的狀態。於是，瞎子亮起了

燈籠；這光亮不是照向路面，而是照向自己，以便讓每個相遇者都可以看清瞎子，看清兩人之間的關係。

這「看清兩人之間的關係」中，又有機巧了。

上述社會關係的相互性機理也可以通過一個明眼人打燈籠不照路面自己的情境來喻示，為什麼一定要找個瞎子來當模特兒呢？

這中間絕非單純因為猶太教拉比對文學描寫上的強烈反差有特殊的癖好，而是黑暗中照向自身的燈籠，對瞎子有一種獨特的效用，這種效用通過明眼人而產生的；但對任何一個明眼人本人又是不會具有的：照向自己的光亮不僅向明眼人傳達了「這裡還有一個行人」的信息，而且更豐富地傳達了「這裡有個瞎子在行走」的信息。

這一信息一經傳入明眼人的大腦，同時破譯出來的必定還有明眼人那種本能的對策：「及早避讓。」因為，對看不見對方的瞎子，誰都不會指望他作自動而有效的避讓。為了不至於「同歸於盡」，明眼人有主動避讓的義務或者權利。

這實質上意味著，在雙方可能都不明瞭對方的情境中，一方不但應該儘量幫助對方來揣摩自己，還應該明白無誤地告訴對方：「我已不再或沒有能力揣摩你，不會再有變化，你就據此作出你的對策吧！」

這種方法造成了處於不利地位之一方的主動性，瞎子點燈彷彿向明眼人宣告：「請讓我一下！」反過來，瞎子自己就可旁若無人地「一意孤行」下去。

「瞎子點燈」的智慧是猶太民族在其流散的經歷中摸索出來精煉而成的。作為一個個非地域性共同體，猶太人長期寄居於其他民族的社會之中，而寄居地的這些主民族大多比猶太人「四肢發達」，有意無意、合理不合理地將猶太共同體撞倒之

事常有發生。

作為一個「軟弱」而又「硬著頸項」的民族，猶太人主要不是靠武裝反抗，而是靠像瞎子點燈一樣，讓寄居地的主民族、尤其是其中的統治者看到猶太人對他們所具有的價值，即使不是作為人的價值，也起碼作為「物」的價值——捐稅和外貿收入來源——從而獲得一塊差強人意的生存之地。在各個國家、各個時期，猶太人因為自己的民族身分而交納種種名目繁多的捐稅，猶太人被有些國家的統治者幾次驅逐、幾度召回，背後都有這種機制的作用。

可惱的是，夜行人中歷來不乏偷雞摸狗、強取豪奪之徒，他們不滿足於瞎子的燈籠所提供的那一段路的光亮，常常搶走燈籠，甚至把瞎子當燈點來照耀自己「洪水滔天的前夜」。歷史上多次發生的猶太人被剝奪、被驅逐，大多具有這種性質。

君王們在挑動民眾仇視猶太人以推遲政治危機爆發的同時，絕對不會忘記將猶太人的債權全部或至少部分地「上繳皇家」。至於財產，就更其簡單了。「瞎子」成了被拴在路燈桿上，直接以其油脂發光的替罪羊！

然而，猶太民族仍然像打著燈籠的瞎子一樣，在黑暗的中世紀，「一意孤行」地往前走，保存著自己的信仰，保存著自己的律法，保存著自己的全部文化。其旁若無人的執拗頑固令許多民族不得不避讓三分。甚至以羅馬人之慓悍，一度也從駐耶路撒冷的羅馬軍團軍旗上取下帶有偶像性質的圖徽。其他民族設立的形形色色的「隔都」（即隔離政策之一隅），即猶太人單獨居住區，既是一種歧視，更是一種無奈：他們對同化哪怕一個小小的猶太共同體也絕對缺乏信心。

在以阿衝突中，以色列歷來採取「以牙還牙」的報復政策。在西方語言中，「以牙還牙」這句成語的出典本在舊約聖

經之中，以色列人自然用得特別諳熟。他們無視於有關戰爭和國際關係的「遊戲規則」（對方也不大有遵守規則的習慣），無論何時何地，只要以色列國或以色列人遭到攻擊，甚或面臨威脅，他們必定要求對方「加倍償還」。

二十世紀七〇年代初，恐怖組織曾多次使以色列公民流無辜之血，以色列的情報機構「摩薩德」便讓對方流了更多的血，從而使針對以色列公民的恐怖活動大大減少。

這種報復政策在道義上是否有問題，不是本書所要探討的。我們僅對智慧本身感興趣，至於智慧的運用，那屬於用智者的權利和責任範圍。自殺者使用的藥物、器械，極少是專門為自殺設計的。

我們看到的是，這種報復政策背後的思考邏輯仍然是那種主動讓對方了解自己，使「動態對動態」的關係轉變為「靜態對動態」的關係，從而更有利於對方作出自己之判斷的「瞎子點燈」邏輯。實質上，以阿衝突之終結必定需要這樣一個心理前提，即雙方都真正了解對方，知道對方是消滅不了的。

所以，盡可能讓對方了解自己仍然是行得通的、有效的，在這裡是如此，在其他場合也同樣如此。只是，任何智慧及其運用若能同時合乎道德和公義，就更好了。「瞎子點燈」只有獲得人人得益、皆大歡喜的結果，才是完全意義上的沒有「白費蠟」。


# 9・尊重他人，就是尊重他人的一切

講道德、重操守的人大多知道尊重他人。但這個「他人」究竟意味著一個多大的涵蓋範圍呢？僅僅是「他人」本身，還

是包括其他什麼？在睿智而敏感的猶太人看來，「他人」的範圍是相當大的。

猶太人認為，「誠實」是支撐世界的三大支柱之一，其他兩個支柱是「和平」和「公義」。猶太人對說謊極為反感，雖然沒有割舌地獄之類的說法，態度之明確則完全一樣。但《塔木德》上卻有規定，認為在兩種情況下，一個人可以說謊。

其一，是如果別人已經買下了某件東西，拿來向你徵求意見。這時，即使東西不好，你也應該說：「非常好！」

其二，是朋友結婚時，你應該說謊：「新娘子真漂亮，你們一定會白頭偕老。」儘管新娘子並不漂亮，甚至剛好相反。

對這套虛應故事的客套已「運用自如」的讀者，對猶太人規定得如此瑣細難免有不以為然之感。但我們必須知道，猶太人一般是連西方人所謂的「白謊」，即為了圖省事而給出不真實但無害的說明，也不允許的。規矩之嚴，弄得猶太人相互之間寒暄時也不能有口無心地問別人身體好不好。因為你一問，對方就得正兒八經地向你彙報他的身體各種狀況等等，來上一大串，其詳盡程度不亞於一次正規的全身體檢報告。

然而，就是這樣一個民族卻特地規定，在明知對方已處於無可更改的情境下，可以說謊。目的就為的是安慰對方，不使他為了自己的失策而懊惱。說得更坦率一些，即使最終還是要懊惱的話，那也讓這個時刻來得晚一些，至少不要由我的話而引發的。

所以，這兩個小題大作的規定，清楚地表明猶太人對人際交往微妙之處的體察和把握；從中也可以看出，猶太人實際上把他人這個概念的外延拓得很寬，幾乎只要他人在某樣東西、某件事情上傾注了一定情感的話，都可以被看作是他人的延伸。尊重他人，就必須尊重他人所擁有的一切。

有一家猶太人養了一隻狗，已有多年。大家都挺喜歡這隻狗，尤其是其中的一個男孩，特別疼愛牠。他每天餵狗，還讓狗睡在自己的床鋪底下，同狗可說到了難捨難分的地步。

可是，有一天，狗突然得病死了。父親認為，狗總有一天會死的，這是一件沒有辦法的事。但兒子卻覺得失去了自己忠實的朋友，非常傷心。所以，不想讓狗孤獨地躺在野地，最好把牠埋在自家的後院。

父親一聽，堅決反對。結果，父子兩人鬧僵了。無奈之下，父親打電話向拉比諮詢，想了解一下，猶太傳統上有沒有關於葬狗儀式之類的先例。

拉比在電話中聽完他的敘述後，一時也不知道如何處理為好。因為他雖然常向人們提供各種諮詢，但沒有涉及到狗的葬禮。不過，拉比首先想到的是，那個孩子死了狗之後，一定很悲傷。

於是，他就向那位父親表示，過會兒直接去他家裡談。因為按照習慣，拉比不在電話中同人討論這類事。擱下電話，拉比就打開《塔木德》，查找有關狗的先例。結果，給他找到了一個剛好合適的故事。

古時候，有一戶人家家裡曾發生過這樣一件事——

一次，有條毒蛇爬進放牛奶的桶中。這是一條毒蛇，牠的毒液溶進了牛奶。當時，家裡誰都沒有發現這件事，唯有一隻狗看到了。

所以，當家裡人將牛奶倒入杯中，拿起來要喝時，狗就開始叫起來。大家不知道狗為什麼突然發狂似地吼叫，就不去理睬牠，只管拿起杯子來喝牛奶。

這時，只見狗一下子跳了上來，把杯子全打翻在

地，自己喝起地上的牛奶來。結果，狗當場就死了。

　　到這時候，家裡人才恍然大悟，原來牛奶裡有毒。大家都對狗感激不盡。這隻狗為此得到當時拉比的致敬，牠的義行備受稱頌。

　　這位拉比到了那戶父子不和的人家，把塔木德裡的故事告訴了他們。父親聽完之後，終於依照兒子的願望，把狗埋葬在自家的後院。

　　這是在日本的一個猶太人共同體中的拉比所講的他自己的故事。看起來，似乎在講狗葬的禮儀，實際上是在教誨人們應該多從他人的角度來考慮問題，多為他人著想。如何對待一條狗本身不一定是件大事，但當一條狗成為某個人的心愛之物時，對狗的處理就必須顧及人的心理。我想，《塔木德》中關於狗的例子絕不止一個，而且，對狗的消極評價也不會沒有。拉比著意於這則故事，顯然是為了藉此說服那位父親。

　　但巧妙的是，拉比沒有把任何東西強加在父親頭上，而只是激發他作為人類的一員對那隻很可能子虛烏有的狗所作貢獻的感激之情，讓他自己決定如何對待兒子的這條狗。這就在尊重兒子意願的同時，也尊重了父親的尊嚴和權威。

　　至於那位父親最後究竟是為故事所感動，還是為找到了先例而安心，或者領會了拉比的深意而配合默契，讀者盡可以自己猜想。


# 10・讓對方為自己的利害著想

　　古時候，耶路撒冷的一個猶太人外出旅行，途中病

倒在旅館裡。當他知道自己的病已經沒有希望時，便將後事托給了旅館主人，請求他：

「我快死了，如果有知道我死而從耶路撒冷趕來的人，就請把我的這些東西轉交給他。但是，此人必須做出三件聰明的事，否則，就絕對不要交給他。因為，我在旅行前對兒子說過，如果我在旅途中死了，要繼承遺產的話，必須做出三件聰明的行為才行。」

說完，這個人就死了。旅館主人按照猶太人的禮儀埋葬了他，同時向鎮上的人發表這個旅人的死訊，還派人送信到耶路撒冷。

他的兒子在耶路撒冷聽到父親的死訊後，立刻趕到父親死亡的那個城鎮。他不知道父親死在哪一家旅館裡。因為父親臨死前，曾叮囑不要把那家旅館的店名告訴兒子，所以，他只好自己尋找。

這時，剛好有個賣柴人挑著一擔木柴經過。兒子便叫住賣柴人，買下木柴之後，吩咐他直接送到那家有個耶路撒冷的旅人死在那裡的旅館去。然後，他便尾隨著賣柴人，終於找到了那家旅館。

旅館主人見賣柴人挑著柴進來，便對他說：「我沒有向你買過木柴。」

賣柴的回答說：「不，我身後的那個人買下了這些木柴，他要我送到這裡來。」

原來，這是那個兒子第一件聰明的行為。

旅館主人很高興地迎接他，為他準備了豐盛的晚餐。餐桌上，有五隻鴿子和一隻雞。除了他以外，還有主人夫婦和他們的兩個兒子和兩個女兒，一共七個人圍坐在餐桌旁一起吃飯。

主人要他把鴿子和雞分給大家。青年連聲推辭說：「不，你是主人，還是你來分比較好。」

主人卻說：「你是客人，還是你來分。」

青年便不再客氣，開始分配食物。首先，他把一隻鴿子分給兩個兒子，另一隻鴿子分給兩個女兒，第三隻鴿子分給主人夫婦，剩下的兩隻就自己拿來放在盤子裡。

原來，這是他第二件聰明的行為。

接著，他開始分雞肉。他先把雞頭分給主人夫婦，然後是兩個兒子各得一隻雞腳，兩個女兒各得一隻雞翅膀。最後剩下整個雞身子，全歸了他自己。

這便是他第三件聰明的行為。

看到這種情形，主人終於忍不住大聲叱責他：

「在你們國家裡就作興這麼幹的嗎？你分配鴿子的時候，我還可以忍耐，但看到你這麼分配雞肉，我再也忍受不了了。你這麼做到底是什麼意思？」

年輕人不慌不忙地說：

「我本來就無意接受這項分配工作，可是你硬要我接受，所以，我按照我認為最完善的做就是了。你和你太太以及一隻鴿子合起來是三個，你兩個兒子和一隻鴿子合起來是三個，兩個女兒和一隻鴿子合起來是三個，而我和兩隻鴿子合起來也是三個，這很公平嘛！還有，因為你和你太太是家長，所以分給雞頭；你們的兒子是家裡的柱子，所以給他們兩隻雞腳；把翅膀分給你女兒，是因為她們遲早要長翅膀飛到別人家裡去；而我本人是坐船到此，還要回去，所以取了雞身。那麼，請趕快把我父親的遺產交給我吧！」

《塔木德》的作者常常不交代智慧故事的要旨在什麼地方，現在拉比學院中講授《塔木德》課程的教師對學生也是如此：最多只給個方向，餘下的請自己動腦筋；再有，就是同學們一起討論了。

　　所以，我們在方向也不甚明瞭的情況下，只好自己揣摩其中的「微言大義」。這三件行為都稱為「聰明行為」，初看起來，確實有點費解。

　　第一件行為可以算聰明行為。因為這個年輕人原來面臨的是一個問不出答案或者不准問的問題。通過一筆木柴交易，他把回答這個問題作為成交的條件，讓賣柴人為了自己的利益，幫他解決了難題。

　　從這層意義上說，他通過利益再分配，使賣柴人與他在利益上有了一些共同之處，從而借他人之力而達到自己的目的。這一點很明白。

　　可是，這分鴿子、分雞肉，就不那麼容易理解了。這種幾近於惡作劇的行為也是聰明行為嗎？要算是的話，那大孩子詐騙小孩子的玩具、吃食等行為，都可以算作大有出息的聰明行為了。當然，會使詐總比一味只知搶奪多出幾分聰明。

　　其實，這裡有個小小的「機關」。

　　故事中特意提到旅館主人發火之事。為什麼發火？從表面上看，是那年輕人「貪」賓奪主，把主人桌上的鴿子、雞肉大半占為己有，所以惹得主人發火。

　　但是，若再看下去呢？顯然，年輕人要主人發火才是他的本意。正是在主人發火之後，他才理直氣壯地要求主人歸還遺產。這裡就有奧妙了。

　　奧妙說穿了，實在簡單得很。

　　年輕人此來是為了取得父親的遺產，但條件卻十分苛刻：

三件聰明行為。

　　這說起來簡單，做起來並不簡單。因為這聰明二字沒有一個明確可操作的標準。他盡可以竭其所能地表現他的聰明，但認可不認可他的行為是否聰明？主動權不在年輕人手裡，而在旅館主人手裡。所以，為了讓旅館主人早一點承認他的聰明，年輕人又一次憑藉人與人的利益關係來做文章了。

　　如果說，他借賣柴人之力時，用了利益同增之策略的話，那麼，在「迫使」旅館主人合作時，則用了利益同減的策略：你如果不承認我的聰明行為，從而不給我遺產的話，我將沒完沒了地以犧牲你的利益之方式，迫使你承認我的聰明；既然你有權利決定我的行為是否聰明，那麼，你也當然有義務不斷接受我各種不夠格的聰明行為所帶來的一切不聰明的後果；所以，如果你的聰明能使你認識到自己的損失，那麼，你的聰明也一定會以承認我的聰明來擺脫你的困境，還有我的困境。

　　因此，旅館主人咆哮如雷之時，也就是他已經感覺到利益受損之時。年輕人的一番話，只是證明其行為之聰明的「意識形態」，即看似有理（因為有種種數據！）的解說而已。真正有分量的，是他的行為所帶來的結果。

　　從上述不無累贅的闡述中，我們似乎可以感覺到猶太人看待和處理人際關係的某種一般的洞見和謀略。

　　人與人的關係根本上是一種利益關係，尤其在上述年輕人同賣柴人和旅館主人這樣非親非故之人的關係中，其他考慮、包括道德考慮也是需要的，但真能擊中要害、調動對方的唯有利益。只有他人的利益同你的利益緊緊地綁在一起時，他人才可能像為自己謀利或避害一樣，為你著想，因為這一著想以及由其產生的努力可以同時帶來其自身利害的相應變動。

　　所以，與人相處或調動對方時最好的辦法就是「讓他人為

自己的利害著想」。中國的那些義兄義弟們老是標榜「有福同享、有難同當」，不過是對這一謀略作正面處理而已。

今日美國猶太人在國會外圍的遊說集團之卓越成效，就是這一謀略成功的證明。當美國猶太人擁有巨額資金和至關重要的選票並能團結得像一個人那樣，極其精明地將它們按照「利害與共」的原則加以運用時，無論是國會議員，還是覬覦白宮寶座的總統候選人，還是希望連任的白宮主人，能不最大限度的滿足他們的要求嗎？

讓利益出面要比空口白舌的說教有力量得多。不過，這也需要一個人有仗「智」疏財的氣度與膽略。


# 11‧相互尊重，彼此寬容

作為一個自許為「上帝選民」的民族，猶太人具有強烈的優越感，常常宣稱自己的神全知全能，凌駕於一切其他民族的神之上。有一則寓言是這麼說的——

有一艘船載著來自各國的旅客，正在大海中行駛。

突然，暴風雨來了。船上的人，除了猶太人之外，紛紛以各自的方法，向自己的神祈禱。可是，暴風雨不但沒有平息，反而越來越屬害。

大家束手無策之下，就問了悶聲不響的猶太人說：「你為什麼不祈禱？」

於是，猶太人就開始祈禱。結果呢，暴風雨立刻就停止了。

船終於平安地駛入港灣。死裡逃生的人不約而同地

問猶太人：「我們拼命祈禱時，神卻不理睬。你一祈禱，暴風雨為什麼立刻就停止了呢？」

猶太人說：「我也不怎麼清楚。不過，各位是向各自土地上的神祈禱；巴比倫人向巴比倫的神祈求，羅馬人向羅馬的神祈求。可是海並不屬於任何一個國家。也許我們的神是支配整個宇宙的神，所以，才會聽從我在海上的祈願吧！」

一個屢屢被征服的弱小民族面對征服自己的大民族，卻侃侃而談本族神的至上性，在旁人看來，難免頓生滑稽之感。猶太人也許無意中也曾感覺到了這一點，所以才會在《聖經》中既宣揚「萬軍之耶和華」的戰無不勝，同時又記下上帝同猶太人立約之證物「約櫃」被敵方擄去之事。兩相對照，常使人感覺到猶太人獨有的那種幽默感。

這種幽默感無疑有助於猶太民族的凝聚，有助於猶太人保持某種心理上的平衡。

不過，一個人要是老靠在虛幻的白日夢中把自己想像成壯士而鼓足勇氣，久而久之，不但會最後連自己也不相信自己，還會為了那種莫名其妙的優越感，激起真有實力的對手滋生暴怒。這種危險可以說是始終存在的，而且多次出現過。

所幸，明智的猶太人大都把這種優越感表現在一些虛無飄渺的東西上面，而在許多同日常生活聯繫密切，從而也就是最易惹出矛盾、激起衝突的事物或行為上，卻常抱某種文化相對主義的觀點。

比如說吧，猶太人很講究食譜。按照他們的飲食律法，有許多東西是不能吃的。四腳動物中，必須是有兩個以上的胃，並且蹄分兩半的才能吃，如牛、羊。馬因為只有一個蹄子，豬

雖有兩個蹄子但只有一個胃，所以都不能吃。魚必須有鰭和鱗才能吃，像鰻魚、鱔魚之類不能吃；至於蝦、蟹之類帶甲殼的，也不能吃。還有吃肉的鳥也不能吃，像鷹、鷲等就不能食用。而且即便能吃的牛、羊，也需要以猶太人獨特的宰殺方法，把血全部放淨，才能食用；這種肉即稱為「入膳之肉」。

不過，對於這種種食物禁忌，《塔木德》上只給出一個理由：猶太人之所以不吃這些東西，是因為上帝有這樣的訓誡。

猶太人並不對其他民族的食物指手劃腳。

這樣一種對他種文化不加褒貶的明智態度最完整的表現，就顯示在猶太人對非猶太人的寬容上。

毫無疑問，猶太民族像大多數民族一樣，歡迎願意歸化到猶太教民族的人。《塔木德》上就寫有：神喜歡猶太化的非猶太人。

　　有個國王雇了一個牧羊人，每天出外放他的羊群。

　　有一天，牧羊人發現一頭似羊非羊的動物混在羊群裡，他便回來向國王請示：「有一隻從未見過的動物混進了羊群，如何處理比較好？」

　　國王說：「你要特別照顧好那隻動物。」

　　牧羊人一聽，十分不解地看著國王。

　　國王告訴他：「這些羊一向是我們一手養大的，所以沒有什麼好擔憂，但那隻動物則是在完全不同的環境中長大，卻能和我的羊群一起行動，這不是一件令人高興的事嗎？」

一個猶太人從出生之日起，就在猶太人的傳統下培育，而沒有經歷猶太傳統培育的人能夠理解猶太文化，且因而猶太

化，這比真正的猶太人更應受到尊敬。

在《塔木德》上寫著：世界上的人們，不管具有什麼樣的信仰，反正好人都會得救，毋須特別努力猶太化。

猶太人的比喻大多很恰當，這裡也不例外。猶太人的這種情感也完全可以理解，如果不願意加以讚賞的話。而妙就妙在最後的那句話：好人總會得救，無須特別努力猶太化。

其神態儼然像學校的招生辦公室在人滿為患時，對熱心的申請者採取的那種「極為理智」的態度：「你們願意進來學習當然歡迎，但其實自學也能成才。」

所以，在塔木德時代，猶太人常和非猶太人一塊兒工作，一塊兒生活。猶太人遵守自己的 613 條戒律，但無意把它們強加給非猶太人，使他們成為猶太人。拉比們並不向非猶太人傳教。但根據《塔木德》的規定，為了保證彼此和平共處，非猶太人有七項約束——

1・不吃剛殺死的生肉。
2・不可大聲叱責別人。
3・不可偷竊。
4・要守法。
5・勿殺人。
6・不可近親通姦。
7・不可有亂倫的關係。

非常明顯，這七條約束並沒有多少「猶太味」，基本上屬於各個民族共同遵守的道德、習俗或法規，儘管第一條讓「茹毛飲血」的野蠻人有點為難；第二條有點小題大作，不過適用於民族關係時則另當別論；而第四條又會讓有些習慣於無法無

天的統治者著惱：「我大，還是法大？」但在絕大多數情況下，所有這些約束是可以指望得到人們共同遵守的。

對自己適用 613 條律法，對別人只適用七條！也許對一切人、一切民族來說，相處中真正重要的只是一條：相互尊重，彼此寬容。

當然，在漫長的歷史和嚴峻的現實中，猶太人同一切民族一樣，內部有教派的對立，外部有民族之間的矛盾。不過這已是另一層面上的問題了。

# Chapter 3
# 書的民族　學習的智慧

　　猶太民族素以「書的民族」著稱於世。這本「書」首先當然指的是《聖經》（舊約全書）。在第一章的篇首語中，我們已談過《聖經》對世界文化的意義、對西方文明的貢獻和對猶太民族本身的價值，在此就不再重複。

　　必須看到，《聖經》在猶太人的心目中雖然享有至高無上的地位，但它根本起著一種文化淵源的作用，更生動而完整地記錄了猶太人生活方式、更豐富而全面地集中了猶太民族智慧、更具體而直接地影響著猶太人生活的是另一本書：《塔木德》。從前面兩章中我們所引用的材料，大家一定已經有所感覺。因此，在本章中，我們「偷樑換柱」，把「那本書」換成「這本書」，一則便於從另一層面發掘猶太智慧，二則擴大讀者對猶太典籍和猶太文化史的了解。畢竟，一般人了解甚或熟讀《聖經》的多，而知道《塔木德》的少。

　　所謂「書的民族」的第二層意思，指的是猶太民族對書（由特指的那本書而延及其他一切書）及書中所蘊藏的知識，還有對讀書過程的嗜好。書的民族是思考的民族、求知的民族、教育的民族、知識的民族、神學的民族，也是講究科學的民族。

人們所認為的決定二十世紀人類思想的三位重量級人士——物理宇宙的愛因斯坦、人類社會學的馬克思、精神分析學的弗洛伊德，竟都是猶太裔人士，諾貝爾獎獲得者中竟有十五％是猶太人，都令人信服地證明這個民族在「書」的領域中，確有卓越不凡的智慧。

　　在本章中，我們就以猶太人這一本「書」的特徵為中心，對其相關智慧稍作開掘。

# 1 · 智者之書《塔木德》

　　到這裡，無論讀者以前對《塔木德》是否了解，對這個名稱一定已耳熟能詳了。那麼，《塔木德》究竟是一部什麼樣的書呢？

　　《塔木德》是希伯萊語的譯音，其詞源的含意是「鑽研或研習」；有時根據書的內容，被譯為《口傳律法集》。

　　《塔木德》全書約四十卷，分為六部：**1**農事、**2**節日、**3**婦女、**4**損害、**5**神聖之事、**6**潔淨與不潔。

　　全書共一千二百頁，字數二百五十萬，重達七十五公斤，由十個世紀（公元前五世紀至公元五世紀）中二千餘個學者的研究成果構成。

　　《塔木德》在猶太教諸經典中的地位僅次於《托拉》。「托拉」也是譯音，意譯之即為「律法書」，而且特指「成文律法」。《塔木德》作為「口傳律法」，正好與之相應。《塔木德》就是對《托拉》的闡發、釋義、補充和實施。

　　作為「成文律法書」的《托拉》，就內容而言，是由舊約聖經的前五卷，即《創世記》、《出埃及記》、《利未記》、

《民數記》和《申命記》所構成。《托拉》又稱「摩西五經」，因為猶太人相信，這五卷經文中所包含的律法是耶和華上帝在西奈山上直接授予摩西的，故有此名。

在猶太教中，《托拉》的地位至高無上。因為這是出自上帝之手，是在世界被創造之前就已存在的。它永遠有效，完美無缺，絕無謬誤和抵牾之處。作為律法，它是每個猶太人都必須嚴格遵守的「根本大法」。

然而，真正從律法的角度看過去，《托拉》卻明顯存在著一個很大的不足之處。這就是其中有一些含糊不清的地方。如果僅僅作為一般的教義闡釋，含糊不清問題還不大，但作為律法，則必然造成操作上的困難。

猶太教最基本的律條是「摩西十誡」，即上帝親手寫在法版上，於西奈山授予摩西的十條誡命：① 不可信他神；② 不可造偶像；③ 不可妄稱神的名稱；④ 安息日不可工作；⑤ 孝敬父母；⑥ 不可殺人；⑦ 不可姦淫；⑧ 不可偷盜；⑨ 不可作偽證；⑩ 不可貪戀他人之物。

就拿其中第四誡「安息日不可工作」來說，這工作究竟指什麼，《托拉》各處都從來沒有給以明確的界定。寫信算不算工作？買食品、做飯算不算工作？軍人要不要上崗？拉比要不要主持儀式？醫生要不要看病……等等。類似的現象不止一處、兩處。

於是，為了能夠給那些謀求嚴格按照律法生活的猶太人一個較為明確的指導，首先是意識形態，即傳統的說法改變了。

耶和華上帝在西奈山上授予了摩西兩種「托拉」，而不是一種。其中一種是由上帝親手寫就的成文「托拉」，另一種是口授的「托拉」。成文的「托拉」就是已經成書的《摩西五經》，而口授的「托拉」當然已經消失在空氣中，但其中包含

的耶和華對摩西的訓誡，遠遠超過了成文「托拉」。所以，從成文「托拉」的字裡行間搜尋這些從未曾書寫下來的口授「托拉」就成了猶太學者和智者的職責。

從公元前五世紀到公元五世紀，許多學者終身從事解釋《托拉》的研究，還組成了若干專門的學術機構，如第二聖殿被毀前後耶路撒冷聖經學院亞布內，以後的烏沙聖經學院和公元三世紀出現在巴比倫的兩個最為著名的拉比學院，即蘇拉和蓬貝迪特學院。

在這些學院中，阿摩拉，即幾代教師，對經卷進行了系統的研究。他們所做的工作，用現代的話來說，有許多都是「理論性」的，主要是為各種超越聖經範圍的偶然事件而到《托拉》中尋找解釋和處理的依據。

實質上就是使《托拉》中上帝的誡命具有現實的可操作性，使固定不變的律條獲得新的社會——歷史環境中的有效性；同時，借助於具體情境，包括生活中甚或純粹邏輯上必然出現的兩難情境，將神學、法律、道德等方面的理論加以提升。

所有這些成果在相當長的時間裡，僅僅以口頭形式存在，即主要靠教師以口授的方式傳授給學生。日後成書的《塔木德》之所以稱為「口傳律法集」，就是這個道理。

年復一年，這些案例以及根據成文律法《托拉》給出的解釋，逐漸累積起來而匯集成一部巨著。阿吉巴拉比，公元 132 年猶太人反抗猶太人反抗羅馬統治的巴爾·科赤巴（星辰之子）起義時的精神領袖，是第一個將其由口傳而編輯成書的人。嗣後，他的學生梅厄拉比對這一巨著又作了修訂，但沒有補充新的內容。

後來，在猶太史上著名的「猶大親王」、即猶大·本·加

姆利爾拉比的主持下，對這部巨著作了最後審訂，名之為《密西拿》，就是今日所謂「《口傳律法集》的標準部分」。

《密西拿》以早期的十三部文集為基礎。這些文集中共收集了一百五十位學者的遺作，經過分類、補充和整理，並加以編排，成為一部完整的巨著。《塔木德》六大部的結構在此已經成形。全書全部用純粹的希伯來語寫成。成書時期在公元三世紀初葉。

編纂《塔木德》的這些前期工作，主要由巴勒斯坦聖經學院的拉比們完成。從三世紀末開始，猶太人的社會生活，包括他們的物質生活和學術活動的中心，由巴勒斯坦轉移到巴比倫。巴比倫的猶太學者研究了《密西拿》之後，發現其中許多解釋只涉及巴勒斯坦的傳統，很少符合巴比倫的實際情況。為此，他們就開始按照自己的看法修訂《密西拿》。

在以後兩個世紀的時間裡，巴勒斯坦和巴比倫兩地的學者都對《密西拿》作了補充，將該書所未曾收錄的宗教律法（哈拉霍特）加以整理，編成法典，並賦予完整的形式。其成果就是各自編寫出了一部《革馬拉》（律法釋義彙編）。由同一部《密西拿》加上不同的《革馬拉》，構成了兩種初始版本的《塔木德》：《巴勒斯坦塔木德》（又稱《耶路撒冷塔木德》）於五世紀初葉完成；《巴比倫塔木德》於五世紀末方告編成。比較而言，《巴比倫塔木德》更其完整和連貫，影響較大。現在一般說的《塔木德》即指《巴比倫塔木德》。

《塔木德》凝集了十個世紀中兩千餘位學者對自己民族歷史、民族文化、民族智慧的發掘、思考和提煉，是整個猶太民族生活方式的領航圖，是滋養自此之後世世代代猶太人的精神源泉，是其他民族的人走進猶太文化、接觸猶太智慧的一扇必經之大門。

直到今天，猶太人還在孜孜不倦地研讀《塔木德》。許多人除了每天早上閱讀一段時間之外，安息日更特意安排幾小時的學習時間，其態度之認真，有時三個小時只學了十幾句。但猶太人認為：「只要理解了這十五句（任何十五句），能把握其要義的話，就可以使自己的人生經驗更為豐富。」

　　凡逢家庭共同進餐或朋友來吃飯，席間一定要找些塔木德的話題，來探討且交流一下。而學完一卷《塔木德》更被視為一件大事，往往特意請親友們來大大慶賀一番。

　　《塔木德》已經成為猶太人不可分割的一部分，成為猶太人的靈魂和頭腦。

# 2‧《塔木德》智慧的基因庫

　　本‧錫安‧博克瑟拉比在其所著的《塔木德的智慧》一書中，明確指出：「編集《塔木德》的目的，就為了在《聖經》與生活之間架設一座橋樑。」

　　猶太人被世人稱為「書的民族」，亦即「聖經的民族」，其部分涵意就指猶太民族的整個生活是框限在「一本書」的範圍之內。這種生存狀態的產生與持續存在本是一個民族的文化與該民族的歷史遭際之間交互作用的結果。任何歸因論或線性因果解釋都說明不了其形成的原因。最簡便的解釋只能是：猶太人確實是上帝（不是狹義的那個「耶和華上帝」，而是冥冥之中決定人類歷史的那種看不見的宿命力量）的選民，才會若有神助地以這樣一種「成文法」的形式，早早劃定了民族的「邊界」，使得一個弱小而四散的民族能以非地域、非種族的文化特徵，在同任何民族相處中，都如此判然有別地突顯出

來。這在其他民族身上是見所未見的。之所以如此，也許僅僅因為其他任何一個民族都未擁有這樣的「一本書」。

這樣的一本書作為一個民族的樊籬，內在地就必須是閉合的。因為樊籬必須是閉合的，神聖的經典也必須是閉合的。閉合狀態是任何事物藉一去不復返的時間流而得以成「聖」的必備前提。

然而，正是這種閉合性，構成了具有文化合理性的《聖經》之歷史不合理性。

生活本身是不閉合的，猶太人的生活更是不閉合：歷史遭際強加給猶太人的巨變也許遠遠多於人類歷史上其他任何一個存在過的或存在著的民族。猶太人並不是被強行禁閉在一個如同北美印地安人那樣的保留地裡，而是被一再強行驅入大流散的洪流，去面對迥然不同的社會──文化環境。

所以，在這個民族身上，幾乎同時存在著對閉合性和開放性的極端強烈的需要；這兩個本身自相牴牾的要求，對猶太文化造成了堪稱「空前絕後」的應力：沒有閉合性，純粹開放的猶太民族必將走上一條由局部同化而至於完全同化的自行消亡之路；沒有開放性，純粹閉合的猶太民族也只能走上一條自甘萎縮而被歷史淘汰的道路。回溯歷史，有多少民族已經分別消失在這兩條文化進化的歧路之上。

因此，《聖經》必須閉合，但《聖經》又必須開放，這種閉合與開放同存的要求，只能以補充一本「準聖經」來給以滿足。而且，《聖經》越是閉合，作為《聖經》之補充的，就必須越是開放，因為對《聖經》的真正意義上的補充，只能是對「閉合」的一種相反的補充。

所以，閉合的《托拉》呼喚著開放的《塔木德》，成文的《托拉》呼喚著口傳的《塔木德》，神授的《托拉》呼喚著人

訂立的《塔木德》。《塔木德》本身體現了猶太民族把握傳統與革新之間的張力之智慧和能力！

在刻板守舊的宗教神學的背景反襯下，《塔木德》的根本方法論是極為鮮明的：《塔木德》是人的理智、人的智慧之產物，是一個個具體而活生生的人之理智與智慧的產物。

《塔木德》作者們從來不妄稱自己的發現是上帝的聲音。相反，他們運用了各自的智慧和洞察力，來尋找律法的真諦，為超出《托拉》範圍的各種偶然事件尋找符合《托拉》本意的解決方案。遇到意見相去很遠，爭論不休的問題時，他們便召開智者會議，以多數人表決的方式確定結論性意見。甚至有許多時候，他們對這一結論性意見也沒有特別的愛好。

《塔木德》雖被稱為猶太教僅次於《托拉》的法典，但絕未具有一般法典那種「言不二價」的特徵。種種大相徑庭的觀點並列共存而沒有一個權威性結論，這種情況在《塔木德》中比比皆是。這就像每本《塔木德》或者探討《塔木德》的書都必從第二頁起才印上頁碼，以便讓讀者在那張空白的第一頁上記下自己的觀感一樣，《塔木德》作者們更願意讓種種爭論留下一個繼續爭論的餘地。因為在阿摩拉、即幾代教師（塔木德時代的教師）看來，《聖經》一旦閉合，上帝也就閉口了；即使上帝再不閉口，人類也毋需理會他，完全可以「不顧一切」地每個人自己的看法。《塔木德》中的一則軼事，典型地體現了拉比們的基本心態。

以利澤拉比與同道們在一個複雜的律法問題上發生了激烈的爭論。以利澤拉比引用了各種論據，就是不能使同道們信服。最後，以利澤拉比只能要求神來干預以證明他的正確。

以利澤拉比大聲說道：「如果律法同我的觀點一致，就請這棵角豆樹為我證明！」

於是，角豆樹移動了一百尺。（有的說四百尺。）

然而，同道們卻說：「角豆樹作不了證。」

以利澤拉比大聲說道：「要是律法同我的觀點一致，就請這小溪之水為我證明！」

於是，小溪便離開原來的河道，往後退了一段。

然而，同道們卻說：「河道作不了證。」

以利澤拉比又大聲說道：「如果律法同我的觀點一致，就請學院的圍牆為我證明！」

於是，學院四周的牆開始崩裂，眼看著就要倒塌。

這時，約書亞拉比喝道：「研究《托拉》的學者們爭論，與你圍牆何干？」

出於對約書亞拉比的尊重，圍牆並沒有完全倒塌；但出於對以利澤拉比的尊重，牆也沒有恢復原狀，就一直這麼傾斜著。

最後，以利澤拉比只好禱告：「要是律法同我的觀點一致，就請上天為我證明！」

於是，天上傳來了聲音，宣告道：

「你們同以利澤拉比爭論什麼？律法同他的觀點是一致的。」

約書亞拉比聞聲站了起來，當即宣布：

「不是在天上。」

約書亞拉比的這句話，語出《聖經・申命記》第卅章之十二：「我今日所吩咐你的誡命，不是你難行的，也不是離你遠的。不是在天上，使你說，誰替我們上天取下來，使我們聽見

可以遵行呢？」顯然，此話本意應該是：上帝的誡命不是世人難以遵守的，不像天上之物那般不可企及。那麼，這句話用在這兒又是什麼意思呢？

杰勒米亞拉比解釋道：「《托拉》早已在西奈山上給予了以色列人，我們對天上的聲音已不再關心。因為上帝早在西奈山上就寫下了，必須贊同大多數人的意見。」

更有意思的是，奈森拉比曾就此詢問以利亞拉比：「當此之時，神在幹什麼？」

以利亞拉比回答說：「他哈哈大笑地說：『孩子們贏了我，孩子們贏了我。』」

從這個開懷大笑的上帝身上，我們再也看不到當年在西奈山上發怒時的那一形象。這種變化也許僅僅因為在西奈山時，上帝汲汲於把以色列人都閉合在一起；而在以利澤與同道們爭論時，上帝更願意猶太民族能以開放的態度適應新的社會歷史環境，所以對那些認真執著而至於「沒規沒矩」的孩子們，也像任何一個兒孫繞膝的老祖父一樣笑口常開了。

正是意識到了這一點，那些大膽的拉比們，不但不再理會天上的聲音，甚至還企圖以今日的上帝形象，來重塑西奈山上的上帝。

著名的《塔木德》作者之一亞乃拉比說過：

「假若《托拉》是一些固定不變的公式，它就不能存在下來。所以，摩西曾向上帝懇求說：『宇宙之主，請將關於教義和律法中每個問題的終極真理賜予我們。』上帝的回答是：『教義和律法中沒有先期存在的終極真理。真理是每一代權威注釋者中大多數人經過思考而得出的判斷……』」

「真理是每一代權威注釋者中大數人經過思考而得出的判斷。」上帝是真正的「百家爭鳴」的倡導者！神的存在本已使

得人們在意見分歧之時，一個人的意見不可能凌駕於其他人的意見之上，何況上帝還自願將自己的最終裁決權懸置，放手讓人們去「少數服從多數」而不搞「一家作主」的理論壟斷。

正因為有了這樣一種明智，《塔木德》才能兼收並蓄地容納了對《托拉》的各種解釋，才能在接受新思想、新觀念的同時，保存各種觀點，保存各種流派，保存它們所代表的各種發展可能性和他們所蘊涵的各種智慧基因。

一個屢屢被人稱為頑固守舊的民族，卻屢屢為人類作出各種開創性的成就，甚至貢獻出與其人數不成比例的世界級極端優異分子，這難道不是因為猶太民族特別善於保存其智慧基因以適應新的環境，迎接新的挑戰嗎？

何等明智的上帝，

何等明智的拉比，

何等明智的《塔木德》！

《塔木德》真正是猶太民族的一個智慧基因庫！

# 3‧拉比的邏輯，智慧的邏輯

以前中國有人曾說過一句調侃的話：「人長膝蓋是為了下跪。」此話本意譏諷什麼，任何一個中國人都一聽就明白，因為其中「反果為因」如此明顯，使人即使毫無思想準備，也知道說話者故意以顛倒邏輯來借題發揮。

然而，在中國人看來純屬「故作顛倒」的假痴假呆之語，在猶太教拉比那裡竟成了一本正經的傳教要言，真是匪夷所思。《塔木德》上有句格言，其意是為了讓人不要熱中於打探街談巷議、飛短流長，但取的形式卻同上述調侃完全一樣──

手指之所以會自由活動，就是為了不聽閒言；

如果聽到閒言，要趕快掩住耳朵。

這句格言絕非孤證，類似的例子可以舉出許多，雖然不盡相同，但其無視於邏輯的特徵一如這句話。

　　有個羅馬人去見一位拉比，故意詰難他說：「你們老在談論神，如果你能告訴我到底神在哪裡，我就來信仰這個神好了。」

　　拉比對羅馬人這種不懷好意的責難頗感不快，便把他拉到室外，指著當頭照下來的太陽，對他說：「請你睜大眼睛瞪著太陽。」

　　羅馬人對著太陽凝視了一會兒，便睜不開眼睛了，他大聲說道：「不要胡說了，怎麼可以直視太陽！」

　　拉比對他說：「如果你連神所造的多數事物中的一個太陽都不能看的話，怎麼可以去看偉大的神呢？」

看到這則寓言，不由想起十八世紀理性主義者批判「上帝全能說」的一項邏輯詰難：請上帝造一塊自己搬不動的石頭。

上帝如果造不出，那麼上帝就不是全能的，因為連一塊石頭也造不出；上帝如果造得出，這塊石頭必定搬不動，那麼，上帝也不是全能的，因為連一塊石頭也搬不動。

只不過猶太人更尊重上帝，寧可對不敬神者用這種實質上毫無邏輯的邏輯問題來發難。

《塔木德》上還記得這樣一個說法——

《聖經》上說，世界是經過第一天、第二天……的順序，直到第六天才完成的。而人類恰好是在最後一天，即第六天才造出來。

人為什麼到最後才造出來呢？其中的意義當作何解釋？

依照塔木德的說法，如果人想到一隻蒼蠅都比人類先造成的話，人就不至於十分高傲自負了。這也是教人對自然界要懂得謙虛。

好了，材料的堆砌就到這裡，因為從以上這些，已不難看出猶太人追求神學真理的勇氣和謀略。

從理論上說，神學應有神學的邏輯，因為自圓其說本是人類的一種天生癖性。神學再神祕、再玄乎，也不能不順應人的天性；某種意義上說，還更順應人的天性。

不過，這種神學的邏輯學不等同於科學的邏輯，尤其是科學思維中的形式邏輯；那種追求客觀事物之間因果聯繫的思考方式完全不能用來框限探索神之旨意的神學邏輯。用句不太恭敬的話來說，神學的論證與其說像解幾何學難題那樣，依據公理、定理作步步相扣的推斷，毋寧乾脆說只是一種說法，一種只求前提和結論能夠光滑連結而不顧前提是否存在、中間推論是否嚴密的自圓其說：越是前提虛渺，越是中間模糊不清，越能增加神祕色彩。

而且，大多數群眾既非邏輯思維嚴密的學者，亦非偏愛邏輯論的辯說之士；不管三七二十一，只要聽上去流暢，自然就為人所樂於接受。

所謂科學思維方式，其實也只是人類「胡說八道」之一，而非「唯一之道」。由於不具備上帝才有的全知全能而命中注定只能胡說八道的人類，根本上是生活在一個人為的世界、人為的秩序之中，形式邏輯那般環環相扣、嚴絲密縫的外在客觀性，在人類生活，尤其是精神生活中所起的作用並不很大，更談不上起根本性的作用。核導彈的削減並非因為有了更具威力的武器，而只是為了頭腦中某一教義有了些微的改變。

所以，從牛頓到愛因斯坦，思維最為形式化的大科學家最終都轉向最不形式化的上帝，使得科學社會學的專家不得不得出如此的結論：科學只是一套科學共同體的居民約定俗成的範式。而「約定俗成」的東西中，當然包括宗教神學這一不但早於科學、而且還是科學以其誕生的母體的最早成品，區別只在於它是另一個共同體居民的選定。

既然如此，那作為胡說八道之一道的科學與其他七道之間，無非是五十步與一百步的差異，而絕非「衝鋒陷陣」與「臨陣脫逃」之間的質的區別。

更有甚者，由於這一道的僭妄，常常壓抑了其他七道，使得人類的頭腦只知直角拐彎或走對角線的捷徑，枯燥乏味得就像筆直的高速公路一樣令人昏悶欲睡，全然忘卻了「胡說七道」中的那一片詩意盎然、神祕閃爍。從而，人類的世界越益單調，不僅失去了色彩，甚至失去了層次。

當專抄捷徑的工程師也發現，略顯弧形的高速公路更符合人類追求變化、追求節奏、追求韻律、追求多樣化的本性時，世人便不免想起返回去重覓那久被忘卻的其他「七道」。最終必然發現，那「顛倒邏輯」的拉比邏輯中蘊涵著巨大的生產力。這是一種生產視角、生產理路、生產點子、生產思想、生產智慧的能力，一種生產獨特性、多樣性創造性的能力，而不是統一品種、樣式、規格的批量生產能力。

所以，當猶太人花費三小時，只研讀十五句《塔木德》時，當猶太人宣稱只要理解了這十五句（任何十五句），就可以使自己的人生經驗大為豐富時，當猶太人學完了一卷《塔木德》便大肆慶賀時，我們都用不著奇怪。因為當一個猶太人從第六天造人的上帝歷史中發掘出對人與蒼蠅之關係的全新認識時，這往往不僅意味著一場價值觀念上的巨變，還意味著邏輯

本身的一場革命。

從這個意義上說，以色列人至今仍把關於猶太教本身的研究劃為科學思維方式不得進入的禁地，無疑有著同中國人不准捕獵大熊貓一樣的遠見卓識。因為保護人類智慧基因的庫藏本來就不比保護自然界的生物學基因的庫藏來得意義小；甚至可以說，意義更大。保護大熊貓的明智之舉還是在人對蒼蠅有了全新認識之後，才採取的為時略顯過晚的決策。

# 4・滾動的猶太智慧

我們上文中對猶太民族思維智慧的評價，是否有過譽之嫌？憑幾句邏輯混亂之語，便得出如此肯定的結論，是否有點過於輕率？甚至輕浮？猶太人的這種「胡說七道」究竟是窮於應付的搪塞之辭，還是深思熟慮之後的點睛之作？

對於這些問題，我想藉分析拉比在測定非猶太人有沒有資格研究塔木德時所用的那張只有一道試題的試卷，來給出一個未必令人信服的回答。

我之所以寧願這個回答不令人信服，也是接觸了塔木德的開放智慧之後，知道了在信服者那裡，令人信服的智慧已經成了靜止的智慧、死亡的智慧、非智慧的智慧。

有一個人想研究猶太人，於是先研讀舊約聖經，然後涉獵各種各樣的書籍。但是，由於他不是猶太人，所以還是不十分明瞭其中的奧妙。後來他終於明白，只有讀猶太人規範的《塔木德》，才能理解猶太人。

某一天，他敲開了猶太拉比的大門，向拉比說明了

自己想學習塔木德的願望。

拉比說：「雖然你想研讀塔木德，但你還沒有打開塔木德的資格。」

「我想開始研讀塔木德。」這個人說：「我是否夠資格，還是請你給我做個測驗吧！」

這位拉比覺得他說得也有道理，那就做個簡單測驗吧！於是便提出這樣一個問題：

「有兩個男孩幫助家裡打掃煙囪。打掃完了，一個滿臉污黑地從煙囪裡跑下來，另外一個臉上卻沒有一點煤炭。那麼，你認為哪一個男孩會去洗臉呢？」

這個人聽了馬上回答：「當然是臉骯髒的那個男孩去洗臉。」

拉比卻冷冷地說：「由此可見，你還沒有資格打開塔木德的書。」

這個人反問道：「那麼正確的答案呢？」

「如果你讀了塔木德的話，也許會說出以下這種答案吧！」拉比便作了如下的說明——

「兩個男孩掃完煙囪後走下來，一個臉是乾淨的，一個臉是污黑的。髒臉的男孩看到乾淨臉的男孩，就會覺得自己的臉也是乾淨的；乾淨臉的男孩看到對方的髒臉後，會覺得自己的臉也是髒的。」

聽到這裡，那個人突然叫了起來：「我知道了。」

他要求拉比再給他做一次測驗。

於是，拉比又提了同樣的問題——

兩個孩子掃完煙囪後走下來，一個是乾淨的臉，另一個是骯髒的臉。到底哪個孩子會去洗臉呢？

由於這個人剛剛已經知道了答案，所以立刻回答

說：「當然臉乾淨的男孩去洗臉。」

　　但是，拉比一聽卻又冷冷地說：「你還是沒有資格閱讀塔木德。」

　　「為什麼呢？」這個男子非常失望地問道：「那麼，在塔木德上到底怎麼解釋呢？」

　　拉比便回答：「兩個男孩一起掃煙囪，而且又打掃同一支煙囪，不可能會有一個乾淨、一個骯髒的道理。」

　　這一完整的測試過程，見之於在日本某一猶太共同體中擔任拉比的特凱耶所著的《滾動的猶太智慧》一書。這本主要向非猶太人介紹、傳授並引導他們學習《塔木德》的著作，開宗明義的第一篇就是講的這一問題，以此加強讀者對猶太智慧「滾動性質」的感性認識和理性啟動。顯然，對部分讀者來說，這裡的猶太智慧「滾動」得太快了一點，使得學習者不容易看出它同我們上面提出的問題有什麼相關。這樣吧！我以「慢鏡頭」的方式，把這個滾動過程放慢了展現給讀者。

　　這張試卷，是要被試者切換思考角度與層面的能力。

　　第一次回答「髒臉的小孩去洗臉」，是回答者從自己的角度來看兩個孩子，把自己看到的、認為應該做的事情（洗臉）強加給「髒臉的小孩」。這是任何一個人在思考諸如此類的問題時，本能或下意識就會採取的視角。

　　但既然回答者沒有辦法直接走進故事裡去，提醒或者命令髒臉小孩去洗臉，自然也就不能保證這個小孩一定會去洗臉。

　　第二次回答「臉乾淨的小孩去洗臉」，已經由回答者自身的立場轉移到故事中小孩的立場上去了。回答者在拉比啟發下，擺脫了常人最易犯的「自身本位」這種思維定式的毛病，初步學習，更準確地說，開始會模仿切換視角。

然而，這種切換視角仍然是有限的，回答者仍然未能擺脫常人在回答問題時的另一個更深層次的思維定式，即下意識地以「問題本身是合理的」這一先入之見為前提來思考問題。而事實上，人類在面臨許多問題時，與其說應致力於解答問題，還不如說應致力於消滅問題本身更為省事、更為便捷、更為合理，也更為聰明。

　　所以，第三次回答當然不是被試者的回答，而是拉比的反駁，便明確地以證明問題本身能否存在為取向。一個本身都不能存在的問題，其答案自然也是不能存在的。

　　前文中，拉比駁斥羅馬人對神是否存在的詰難時，以「連神所造的多數事物中的一個太陽都不能看的話，怎麼可以去看偉大的神呢？」作答，某種意義上，也是以消除問題本身來代替回答問題。因為努力證明神是可見的雖則用心良苦，本身卻是對神的大不敬：耶和華上帝是不具形象的。

　　對這個問題，書中沒有回答。但我以為，無論就猶太智慧（泛化之後，也可以說是人類智慧）的滾動性、亦即無限展開性，還是就這一問題自身的展開餘地而言，這個回答還是可以反駁的。因為這一視角背後還有一種常人常有的思維定式存在：同樣的條件會帶來同樣的結果。這顯然把行動中的人等同於同一個染缸中兩塊同時放進去的同樣的布。世上萬民皆為上帝所造，上帝為何單單選中以色列人為子民？或者反過來說，為何單單以色列人選中上帝為自己至高無上的唯一神？

　　諸如此類的推斷和反詰可以一直進行下去，到某一階段，自然會出現「手指之所以會自由活動，就是為了不聽閑言」這種開始的時候被視作大謬不然的大智大識。而達不到這一智識水準的人，就只能像故事中那個被試者一樣，在塔木德、亦即猶太智慧的無形高牆外，漫無方向地東叩叩、西撞撞，始終不

得其門而入。

# 5 · 為學習而學習

在猶太教中，勤奮好學不只是僅次於敬神的一種美德，而且也是敬神本身的一個組成部分。在世界上所有的宗教中，對神的虔信可以有程度的差異，但把學習和研究提到如此高度的，幾乎絕無僅有。

《塔木德》中寫道：「無論誰為鑽研《托拉》而鑽研《托拉》，均值得受到種種褒獎；不僅如此，而且整個世界都受惠於他。他被稱為一個朋友，一個可愛的人，一個愛神的人；他將變得溫順謙恭，他將變得公正、虔誠正直、富有信仰；他將能遠離罪惡、接近美德。通過他，世界享有了聰慧、忠告、智性和力量。」

學習之為善，在於其本身，它是一切美德的本源。

十二世紀的猶太哲學家，猶太人的「亞里士多德」，精通醫學、數學的邁蒙尼德則明確地把學習規定為一種義務：

「每個以色列人，不管年輕、年邁，強健、羸弱，都必須鑽研《托拉》；甚至一個靠施捨度日和不得不沿街乞討的乞丐，一個要養家活口的人，也必須擠出一段時間日夜鑽研。」

由這一原則所帶來的結果是形成了一種幾乎全民學習、全民都有文化的傳統。儘管並非人人都有「研習」的能力，但確實人人都把各種程度的「研習」視作當然之事。

不過，早期的學習主要以神學研究為取向，涉及面十分狹窄，像邁蒙尼德這樣博學，可說是一個例外。因為拉比們唯恐猶太神學之外的知識會使猶太青年迷失方向，因此，在現代以

前相當長的時期內，在隨著猶太移民的足跡先後建立的學術中心裡，除了猶太教經典，尤其是《塔木德》之外，對世界上的其他知識是不予注意的。

而且到十八世紀末，猶太教中還出現過一個反對經院哲學和學者主宰猶太事務的「哈西德運動」。其倡導者一度主張，一個人只要依靠虔誠和祈禱，也能升入天國；善的功業比偉大的知識更為重要。

可喜的是，為學習而學習的傳統並未中斷，哈西德派的大師們自己也很快「迷途知返」了。他們不再堅持虔誠比鑽研更能達到較高的境界，而是傳布一種虔信與知識互為依賴的信仰。這意味著，即使本性並不虔誠，學者也能依靠自己的知識而變得虔誠；而本來虔誠的人則更會為其虔誠所驅使，致力於學術研究。

這樣一種為學習而學習的傳統，對長期流散的猶太人、尤其是其中的青年人來說，在調節其心理、保持其民族認同方面所起的巨大作用暫且不提，即使從現代的立場上看，作為一種卓有成效地培養、激發人們學習積極性的價值觀來說，也深深浸透著猶太人的獨特智慧。

在人類的價值體系中，粗略地可以區分出兩大類價值：一類是工具價值，另一類是目的價值。

所謂「工具價值」，就是本身作為取得其他的價值之手段的價值。這種價值是否「有價值」，並不取決於其本身，而取決於它能否成功地導向另一價值。

從古至今的中國人也重視學習，很早就有了完整的學習考核體制。但就學習本身來說，雖有「萬般皆下品，唯有讀書高」的說法，把讀書抬得不可謂之不高。

但所有這些「萬般」，皆屬工具的範疇，即使高居「萬

般」之首，讀書仍不脫工具的身分。所謂「書中自有黃金屋，書中自有顏如玉，書中自有千鍾粟」，就是說，學習無非是獵取功名、利祿、美女的手段，絕不是目的本身。因此，由讀書而升官發財之路一斷，讀書人不是淪落為孔乙己那樣的窮酸書生，就是淪落為智多星吳用那樣的江洋大盜。「智多星吳用」暗寓的正是「知多無用」，因為不能用來升官發財娶小妾。

所以，任何一種社會事物，包括人的活動樣式，要能夠以其自身即可維持下去，必須首先成為目的本身，成為不以其他事物為評判尺度的自足之物。為學習而學習，學習過程就是目的本身，知識的獲得就是目的的實現；有了這樣的觀念和心態，才可能孜孜不倦、無悔無怨地勤學不輟，而不至於動不動就掀起「讀書無用」的退學潮。

事實上，真正的科學、藝術，甚至下棋、打仗，都必須有這種「為××而××」的「唯××主義」精神，方有可能臻於一流水平。這種精神的存在意味著，這一活動領域已經獨立於其他活動領域，已經形成了自我完善的酬報機制。當專家們只注重專業共同體對自己成果的認可而毫不顧及政府官員或他外行的瞎湊乎時，這一專家才算得上是一個自足自立的領域，這一領域的發展才不會受到不學無術者頤指氣使的瞎干擾。猶太人在世界總人口中僅占 0.3%，但在諾貝爾獎獲得者中卻占了 15%，這一不成比例的比例正是對這種價值、這種精神的重大「價值」之證明。

當然，這樣一種以自身為目的的活動，倘若恰恰是一項總體上無助於人類發展、純粹虛耗生命的活動（這種現象在其他民族中也不是沒有）。那麼，顯而易見，這種目的價值越多，一個民族的實際生存能力只會越弱。這麼一個一味追求奢侈而不講究實效的民族，很快便會被歷史所淘汰。

不過，這不是猶太人的命運。在學習的效果方面，猶太民族同樣顯示出了自己的聰明與智慧。

人類文明的發達無非靠著兩樣東西的積累：一個物質形態的成果積累，二是觀念形態的成果積累。在這兩種積累及其結合的基礎上，人類社會不斷地以加速度發展著。

在第一種積累上，猶太人歷來是大有貢獻的，只是歷史處境常常使他們的積累，連同他們本人，一起化為烏有。

在第二種積累上，猶太人甚至可以說更有貢獻。僅僅一本《聖經》，對人類歷史的影響已經足以證明即使在宗教神學的外衣下，猶太學問在人類認識自身、開拓自身、約束自身方面的纍纍成果。

何況，猶太教素以「倫理一神教」著稱，塔木德學者在研習《托拉》的過程中，不斷將協調人際關係的規範加以合理化、精細化、操作化，在紮緊民族樊籬的同時，為人類與人類社會的自我完善，留下影響深遠的豐富內容。

更何況，使得塔木德學者視野狹窄的那種宗教定向，卻以「為學習而學習」的傳統，在科學文化蓬勃興起、世俗教育迅速普及的當代，為猶太人提供了一種現成的價值取向和心理基礎。神聖的宗教職責極為快捷地就具有世俗的形式，猶太人大批走進了世俗學校：醫學院、法學院、商學院、理工學院。猶太民族在為人類奉獻出與其人敗不成比例的一流思想家、理論家、科學家、藝術家的同時，也為自己的繁榮昌盛培育出同其他民族相比，更不成比例的教授、醫生、律師、經理和其他專業人員。

「取法乎上，得其中；取法乎中，得其下。」以學習為職責的猶太人，在履行職責的同時，得到的是其他許多民族夢寐以求的興旺發達——

以色列國 5%的文盲率，四百五十萬以色列人中有三分一是學生，十四歲以上公民平均受教育程度為 11.4 年，差不多每年四千五百人中就有一名教授或副教授，還有前面已提及的猶太人在諾貝爾獎獲得者中比例奇高，所有這一切成就，只能出現在一個勤奮好學、視「學習是一種義務」的民族之中。

# 6・確有保障的義務教育

任何一個民族要使「為學習而學習」或「學習是一種義務」的信條，得以不折不扣地貫徹，僅靠觀念上的神聖化是遠遠不夠的。

在人類歷史上的相當長時期內，「學校教育」始終是一種緊缺商品。對許多家境貧寒的孩子來說，連上學堂門口聽聽同齡學童的朗朗書聲，都會是一種過於奢侈的享受。

所以，像猶太人這樣一個身處流散之中的民族，要真正實現「學習的義務」，必須有相應的「義務的學習」，也就是保證人們、尤其是學童有免費接受教育的權利。

從歷史上看，猶太人很早就實行了義務教育，稱得上源遠流長。這一傳統據說最初還是由希雷爾拉比年輕時的一段經歷所引出來的。

希雷爾拉比就是我們前面章節中談到過的那位偉大的拉比指導下讀書。

當時，由於羅馬人的殘暴統治，猶太人的生活都非常困苦。希雷爾為了生活，只好外出打工，一天最多只能掙到一個硬幣。他把工作所得的一半用於維持最低水平的物質生活，另一半用作每個月的學費。

有一次，他找不到工作，沒有收入，自然也交不出學費。但是，他求學心切，便爬上屋頂，把耳朵貼在天窗上，聆聽屋裡老師的講課。誰知由於多日勞累，他聽著聽著，不知不覺睡著了。當時正值隆冬季節，漫天飛舞的雪花很快就把他完全蓋沒了。

　　第二天早上，學校按時上課，可是教室裡顯得比平時暗了許多。大家不約而同地往屋頂上看去，才發現天窗被一個人蓋住了。希雷爾於是被大家救了下來，經過一段時間的護理，才恢復了健康。

　　從此，希雷爾的學費就給豁免了，所有像他那樣的窮學生的學費也都給豁免了。

　　今日的以色列國同樣也實行國民義務教育。

　　建國伊始，百廢待興，但以色列政府於次年（1949 年）即頒布了《義務教育法》。這是該國最早制訂的幾個法律條例之一，其重要性可想而知。1953 年，以色列政府又頒布了《國家教育法》，1969 年頒布《學校審查法》。

　　現在，在以色列，全國的世俗教育皆由國家負責，所有五～十六歲的少年、兒童都必須進入學校接受免費教育；免費教育可繼續到十八歲。高中以上學生的學費則根據其家庭經濟狀況，由政府給予補助，形式上有全部免費、部分免費等。前些年，執政的工黨還宣稱，他們的教育政策目標是：實現從學前教育到大學的全部免費制度。

　　顯然，這樣一套義務教育制度，很需要巨額的財政資助。以色列各屆政府在教育方面一直投入較多的經費。從七〇年代中期開始，以色列教育經費一直沒有低於其國民生產總值的 8%，在最高的 1979～1980 年度曾達到 8.8%。

　　對於一個不算富裕並要維持高額軍費開支的國家來說，教

育投資能達到這一水平是很不容易的。它甚至已超過了許多發達國家。美國的教育在世界上堪稱發達，其教育經費在國民生產總值中也不過只占 8%，前蘇聯 1987 年時為 7.1%，而日本為 6.8%。

如果說義務教育在今日尚屬不易，那在猶太人歷史上就更其不易了。為了保證學子們的學業與生活，猶太民族作出了兩項制度性安排。

猶太人很早就有了一個體制化的慈善傳統。其最初形式就是交納「什一金」，即每人把自己總收入的十分之一，當然更多一些也可以，捐獻出來。而且不管是誰，哪怕本人是接受施捨的窮人，也必須捐獻十分之一。唯有極個別的情形才有豁免的資格。

關於這筆「什一金」的用法，猶太教律法上有種種規定，具體內容我們下面再說，這裡只提一下。猶太人在將種種情況都排除在外之後，明確規定什一金的第一受益人是「那些把時間都花在研究《聖經》和其他典籍上的人」。當然，什一金不會全部用在學者身上，但其中用於這一用途的，肯定不會少於「8%」的。

日後，這一優先權給予了廣義上的學校。至今猶太人捐款時的第一投向就是學校建設，尤其是醫學院建設。

另一項制度性安排是猶太人在婚配上的「門當戶對」。這種「門當戶對」的獨特之處在於，猶太人最想的婚配是最有學問者（拉比或其他智者）的子女同最富有者的子女結合。無論在古代的開羅、伊比利亞的托萊多、威尼斯共和國，還是中歐的猶太村社，人們都抱有同樣的觀念。《塔木德》中甚至有這樣的話——

**「寧可變賣所有的東西，也要把女兒嫁給學者；**

為了娶得學者的女兒，就是喪失一切也無所謂。」

這樣一種婚姻安排對猶太民族生存的價值自不待言：生意上精明（成功的商人）和學問上精明的人（拉比或智者）肯定是最能應付猶太人生存環境中層出不窮之惡劣挑戰的人。他們是如此，作為他們各自基因承擔者的子女也應當如此，而作為他們雙方基因的共同承擔者的第三代則更其如此、更有過之。

同猶太民族這種睿智的安排適成對照的是，基督教歐洲一方面只給出身於下層的優秀分子一條出路：擔任神職，另一方面又實行強制性的獨身要求。兩相對照之後，社會學家感慨地評說道：「基督教的獨身要求卻使一些最聰明的基督徒無法把自己的基因特質傳遞下來，一代又一代，一部分最有靈氣的非猶太人不斷淘汰著猶太人正加以鼓勵的因素。」

（這是猶太智慧融合人理、物理的又一有力證明！）

其實，猶太人的這種「門當戶對」不僅僅從生物學意義上保證了優秀基因的傳遞，而且也從社會學意義上、經濟學意義上、文化學意義上保證了這種傳遞。

「學」與「商」的聯姻，從價值觀念上保證了「卑俗」的生意人對知識與學問的認同，從而實際上除掉了其身上的卑俗氣。而在經濟上，非生產的學者可以通過聯姻而得到資助，因為猶太人親屬之間的某種財產再分傾向歷來很強。而在民族凝聚上，鑽研《托拉》的學者無疑是傳統最忠誠的維護者，學者走進商人的圈子可以把那些最易「迷路」的羔羊，留在上帝的柵欄內。

所以，帶有優越的生物學基因的小夫妻由於同時具有了這種種社會——文化的條件，必定能夠更順利地將民族的基因傳遞下去，從而為好學者的生物學來源和社會成長條件提供更加有力、更加有效的保障。

今日世界上的許多由大富翁出資的學術研究基金會，實際上都只是仿效了猶太民族這種「以商養學」的古老安排。智慧的猶太民族作出的這些智慧的安排，比那種學者「下海」搞第二職業兼差，不知要聰敏多少倍。商人有些學者氣是文明的進化，而學者只剩下一點商人氣，則絕對是文明的退化。

# 7‧拉比的權威，教師的權威

在猶太人的社會，在猶太人的生活中，有一類不可須臾或缺的人物，就是「拉比」。

猶太人在聚居達到二十來戶人家的規模時，必建立自己的會堂。會堂是猶太人集體從事宗教儀式的場所，是猶太人體現民族存在的形式，而會堂中的核心人物就是拉比。

在或大或小的猶太生活中，拉比歷來承擔著多項任務──

他是猶太學校的負責人和教師，他是會堂的管理者和佈道者；他替代大家學習猶太傳統，回答大家遇到的疑難。

他是猶太律法的解釋者和實施者，是猶太人之間發生糾紛時的仲裁人；猶太人的一切法律事務皆可在由拉比組成的合議庭上加以解決，而不必求助於世俗法庭。

他是猶太人人生重大時刻的見證人和儀式主持人：有人生孩子時請他到場，有人死了要埋葬時請他到場，結婚、離婚都由主持；不管是吉利的場合，還是不吉利的場合，拉比都必須到場。

在相當長的歷史時期中，他還是共同體的專職醫生，而猶太人又信奉：「沒有醫生的地方，不能居住。」

所以，拉比是集精神指導者、律師、醫生、牧師、法官等

等於一身的特殊人物，是猶太人生活的導航員，是代表猶太人所有權威的權威，而其中最為根本的權威成分便是作為教師的權威。

在希伯來語中，拉比的首要涵意就是「教師」。拉比首先是一位虔信敬神，刻苦鑽研《托拉》的學者、智者和導引者，拉比首先是以其豐富的學識和運用，以及傳授這些學識的能力而獲得其權威的。

同樣，在希伯來語中，「父親」一詞也具有「教師」的涵義。今日西語中以「farther」（父親）來稱呼教父，就是希伯來習俗的遺跡。因為在猶太家庭中，父親一定要教育孩子；在早期猶太社會中，初級教育都是在家庭中進行的，教師就是父親，父親就是教師。

以後，隨著專門學校的建立，尤其是免費學校的建立，教師和父親的兩位一體方始分化開來，猶太兒童的教育才由教師而不是父親來擔任。但同中國人所謂「一日為師，終身為父」的道理相近，猶太人把教師視若父親，甚至高於父親。

《塔木德》上寫著：「假若父親與教師兩人同時坐牢而只能保釋一個人出來的話，做孩子的會保釋教師。」

父親是因為失去了教師的身分而失去其在孩子心目中的最高地位。失掉了「教師身分」的父親，不如失掉了「父親身分」的教師！

毫無疑問，猶太人心目中的最高權威是上帝（但上帝是神，而不是人）；最有權威的人是教師。

不過，猶太人尊師的道理同傳統的中國人尊師的道理並不完全相同。

在傳統的中國人眼裡，教師同其他「師傅」並沒有多大的區別，無非都教給弟子一種謀生手段，只是教師給的是「萬

般」中的最高手藝罷了。所以，在科舉時代，中國人稱之為「恩師」的，常常不是幫他答疑解惑的老先生，而是決定他科考取不取的那個主考官。「師恩」就「恩」在幫他得到了「書中自有之物」，而非「書中所有之知」。

而在猶太人那裡，教師首先是以其對整個民族所承擔的巨大歷史責任而得到尊重的，是作為猶太民族的守護者而得到尊重的。

《塔木德》上有一則小小的軼事，說的是最偉大的拉比派員視察地方的事。

> 兩位視察員到了地方上，想見見鎮上守衛的人，以便調查一件事。警察局長一聽說，連忙出來迎接；因為他的職責就是守衛鎮上。
>
> 但是，視察員卻對他說：「不，我們想見的是守護鎮民的人。」
>
> 於是，守備隊長走了出來。
>
> 可是，兩位視察員卻說：「我們想見的既不是警察局長，也不是守備隊長，而是學校的教師。警官或部隊會破壞市鎮，真正守護市鎮的是教師。」

這裡的「市鎮」當然是民族本身的隱喻。猶太民族不能靠警察守備隊等政治──軍事手段來維持延存，而只能靠文化傳統及其守護者教師才得以延存；這既是猶太民族歷史遭際所必然造成的歷史性格局，也是一個弱小而四散的民族對自己命運的深邃認識和由此而作出的明智把握。

從公元前 586 年猶大王國亡國、耶路撒冷聖殿被毀、上層人士被擄至巴比倫之後，體制化的王權作為民族之中心的地位

便根本上動搖了。「巴比倫之囚」時期，猶太文士與祭司共同努力，編錄了《托拉》。這意味著，藉著文化傳統——上帝的律法——來維護民族生存的大戰業已初露端倪。

自公元前 63 年羅馬人征服巴勒斯坦後，大祭司的任免被操縱在羅馬人手中，大祭司淪落為異族征服者的工具，從而失去了民族成員的信任。在公元 67 年猶太民族反抗羅馬統治的起義中，祭司階層也連帶受到打擊。況且，第二聖殿在起義失敗後被毀，祭司們連單純執行獻祭禮儀的功能也沒有了。體制化的神權結構也歸於消失。

在政治手段不足以恢復民族獨立的情況下，猶太民族把維持民族生存的希望完全寄托在保存文化傳統上。《塔木德》歷經十個世紀而告誕生，表明猶太民族的樊籬已經完成，民族的新中心——精神中心——已經確立。

在這個過程中，那些並非上層人士的學者熟悉希伯來民族文化，自覺地遵守猶太律法，把研習、解釋和傳授《托拉》視為人生義務，並建立了專門的神學院和聖經學院。他們在為民族貢獻出《塔木德》等經典的同時，自身也成為民族精神中心的化身。

從大希律時代的山邁拉比到希雷爾拉比，到第二聖殿被毀前後的約哈南拉比，到公元 173 年巴爾·科赫巴（星辰之子）起義中的阿吉巴拉比，到編輯《密西拿》的猶大拉比，到主持《巴比倫塔木德》編輯的拉夫拉比，一代代的教師以其高度的獻身精神——

直至十五世紀，拉比一直是沒有薪水的，他們必須靠自己所掌握的其他手藝，包括製鞋、打鐵等等謀生——虔信、恪守律法，尤其是以其關於《托拉》和日後的《塔木德》的學識，而最終成為猶太民族中享有最高權威的人。

造就教師之權威的還有另一個重要因素，這涉及到猶太文化自身的屬性。

　　猶太文化有一個截然不同於其他許多古代民族的地方，這就是她的傳統很早就是一種「成文」的傳統，一種書寫下來的傳統。「托拉」是「成文律法書」即為一個最好的例子。然而，由於猶太人所使用的希伯來語，任何「成文的傳統」，包括《托拉》本身，都面臨著潛在的危險。

　　希伯來語屬於閃米特語系，書寫時只寫輔音，不寫元音。從公元一、二世紀開始，希伯來語就不再口頭使用，而成為單純的書面語；並且，一直到公元九至十世紀，拉比的學者才完善了一種標記元音的符號系統。

　　這意味著，《托拉》成書後的漫長時期裡，「成文」傳統的文本本身是用語音不清的輔音組合和少量元音標記寫成的，如 mélek（國王），mōlēk（統治），mālak（他統治），mallkāh（皇后），málka（他們統治）等等，在早期希伯來語中都被寫成 mlk，直到「巴比倫之囚」以後，才添加了四個輔助元音。而且，這樣一種書寫不明，靠口頭相傳的語言竟又已停止口頭使用！

　　這種極為獨特的語言或文本困境的存在表明，《托拉》的學習只有在教師的口授下才能完成，真正意義上的《托拉》文本存在於教師的口中。「成文」的《托拉》轉化為教師「口傳」的律法，《托拉》文本的神聖性轉化為教師讀音的神聖性，《托拉》的權威轉化為教師的權威！

　　而且，猶太教師也絕不是缺乏自信，只知死記硬背之人。他們在為民族紮緊樊籬，並保證《托拉》的同一性和穩定性的同時，自覺地以變通文本來使《托拉》適應新的歷史條件和社會環境。這種本意可能出於維護「上帝全知全能」、「《托

拉》無所不包」的動機，客觀上卻起到了給「一本書」源源不斷注入新生命力的作用。

例如，在拉比的釋義中，由於 harut（銘記的）和 herut（自由）的書寫形式是一樣的，他們就發揮道：「不要讀成 harut（銘記的），而要讀成 herut（自由），因為自由的人是研讀律法書的人。」

又如，《創世紀》中有一句：「我是伯特利的上帝……」其中的伯特利既指神的處所，又指神的本身。這句話在古希伯來語中，應為：「我是向你顯靈的伯特利艾利神。」明顯留有多神的痕跡。但在猶太教師的講授中，它卻成了：「我是在伯特利顯靈的上帝。」儼然正宗的耶和華一神教。

當然，為了保證《聖經》不至於出現眾多的「教師版本」，猶太教對這種解釋是有一定限制的。但在一定範圍內，尤其是符合猶太教基本要義的前提下，以「說文解字」的方式來闡明《托拉》中的道理，仍然是教師（拉比）的基本方法。其實，這同前面我們介紹的「拉比邏輯」，在方法論上是完全一致的。

因此，上帝的權威和《托拉》的權威始終同拉比──教師的權威聯繫在一起，上帝的權威和《托拉》的權威始終折射為拉比──教師的權威。

以色列建國之後，曾特意邀請愛因斯坦擔任第二屆總統（但遭拒絕）；1978～1983 年曾任以色列總統的伊扎克‧納馮卸任後，卻肯認真去當好教育部長；今日以色列大學教授過剩、美國東部名牌大學中猶太人教師任職者的比例達 20%；這一切都鮮明地反映出，在今日猶太人的心目中，享有最高權威的人仍然是教師。

# 8·學校在，猶太民族在

從猶太人對教育的重視和對教師的敬重，任何人都不難想像出教育的場所「學校」會在猶太人生活中具有何等的地位。

在 1919 年，即日後被全世界猶太人稱為「真正《大憲章》」的《貝爾福宣言》剛剛簽訂兩年，移居巴勒斯坦不久的猶太人正同阿拉伯人處於日趨激烈的衝突之中時，耶路撒冷的希伯來大學就在前線隆隆的炮火聲中奠基開工。此後連綿不絕，愈演愈烈的衝突，並未能阻止這所大學在 1925 年建成，並投入使用。

今天，人口僅四百多萬的以色列，卻擁有六所躋身世界一流的名牌大學：希伯來大學、特拉維夫大學、以色列理工學院、海法大學、古里安大學和巴爾伊蘭大學。而海外猶太人還在有增無已地為以色列的各類學校慷慨捐贈。

猶太人之所以特別重視學校的建設，除了他們具有那種「為知識而知識」的價值取向之外，更高層次上，還因為在他們看來，學校無異於一口保持猶太民族生命之水的活井。

《塔木德》中記載的三位偉大拉比之一，約哈南·本·札凱拉比就認為：學校在，猶太民族在。

公元 70 年前後，占領猶太的羅馬人肆意破壞猶太會堂，圖謀滅絕猶太人。

當時，猶太人中分成了兩派：鷹派主張以暴抗暴，而鴿派則主張採取非暴力手段來維護猶太民族的長遠利益。約哈南拉比屬於鴿派，並且受到鷹派人士的嚴密監視。面對猶太民族的空前浩劫，他殫智竭神，想出一個方案，但必須親自去見包圍著耶路撒冷的羅馬軍隊統帥韋斯巴相，商討決定。

但當時鴿派的猶太人全被鷹派給關在耶路撒冷城堡中，既不能進去，也不能出來。約哈南拉比終於想出計謀逃脫出來。他假裝生病；因為他是大拉比，所以前來探病慰問的人絡繹不絕。不久，有人傳出，約哈南拉比快死了。很快，關於他死亡的消息便傳遍全城。

弟子們把他裝入棺材，要求抬出城堡，因為城堡內沒有墓。鷹派的守兵不相信大拉比真的死了，提出要驗看屍體。由於猶太人有絕對不看屍體的風俗，所以不能開棺檢查，守兵就想用刀刺入棺材作為試探。

弟子們死命地不同意，大聲抗議道：「這是冒瀆死者。」通常，埋葬死者，只把棺材放置在外即可，但弟子們堅持：「約哈南拉比身為大拉比，必須掘土安葬。」他們終於找到機會，通過了猶太人設置的防線，朝羅馬軍隊的陣地走去。

在羅馬軍隊陣前，羅馬守兵也表示要「用刀刺棺材加以檢查」。弟子們急忙說：「如果羅馬的皇帝死了，你們也用刀刺棺材嗎？我們完全沒有武裝啊！」最後，他們終於到了戰線後方羅馬人統帥部的駐紮地。

約哈南拉比推開棺蓋，走了出來，求見司令官。他凝視著韋斯巴相的眼睛，沈著地說道：「我對將軍閣下和羅馬皇帝懷有同樣的敬意。」

韋斯巴相一聽此話，認為拉比侮辱了羅馬皇帝，不禁大為生氣。

約哈南拉比卻以肯定的語氣說：「不，請相信我的話吧！閣下日後必定會成為一位羅馬皇帝。」

韋斯巴相說：「嗯，你的話我懂了。那麼，你到底想得到什麼呢？」

拉比回答道：「我只有一個願望：給我一個能容納大約十個拉比的學校，永遠不要破壞它。」

　　約哈南拉比知道，耶路撒冷早晚會被羅馬軍隊占領而遭到破壞。他也知道，城陷後，羅馬人一定會進行大屠殺。但只要學校在，猶太民族的傳統就可以留存下來。

　　韋斯巴相說：「好吧！我考慮考慮。」

　　不久以後，羅馬的皇帝死了，韋斯巴相依靠手中的軍隊當上了羅馬皇帝。日後當耶路撒冷城破之日，他果然向士兵發布一條命令：「只留下小小的一所學校！」

　　學校留下了，留在學校裡的幾十個老年智者保護了猶太的知識、猶太的傳統。戰爭結束之後，猶太人的生活模式也由於這所學校而得以繼續保存下來。

　　在熟悉本國歷史的中國讀者看來，約哈南拉比以如此的膽略計謀，冒了如此大的風險，調度了如此的言辯才智，幫助敵方統帥作出了於其人如此意義重大的決策，卻只求保留一所小小的猶太學校，似乎有點「小題大作」。我們歷史上多的是捨棄身家性命以保護某位「龍子龍孫」，讓他以正統性為號召來匯集各種力量，同敵人一決高下的「可歌可泣」的實例，而從來沒見過有以保全學校為直接目標的。「秀才造反，三年不成。」要這等人何用！

　　這不能怪中國古人的正統觀念和忠君思想，實在是中國歷史上只有亡國之恨，而無亡文化之憂。那些入侵中原的異族統治者，往往一坐上龍庭，就明白了「可以馬上得天下，不可以馬上治天下」的道理，而跳下馬背就意味著「射鵰大帝」必須乖乖地坐在舊時的私塾裡，跟著手無縛雞之力的落第秀才哼三字經——他們沒有一個能飛越這巨大的文明差異之鴻溝而不被

同化的。

　　但對猶太人來說，便完全不同了。

　　在漫長的被征服或散亡時期，猶太民族在異族統治者眼裡，大多不是作為地理政治上的考慮因素，而是文化的吞併對象。小小的猶太民族之所以反抗世界帝國羅馬而起義，其直接起因，首先不是異族的政治統治，而是異族的文化統治，亦即異族的文化支配和主宰：羅馬人褻瀆聖殿的殘暴之舉。日後，猶太在西班牙等國的經歷，也往往具有這種性質。

　　況且，猶太人之區別於其他民族，首先又不是在先天的種族特徵上，而是在後天的文化基質上。在一個猶太人的名稱下，有白人、黑人和黃種人；至今作為猶太國的以色列，向一切皈依猶太教的人開放大門，因為接受猶太教就是一個正統的猶太人，而僅僅有一個猶太人父親，這點生物學基因是遠遠不足以取得以色列國籍的；當然，來自母親的基因可以。這一切是 1950 年的「回歸法」及 1970 年的「回歸法」國會修正案所明文規定的。

　　把這兩種情況綜合加以考慮，人們就不能不承認，約哈南拉比以保留學校這個猶太民族成員的塑造機構和猶太文化的覆製機制為根本的著眼點，無疑是一項極富歷史感的遠見卓識。

　　將這一視角作進一步拓寬的話，那麼我們完全可以說，為了達到這一文化目的，猶太人長期追求的不僅僅是保留一所學校，而是力圖把整個猶太生活在其中展開的共同體都看成一所學校。從猶太民族兩千年來持之以恆、極少變易的民族節日，到甘願被幽閉於「隔都」之內，以保持最大的文化自由度，到復活希伯來語，到基布茲運動的集體養育兒童，所有這一切都典型地反映出猶太民族這種獨特的追求和這種獨特追求中的獨特智慧。

這種智慧就是對民族文化的高度自信、執著和維護！可以預見，在當今這個各種文化劇烈交合的「地球村」時代，猶太人一定能以其推陳出新但特色依舊的文化，永享獨立於世界民族之林的資格。

由此觀之，正躍躍欲試地踏上現代化進程，向著外部世界四門洞開的中國人，是不是也應該為民族的久遠未來保留一所學校？

# 9・知識是奪不走的財富

猶太人將知識與求知活動抬高到這樣一種自身即為目的之境界，雖然有助於知識和學者地位的提高，有助於教育的發達，但要是僅僅停留在這一近似於「形而上」的層面上，猶太民族很可能只會成為一個學究的民族。

機在猶太人對於知識問題還有一個相當實際的認識：知識就是財富。

　　有一次，一艘大船出海航行，船上旅客盡是些大富翁，唯有一個人例外，他是個拉比。

　　富翁們閒著沒事，就互相炫耀自己所擁有的巨額財富。正當他們彼此之間爭論得不可開交之時，旁邊那位拉比卻說：「我覺得還是我最富有；只是現在我的財富不能拿給你們看。」

　　半途中，海盜襲擊了這艘船，富翁們的金銀財寶等等全被搶掠一空。海盜們離去後，這艘船好不容易抵達了一個港口，但已沒有資金繼續航行了。

下船後，這位拉比因其豐富的學識和高尚的人格，立刻受到居民的器重，被請到學校裡去教導學生。

過了一段時間，這位拉比偶然遇上那些曾經同船旅行的富翁。如今，他們都已陷入朝不保夕的淒涼境地。富翁們逐深有體會的對拉比說：「你以前講得一點都不錯，一個有學問的人，等於什麼都擁有了。」

從這則故事中，猶太人得出的結論是──由於知識可以不被搶奪且可以隨身帶來，所以教育是最重要的。

猶太人的這個結論十分直觀、十分實際。在當今世界上，知識就是財富，受教育程度同收入成正比，幾乎已經成為一條嚴格的定理。

對個人來說如此，對國家來說也同樣如此。用那位當了總統之後又去當教育部長的伊扎克·納馮的話來說，就是：「教育上的投資，就是經濟上的投資。」

而且，「教育上的投資」豈止僅僅「經濟上的投資」，知識還是一種特殊形態的財富：「不被搶奪且可以隨身帶走。」這是一個多麼大的優點！只有猶太人才可能這麼早就領悟、發現、讚美這樣的優點。

在相當長的時期內，（可以說，只要種種形式的反猶主義還存在，就必然如此。）猶太人一直像逾越節前夕一般，身著行裝，隨時準備踏上旅途。而且，上路之前，往往還要遭受一場洗劫。他們的不動產（如果有的話）是帶不走的，他們的錢幣是帶得走的，但往往是被暴徒和國王帶走。真正別人帶不走，可以由他們自己帶走的，唯有他們的信仰和知識，以及由知識和求知、探索而生成的智慧。

既然猶太人的信仰往往是增加他們開支的一個大因素，比

如光為了遵守飲食律法而僅僅食用按猶太教規定宰殺的「入膳之肉」，就至少增加 10% 的食品開支，那麼，真正可以轉化為物質形態的財富就只有知識了。而知識，包括腦的知識——學問——和手的知識——技能——同時也就是他們所有投資的減縮和凝固形式。猶太人在流散四方途中或新居住點能迅速找到那些缺乏教育者無法與其競爭的較好位置，從而站住腳、恢復元氣，甚至興盛起來，這筆「資本」所起的作用至關重要；而猶太人自己的國家以色列之所以能在短短幾十年內迅速崛起，某種意義上，同樣是這筆「資本」的作用。

以色列的自然資源十分貧乏，既缺乏中東地區傳統上就十分缺乏的水資源，又缺乏中東許多地區都擁有豐富的油氣資源。但是，以色列的人才資源卻異常豐厚。數十年來，歐美以及前蘇聯等地的許多一流人才都通過移民的方式，匯集到這個小小的國家。他們帶來了自己的知識、技術、專長。

換言之，他們帶來了他們教育投資的全部，從而使以色列從建國之日起就是世界上教育水平最高的國家。反過來，這又為以色列繼續培養人才打下了堅實的基礎。如今，以色列已經是一個教授和醫生都已過剩的國家。據統計，以色列人均產值的增長部分中，有三分之一～二分之一是靠提高生產率取得的。前面說過，地處沙漠邊緣的以色列，卻以只占總數 5% 的農民養活了全國居民。

對於個體猶太人來說，知識的那種「可以身隨帶走」的靈巧性，也為他們選擇同樣「可以隨身帶走」的靈巧職業帶來了極大的便利。

在任何一個地方，猶太人都相對集中於金融、商業、教育、醫學和法律行業，七〇年代初，美國猶太人的職業構成中，這類專業性、技術性、經營性工作所占的比重，男子為

70%，女子為 40%，而同期全美平均卻分別只占 28.3% 和 19.7%。在最為靈巧而收入最高的兩大行業醫生和律師中，猶太人的比例更是佔了歷來的高峰。

1925 年，普魯士約 33% 的醫生和 25% 的律師是猶太人；猶太人僅占 4.5% 的羅馬尼亞，有三分之一以上的醫生、包括獸醫；七〇年代末的美國約有三萬猶太醫生，占私人開業醫生總數的 14%，約有十萬名猶太律師，占律師總數的 20%。

看著這些令人不無枯燥之感的數據，不能不又一次感歎猶太民族、猶太文化或猶太智慧的神祕力量：一個古老民族保存了幾千年的價值觀和技術手段，卻能同現代社會如此和諧地相吻合，人們不能不又一次猜想，這其中是否真有上帝的安排？

# 10・通天塔工地上的翻譯

《聖經》〈舊約〉中有一則膾炙人口的故事，講的是上帝如何巧妙地阻止了人類一次愚蠢的登天嘗試。

遠古時代，天下人的口音、言語都是一樣的。他們在東遷途中，路經一座平原，就住了下來；然後，想起造一座城和一座塔，塔頂通天，以便傳揚名聲，使大家不再分散。

於是，人們取土燒磚，用石漆當灰泥，開始興建通天塔。

上帝聽說後，就降臨人世，看到了他們造的塔。上帝發現他們都是一樣的人民，使用同一種語言，生怕他們造好通天塔之後，什麼都能做，便變亂了他們的語言，使他們相互之間言語不通，只好停止造塔，並走散開去，遍布天下。從此，已造好的那座城就稱為「巴別」，意為「變亂」。

文化的的差異根本上體現為語言的差異，民族交融的最大

障礙表現為語言的不通；二十世紀末新民族主義狂潮突起，再次證明了這一點。而猶太人卻如此之早便有了如此清晰、如此深切的感悟，實屬不易。不過，它絕對不是猶太人一時心血來潮的頓悟。

猶太人本身是個在遷徙過程中不斷擴大而逐步形成的民族；迦南定居初期，又同本地的各個異族部落有過一段密切交往，同時衝突疊起的共同經歷；加上與四鄰強國頻繁來往，再受到路經迦南的各路客商所帶來的語言刺激；最後還有猶太人自己外出經商和散亡各國的經歷；可以說，一個民族如此長期處於「語言博物館」式的環境中，自然會對語言產生出種種真知灼見來。

正如其他生活領域中的情形所證明的，猶太民族從來不是一個只會提問題，而想不出解決問題之手段的民族。在漫長的散亡時期，猶太人以其一個民族而客居於不同主民社會之中的獨特地位，為溝通不同語言的人民，為世界文化的交融，作出了特殊的貢獻。

從公元前 336 年亞歷山大大帝東征開始的三百年間，東西方文化進入一個相互交融的希臘化時代，其最重要的產兒乃是綿延至今的基督教文化，而這一文化的最初孕育就不單純得益於猶太文化的精髓《聖經》本身，還得益於猶太知識分子的出色翻譯。

公元前 333 年，巴勒斯坦被亞歷山大的馬其頓帝國征服。該帝國崩潰之後，猶太人又處於埃及托勒密王朝的統治之下，其間有一批猶太人被送往埃及的亞歷山大城，他們多為囚犯和奴隸，另外還有七十位猶太學者——就是他們在亞歷山大城裡，將《聖經》由希伯來文翻譯成希臘文。

據說，這七十人各居一室，互不聯繫，每人都譯完了全

書，譯文完全一致，甚至連標點符號都完全相同。這個《聖經》譯本就是後人常說的《七十子希臘文本》。

傳說歸傳說，實際上，據考證，僅僅翻譯《聖經》中的《摩西五經》和各「先知書」，就花了百餘年時間。可想而知，整部經典的翻譯需要猶太人多少「七十子」的多少代人努力！《七十子希臘文本》可稱為「翻譯史上的通天塔」了。

儘管這個譯本從技術上看水平並不高，「語文拘泥於原文，讀起來很不流暢，而且過分照顧非猶太人的思維習慣」，並一再用習語代替一般概念和思路。但縱觀歷史，它卻「發揮了任何翻譯作品所未曾有過的深遠影響」。因此，猶太歷史學家、以色列的阿巴‧埃班完全有理由自豪地說：「如果沒有希臘文《舊約》全書，原始基督教的傳教士不可能使講希臘語的異教徒皈依，基督教也絕不可能成為世界性的宗教。」

僅就這一層意義而言，即使猶太民族未能像現在那樣倖免於散亡時期的驚濤駭浪，這樣一個弱小民族也必能以其本身所具備之語言溝通的獨特智慧，在人類文明的殿堂中領有一個中央位置的神龕！

猶太民族不僅留下《聖經》的譯本，弘揚了自己的文化，在伊斯蘭教時代，又為東西方文化交流作出了巨大的貢獻。

在歐洲文藝復興之前四百年，阿拉伯各國曾經有過一次令人矚目的文化革新運動，取得了一系列可觀的文化成就。而在穆斯林文化向處於黑暗的中世紀基督教世界的傳播中，散布在東西方各國的猶太人又一次成為溝通的橋樑：東方的猶太人把重要的阿拉伯著作先譯成希伯來語，再由西方的猶太人把希伯來語譯成拉丁語。

猶太民族對語言溝通能力特別地敏銳，對其以一個民族而分處於不同社會、不同語言環境的特殊地位，也帶來了積極的

影響。

　　由於猶太人一般都會說幾種語言，在早期還以希伯來語為共同語言，隨著越來越多地接受所在國的語言，這種希伯來語就逐漸退化為混和語。比如，在中歐和東歐的猶太人中，比較流行的是意第諸語，這是一種由德語與希伯來語混合形成的猶太語言；在西南歐和拉丁美洲的猶太人，一般則講拉迪諾語，這是希伯來語與西班牙語的雜變產物。這種種準希伯來語雖然也有一定的地域限制，而且也不通用於非猶太民族，但由於散亡的猶太人跨國分布，客觀上使其流通範圍大大寬於它由以產生的非猶太母語，從而成為某種意義上的「跨語言」語言。

　　這種獨特的語言分布狀態的最大好處，是給猶太人從事國際貿易帶來了極大的便利，某種程度上使國際貿易成為猶太人的特許行業和祖傳手藝。

　　所以，可以說，猶太人何以能夠在反猶空氣濃厚的國度中生存下來，乃至幾經驅逐又幾經召回，一定程度上就得益於從通天塔工地停工事件中汲取的經驗教訓；更確切些，應該說是得益於這則故事中所顯示的洞見。

# 11・語言的復活與民族的復活

　　在通天塔工地上，上帝變亂人類語言這一幕，其直接素材也許來自希伯來人所處的龐雜的周邊語言環境，但從略帶神祕主義的立場看過去，似乎純粹預示著猶太民族兩千年流散中的實際經歷：大流散使猶太民族成了真正意義上的被變亂了語言的民族。

　　即使不以散居各國的猶太人具體使用的語言來統計，僅僅

以猶太人中較為通行的語言來說，也有這樣四大類：中歐和東歐猶太人較多使用希伯來語與德語混合而成的意第緒語，西南歐和拉丁美洲的猶太人一般操古希伯來語與西班牙語混合而成的拉迪諾語，北非的許多猶太人說莫格拉賓語，西亞的猶太人基本上說阿拉伯語。

以色列建國已將近半個世紀，但直到今天，以色列人中大約還有七十種語言在不同的範圍中得到使用。以語言種數與全國人口數之比來看，可能又夠得上世界之最了。

如果說，一個民族諸部分各操不同語言，並有許多人還有使用幾種語言的能力，這在民族四散的情況下，問題還不大，有時還可以帶來一些積極效果的話，那麼，當這些部分匯聚到一個地方，重新組成一個政治——地域實體——國家時，這種情況的存在必定帶來無法想像的麻煩。而且，猶太民族很早就認識到「上帝之道（語詞）即世界之源」的道理，不可能不清楚語言在民族凝聚、文化整合中的巨大作用。

因此，從十九世紀猶太復國主義運動興起之後，統一猶太民族的語言便成為議事日程上的一個重大議題。毫無疑問，統一的語言是必需的，但究竟取哪一種語言作為猶太民族的正式語言，在復國主義者中間卻產生了分歧。

有些人主張採用意第緒語，因為當時使用意第緒語的人最多；還有的人主張用德語，其中包括猶太復國主義創始人西奧多·赫茨爾；另外一些人認為，應該使用希伯來語。大家爭執不休，莫衷一是。

按理說，以猶太民族的個性之強，以希伯來語作為《聖經》用語之地位，希伯來語理應成為統一語言的首選語言。

但是，由於自中世紀以來，希伯來語已經單純成為拉比們舉行宗教活動和祈禱時使用的書面語言，以及學者們研究古代

歷史和宗教的文字，不再是一種生氣勃勃的口頭語言；在一定意義上，希伯來語已經是一種「死亡了的語言」。誠如赫茨爾在日記中所寫的：「在未來的猶太人國家裡，我們必須考慮人們使用的語言……我們當中誰能用足夠的希伯來語去買一張火車票呢？」

而且，正如人死了之後才能成神成聖一樣，「死亡了的」希伯來語由於專門用於宗教場合，也已成為一種「聖潔」的語言；因而，正統的猶太教徒堅決反對褻瀆神聖的希伯來語，把它用於日常生活。

所以，聖潔的語言本來就遠離世俗生活，而語言的聖潔更使它不得接近生活。

然而，堅韌不拔地維持自己的民族特性這一項猶太人的根本特徵仍然不可遏制地起了作用，希伯來語還是慢慢地開始在巴勒斯坦猶太人，包括源源而來的移民中發展起來。這中間有一個人起了極大的作用，他就是語言學家本‧耶胡達。

本‧耶胡達（1858～1922 年）是出生於立陶宛的俄國猶太人，於 1881 年和全家一起移居巴勒斯坦。當時，巴勒斯坦猶太人中存在著多種語言，人們相互之間很難溝通。本‧耶胡達極力主張把古老的希伯來語用於日常生活，並在當地猶太人家庭中和幼稚園，以及學校裡試驗和推廣使用希伯來。本‧耶胡達禁止妻子使用俄語，他們一起用希伯來語與自己的孩子說話，使他們一生下來就處在希伯來語的語言環境中，以後也不許他們跟說其他語言的孩子玩，怕他們受不同語言的影響。

儘管本‧耶胡達因「冒瀆聖潔的語言」而受到正統猶太教徒的攻擊，甚至被送進監獄，但他堅持不懈，終於逐漸獲得了成功。1884 年，他與志同道合的人一起創辦了第一份希伯來

語報紙；1889 年，建立了「希伯來語言協會」。1904 年，在蒐集和創造了數千個新詞彙的基礎上，他編出了第一本現代希伯來語辭典；這在現代希伯來語的發展中是具有劃時代意義的事情。

到本世紀初，在雅法和耶路撒冷等地已有了完全使用希伯來語的幼兒園和中小學。1916 年，巴勒斯坦的人口調查表明，當時已有 3.5 萬人把希伯來語作為主要語言使用了，占當地猶太人的 40%左右。在兒童之中，這個比例甚至高達70%。巴勒斯坦成為英國的托管地之後，英國當局承認希伯來語與英語、阿拉伯語一起作為官方語言。

今天，希伯來語已在以色列人中得到廣泛使用。甚至可以說，如果大衛王復活，重新漫步於耶路撒冷街頭，他也能聽懂人們的談話，而現代人也能聽懂他的話。不過，可能彼此都會有些困難，畢竟詞彙也好，語法也好，多少都已有所變化。

現代希伯來語已經成為一種表現力很強、詞彙豐富的「活語言」。現代科技的發展和國際往來，使希伯來語不斷產生新詞彙；當代希伯來文學在世界文學中也有一定的影響，很多詩歌、戲劇、小說都已被譯為其他多種語言。

當然，由於家庭和文化背影的影響，人們往往在正式、公開的場合講希伯來語，而在家裡和移民集團中仍說他們自己熟悉的語言。不過，這種情況已越來越少了，年輕一代中使用希伯來語已經十分普遍，他們的希伯來語比老一輩說得更純正、更熟練。以色列有一句笑話說：「在這個國家，是孩子教家長說母語。」

「孩子教家長說母語。」這句話要是作為一種意象，不就像疤痕累累的老枝上怒苗著一片新芽嗎？這不就是整個猶太文化、猶太智慧的最好寫照嗎？

猶太民族最神奇的生命力恰恰就在於能將幾乎所有最初的文化種籽保存到數千年後的現代社會，而且居然都能萌發新芽，蔥蘢繁茂。那段不堪回首的歷史經歷似乎只是將這些種籽暫時置入液氮保存器中延緩了其萌發，或者更確切地說，似乎只是使其孕育了更大的能量，使其以這些能量在當今世界上可以有一個前所未有的繁榮昌盛！

# Chapter 4
# 律法的民族　守法的智慧

　　世界上最早的成文法出現於公元前三十世紀，是美尼斯王國統一埃及時頒布的。遠古律法中著名的《烏爾納姆法典》（公元前二十一世紀）和《漢穆拉比法典》（公元前十八世紀）都不是猶太人的作品。然而，「律法的民族」這頂桂冠卻不偏不倚地戴在猶太人的頭上。這並不奇怪。

　　猶太人是一個很早就自覺、系統地從事律法的建設與完善的民族。公元前十三世紀前後的「摩西十誡」為猶太民族打下律法體係的樁基：「巴比倫之囚」時期或其後，《聖經》、尤其是其中的「摩西五經」，為猶太民族的律法體系構築起主幹框架。據偉大的猶太學者邁蒙尼德拉比的權威統計，《聖經》中共包含了 613 條具體誡命，其中 368 條是「不准做的」，245 條是「必須做的」。在大流散的歷程中，有關《托拉》中的戒律之注釋、實施細則以及其他規定、法典的大量產生，使得猶太人的國家尚未作為一種純粹的幻想在人們頭腦中浮現之前，猶太民族的法律實體已經完成，而其中從法哲學到具體細則，都不乏人類法律史上開拓性的創設。

　　而且，正因為政治實體的闕如，法律實體在猶太人的生活中發揮著現代之前在其他任何一個民族中都見所未見的作用。

《托拉》成為民族的樊籬，律法成為連結民族的紐帶：猶太人首先不是一個由「血緣」、「地緣」，而是由「上帝的律法」結合成的民族。

以民族在人類法律建設中的這眾多貢獻，以律法在民族生存中的這樣一種地位，以民族成員的這樣一種法律素質，這個民族不能稱之為「律法的民族」的話，還有什麼樣的民族能以此相稱？

不過，猶太民族在律法方面如此繁多而廣泛的建樹，卻給我們這本小書帶來一個無法克服的大難題。以我們的安排，這裡的篇幅只夠蜻蜓點水似地涉獵一下猶太人極為豐富，甚至過於豐富的律法智慧中的一角。由於中國文化傳統的鬼使神差，我們選中的也許恰恰是最有違猶太人「本意」（但絕對不會有違他們本性）的守法智慧——變通法律而遵守之智慧。

# 1·世界奠基在約定上

每個民族都有開天闢地的故事，以滿足人類對世界必須有個開頭這一心理需要。為任何一個民族承擔這一任務的神祇或英雄，大都是全知全能、威力無比的。但無論他們作出了多麼了不起的業績，故在猶太人的上帝面前，似乎都不那麼起眼，因為耶和華上帝的創世之作是「君子動口不動手」，純粹語言的力量。

據《聖經·創世記》中記載，上帝是這樣開天闢地的——

　　起初神創造天地。地是空虛混沌，淵面黑暗；神的靈運行在水面上。神說：「要有光。」就有了光。神看光

是好的，就把光暗分開了⋯⋯這是頭一日。

　　神說：「諸水之間要有空氣，將水分為上下。」神就造出空氣，將空氣以下的水、空氣以上的水分開了。事就這樣成了⋯⋯是第二日。

　　神說：「天下的水要聚在一處，使旱地露出來。」事就這樣成了⋯⋯神說：「地要發生青草和結種子的菜蔬，並結果子的樹木，各從其類，果子都包著核。」事就這樣成了⋯⋯是第三日。

　　神說：「天上要有光體，可以分晝夜，作記號，定節令、日子、年歲；並要發光在天空，普照在地上。」事就這樣成了。於是神造了兩個大光：大的管晝，小的管夜；又造眾星⋯⋯管理晝夜，分別明暗⋯⋯是第四日。

（《創世記》）

　　其實，無論神祇還是英雄，他們開天闢地，澄清的並不是外部宇宙的混沌，而是初民們內心的混沌：初民無法想像、無法理解世界本來就是有序的。在他們心裡，世界必有一個從無序到有序的轉折，所謂「開天闢地」，就是這一轉折的實現之時。這在所有民族中，幾乎沒有什麼例外。

　　奇怪的是，猶太民族完全不同於其他民族，別出心裁地把這一轉變歸之於語言的力量：上帝之道即為世界之源，上帝之道即為秩序之源。對語言的這樣一種近似於崇拜的情感與認識，引起了後人、包括今人的種種猜測和驚嘆，常被人譽為對語言在人類生活中的巨大作用體現了超越時代的洞察。

　　實質上，幾乎一切民族對語言都持有這種近乎崇拜的態度；所謂巫術，尤其是咒語，更是最為典型的例子。區別只在於許多民族大多長期停留在不著邊際的念念有詞階段，而猶太

民族在不忘祈禱的同時，更注意讓語言成為世界秩序的基礎；這就是賦予人們相互之間的約定——律法的微觀形式——以至高無上的地位。

上帝藉「道」（語言）使世界脫離了混沌，出現了結構和運行規律，而所謂規律，就是一定現象的某種可預見的重複出現。所以，上帝之道的最大效果就是使原本不可預見的混沌無序轉化為井然有序。這是人類生活的必備前提。否則，走在大街上，你向熟人問聲好，他卻報以一巴掌，豈不天下大亂？

這種藉語言確立秩序、獲得行為結果可預見性的過程和實例，在早期猶太人的生活中占據著極為突出的地位。

古希伯來民族本身是由許多遊牧部落拼湊而成的混雜部族，他們最初屬於諸王雇傭和組織的作戰人員，或者乾脆是流寇，而不是某一地方的定居者。所以，他們一般處於依附地位，同「地的主人」一般有一種主僕關係。

據考古發現，在早期和私人信件中就載著 habiru（希伯來人屬於其中的一部分）與主人立約自願為僕，主人在世期間這項契約始終有效的事例。

在希伯來人定居迦南之前，這個地方已經是往來輻輳之地，商人和商隊川流不息地從這裡經過，是各類商品的大集散地。約瑟時代，即希伯來人移居埃及之前，活動於沙漠與迦南之間的希伯來部落已進入國際貿易的行列，參加從基列販運香料、乳香的商隊。在這段時間裡，商業「合約」這種形式的「約」，同樣在希伯來人的觀念上刻下深深的烙印。

從定居迦南之後，一直到王國淪亡，希伯來人又始終處於同異族不斷衝突、不斷結盟的動態過程之中。這種重要性甚於商業合約而穩定性次於商業合約的政治盟約，又一再加深了希伯來人對「約」的情感（積極和消極者皆有之）和認識。

不管這形形色色的「約」在性質、內容或形式上有何不同，只要是「約」，就可以在相當程度上將雜亂無序、變化莫測的世界（無論是個體交往的世界，還是民族交往的世界）給予有序化，使人們可以根據所訂立的約而有計劃地行動，也就是在預見到自己行為結果（包括其直接結果和它所引發的他人或他民族的行為）的基礎上，作出行為。而所有這些計劃性或可預見性的前提，恰恰就是那個以語言、並且是文字形式簽訂的「約」。換言之，世界的秩序、行為結果的可預見性是因為語言表述清楚並且書寫成文之後才得以實現的。

　　「約」對世界的性質、人活動的性質具有如此重大的「決定」作用，這在希伯來人的頭腦中，一方面反映為「上帝之道即為世界之源」、「上帝之道即為秩序之源」；另一方面則表現為以色列人與上帝的關係不是一種支配與被支配的關係，而是一種「約」的關係。這種約很像早期 habiru 與其主人的約；habiru 履行一定的義務，主人則給予一定的保護與酬報。以色列人遵守上帝的律法，上帝則保護以色列人，並應許他們在各民族中為大。

　　然而，任何一項約最後能否得到履行，行為的可預見性最後能否實現，並不單純取決於締約中某一方的願望。毀約所帶來的損失和災難性結果，始終像一個巨大的陰影籠罩在這些早期的立約者，尤其是那些常常居於被動地位的希伯來人頭上，恰如今日許多開辦新興公司的人，對信誓旦旦的合約也心存疑慮，隨時準備接受被騙上當的現實一樣。

　　這種超個體的力量在希伯來人身上引發出一種半含企盼、半含恐懼的心理，在一定的條件下，它就轉化為類似圖騰的神聖之物。極而言之，與其說上帝是與猶太人立約的神，不如說猶太人的神就是「約定」本身的不具形態的人格化。之所以會

是一種「不具形態的人格化」，就在於把一張「合約書」視為圖騰的民族畢竟是沒有的。不過，要是承認聖殿和約櫃也是一種「圖騰」性質的東西，那麼珍藏於其中的上帝授予摩西的那張「合約書」，即兩塊法版，便真成了猶太人的圖騰了。

這種對「約」的崇拜，在猶太人亡國流散之後，反而更其加強了，因為歷史際遇和新的社會環境，對「約」提出了更高的要求。

一方面，喪失了王權和神權這兩種最結構化的組織體制後，猶太人只能靠某種對雙方都留有相當自由度的立約形式來維繫民族的凝聚力和向心力，何況耶和華上帝本身又是一個「約定」的上帝，而不是動不動就把異端送上火刑柱的天主。猶太人的上帝充其量只會藉異族之手來懲罰亞當、夏娃之流的違約者。但一個猶太人一旦被共同體驅逐，就有可能孤立無援地遭受「上帝的鞭子」的迫害，從而有性命之虞。這就使得形式上不具有強制性的猶太人與上帝之約，亦即猶太人個體與民族共同體之約——信守猶太律法，包括其中有關「約」的神聖性規定——具有了實質上的強制性。

猶太人極少毀約，甚至在同有毀約習慣的民族做生意時，也很少毀約，這表明他們的守約像是他們不吃豬肉，本是上帝囑咐於他們，與其他人並沒有關係。反過來，對方即使盡了非同尋常的努力方得以履約，也得不到他們的特別稱讚，因為履約本身始終是一件理所當然的事。既然猶太人一直履約，對方的履約又有什麼特別之處呢？至於所付出的特別努力，那屬於簽約之前就應該考慮到的問題。但這已經是一個智慧的問題而非律法的問題，雖則最有智慧的人必定也是最守律法的人。

另一方面，亡國之後的猶太人又散居在世界各地，相對於所在國的主民族而言，他們始終是一個少數民族。而且，這個

少數民族以其特別的文化特徵和不屈不撓地精神，爭取到的經濟成就，往往成為一種文化異端（包括狹義的宗教異端）和經濟異端。

敏感地意識到自己這種雙重異端身分的猶太人，願意盡自己的一切力量避免同主民族發生牴牾甚或衝突。所以，他們希望主民族也給他們一個有規可循的生活範圍；習慣於遵守自己律法的猶太人能夠同樣嚴格地遵守主民族，甚至征服主民族的法律，只要這種法律不同猶太民族的「根本大法」相抵觸就行，以免被別有用心者藉以挑起反猶主義的騷動。

騷動絕不是猶太人所希望的。因為無論何種騷動，無論騷動的起因為何，首先吃虧且吃虧最大的必定是猶太人，絕無例外，只要那個社會中有猶太人。

因此，猶太人願意遵守所在國的法律，常常甚於其本國人。在經濟活動中，更是以守法著稱。據日本商人說，猶太人從不偷稅或漏稅。

想當年，連毫不講理的「猶太人人頭稅」或「猶太人贖身稅」，猶太人都交了，其他生意中應交的稅款豈有偷漏的必要。猶太人有足夠的聰明才智堂堂正正地賺錢，不必靠偷稅、漏稅發財；猶太人有較具體的法律條文層次更高的宗教──道德價值觀念，不屑於藉偷稅、漏稅發財。

可恰恰就是這樣一種文化起源和歷史遭際培育成就的守法、守約的價值觀念、心理素質和行為習慣，使得猶太人在今日的法制世界中又一次占據了先手。當許多民族只知放任個體智慧，尤其是受到蛇的誘惑的個體智慧無法無天而理不出一個正常、規範的市場來時，猶太人正在法制化的世界經濟市場上如魚得水，大發其財。當然，作為一種民族心態，他們極少把財「橫」倒過來發的癖好。

# 2・守法就是守形式

古時代有一個賢明的猶太人，他把兒子送至很遠的耶路撒冷學習。一天，他突然染上了重病，知道來不及同兒子見上最後一面，就留下一份遺囑，上面寫清楚，家中全部財產都讓給一個奴隸，但要是財產中有一件是兒子所想要的話，可以讓給兒子。不過，只能要一件。

這位父親死了之後，奴隸很高興自己得了好運，連夜趕到耶路撒冷，向死者的兒子報喪，並把遺囑拿給他看。

兒子看了，非常驚訝，也非常傷心。

辦完喪事後，兒子一直在盤算自己應該怎麼辦，但理不出個頭緒。於是，他跑去見拉比，說明情況後，就發起了牢騷。拉比卻對他說，從遺書上就可以看得出，他的父親十分賢明，而且真心愛他。

兒子卻厭惡地說：「把財產全部留給奴隸，不留一點什麼給兒子，連一點關懷的意思也沒有，只能讓人覺得愚蠢。」

拉比要他好好動動腦子，只要想通了父親的希望是什麼，就可以知道父親確是給他留下可觀的遺產。拉比告訴他，他的父親知道，如果自己死了，兒子又不在身邊，奴隸可能會帶著財產逃走，連喪事也不向他報告。因此，父親才把全部財產都送給奴隸，這樣，奴隸就會急著來見兒子，還會把財產保管得好好的。

可這個當兒子的還聽不明白，這樣做對他有什麼益處。

拉比見他還是反應不過來，只好給他挑明：「你不知知道奴隸的財產全部屬於主人嗎？你父親不是說給你留下了一樣財產嗎？你只要選那個奴隸就行了。這不是他充滿愛心的聰明想法嗎？」

這時，年輕人終於恍然大悟，照著拉比的話做了，後來還把那個奴隸給趕走了。

很明顯，這位猶太人實實在在地使了一個小計謀，給奴隸吃了一個中國俗話說的「空心湯圓」：遺囑所給予奴隸的全部權利，都奠立在一個「但書」的基礎之上，大前提一變，一切權利皆成泡影。這樣一個機心暗藏的活鈕，是這個猶太人計謀的關鍵。

然而，這則塔木德寓言所蘊涵的智慧並不止於此，如果再作深一層探究的話，還可以發現猶太民族在訂約、守約方面的獨特智慧。

為了進行對比，我們不妨引入一個中國古時候類似的案例來說明——

> 宋朝時有個富翁，膝下有一女一兒，女兒已經成親，而兒子卻還年幼。
>
> 這時，富翁得了重病，臨死之前，把兒子托給了女婿，並寫下遺囑：日後兒子大了，遺產女兒得七分，兒子得三分。
>
> 過了幾年，兒子大了，卻對財產劃分不滿，告到官府，要求重新劃分。
>
> 當時的杭州知府張咏當堂看了女婿遞上的物證，即那份遺囑後，就對他說，這是他的丈人的聰明之處；要不是這麼分，他早就把這個小孩給害了。
>
> 於是，張咏判定：兒子得七分，女兒得三分。

張咏生前就被認為「多智善斷」，這一斷案也被後人認為大見智慧。但這種典型的中國智慧，同前述的猶太智慧顯然大

相徑庭。

雖然兩份遺書都是在不得已之下訂立的某種合約，立遺囑者都面臨著「要嘛讓步，要嘛徹底失去」這種無可選擇的選擇；並且，他們都採取讓步的方式。而兩位仲裁人都明瞭其中的機巧，並使得遺囑的執行結果符合立遺囑者的本意。但兩個立遺囑者同樣作為遺囑的「自毀裝置」而埋下的伏筆卻完全不同：猶太遺囑在形式上是自我完善的，只要遺囑整體作為一項合法文件得到尊重，兒子作為繼承人所享有的那一前提性權利要求也必定能夠得到滿足；而中國遺囑在形式上就缺乏這種「自鎖」結構，遺囑的潛在要求只有在某個洞悉內情的智者，而且是有權利、從而可以無視於法規的智者專斷下，才可能得到滿足。從這裡不難看出，前者的智謀在於不用借助外部力量，在嚴格履約的同時就可以避免合約中所規定的不合本意的安排，卻不背上毀約的名聲；而後者的智謀要想取得同樣的效果，只有求助於青天大老爺作出毀約的行政干預。

毫無疑問，兩條計謀就其最後都得以實現而論，都是聰明之法，但就其自身的完備與可靠而論，則不能不承認，那份猶太人立下的遺囑更見智慧；而這種可以泛化為一般訂約智慧的智慧，自有其鮮明的猶太特色。

猶太民族素來看重立約，並以信守合約為立身之本，連人與上帝的關係也被看作一種合約的關係，而不是像其他民族中那樣，是一種絕對、無條件的主宰與被主宰的關係。然而，合約一旦設定，具體的限定便馬上有了「無條件」和「絕對」的性質，再也不能更改。顯然，合約的這種嚴肅性較諸立約中的主導方任意更改、毀棄合約的情形總要多體現一點公正性，在立約雙方出於自願的情況下更是如此。

然而，這種公正只是一種形式上的公正，它並不意味著合

約內容上的公正。無論何種合約，立約雙方總會出於謀求自身利益最大化的動機，想方設法加入於己有利的規定。在上述場合下，一方處於明顯的劣勢，更無法拒絕另一方變本加厲的改變要求。

於是，既要保證合約形式上的公正性，又要加強或者抵消內容上的傾向性，便成為立約雙方互作攻防的一個狹小舞台。不過，舞台雖小，對雙方的用智來說，已經留出了很大的餘地。從生活起居開始，在一切方面都頗為拘泥形式的猶太民族，自然就向著形式的方向發揮、發展著自己的立約智慧。

靠著這種智慧，理應對他們約束得最為厲害的形式，卻正好約束了他們的對手：那個奴隸之所以不帶著財產潛逃，除了沒看破遺囑中的計謀之外，更大程度上還在於對猶太人守約所持的信任吧！

從另一個角度來看，中國小民所津津樂道的「青天大老爺」，絕不會讓長期處於散亡之中的猶太人心嚮往之。他們從心底裡就不指望所依附國的統治者像張詠一樣洞達他們的處境，更不用說偏袒他們了，異族的官員只要恪守中立，依合約裁定，在猶太人眼中看來已經夠「張詠」的了，而事實上，連這一點也常常辦不到。這就迫使他們只有提高合約形式上的完備性，才能不僅約束立約的對方，還可以約束可能的合約裁定人。故事中的遺囑，在某種意義上，只是這種形式完備性的誇張表達。

可是猶太民族的福祉恰恰在於這種形式上的完備性正好同人類社會形式合理化的一般歷史要求相吻合，合約形式上的公正正好同現代法律形式上的公正相吻合：由同作為合法權利之主體的立約各自願訂立的合約，即使其內容不公正，只要在一定的限度內，從法律上說，仍然是公正的。

事實上，在今日的社會生活，一個人能否成為真正意義上的權利主體，很大程度上取決於他能否首先成為智慧的主體。在現代商界中，較之那個奴隸遠為自由、自主的人中，最終只能享有比該奴隸好不了多少的結局者也不乏其人。僅就此而論，富有立約守約智慧的猶太民族在當今世界中的繁榮昌盛，也是一件理所當之事了。

# 3‧鑽漏洞也是尊重法律

猶太教在中國有個俗稱，叫「挑筋教」。因為猶太人的習俗不食牛羊大腿窩的筋，必定把它去掉了才能食肉。習慣於從現象上把握事物特點的中國人就不再捨近求遠地從〈舊約〉、〈新約〉上考證，而由這小小的習俗，便有效地把猶太教同其他教區別了開來。

猶太人之所以不吃牛羊的腿筋，是為了《聖經》中的一個傳說。

古猶太人的十二支派原是同父兄弟十二人傳下的血脈，這十二兄弟的父親便是雅各。

雅各年輕時曾去東方打工，依附在他的舅舅門下，並娶兩個表妹為妻子。後來，在神的允諾下，攜妻帶子，返回迦南。

途中的一個夜間，來了一個人，要求同雅各摔角。兩個人一直鬥到黎明。

那人見自己勝不過雅各，便悄悄地在他的大腿窩按壓了一下。

當時，雅各的大腿就扭了。

那人說：「天亮了，讓我走吧！」

可是，雅各不同意，他說：「你不給我祝福，我就不讓你走。」

那人便問他：「你叫什麼名字？」

雅各便將名字告訴他。

那人說：「你的名字不要再叫雅各，要叫以色列。因為你與神與人角力，都得了勝。」

雅各問他：「請將你的名字告訴我。」

那人說：「你何必問我的名字？」

接著，那個人就在那裡給雅各祝福。不過，雅各的大腿從此就瘸了。

堂堂正正的耶和華上帝在同人進行比試之時，卻使用違反規範的小動作，這對於老是責備以色列人不守約的上帝來說，顯然不是一個值得誇耀的舉動，所以才羞於把自己的名字告訴雅各。從這裡推上去，上帝之所以夜間來，大概本就「蓄謀已久」了吧。

但猶太人為何偏偏把這一條記錄在樹立耶和華上帝絕對權威的《聖經》正典之中？是否對上帝有些小小的不恭？

也許，古代猶太人角力之時，並沒有「明文」規定不可壓對方的大腿窩，上帝不過鑽了規則不清這樣一個漏洞罷了。而作為上帝的選民，猶太人把這麼一個「上帝鑽漏洞」的典故記載下來，完全可能出於將「鑽漏洞」這種「合法的違法」之舉或者「違法的合法」之舉給以神聖化的需要。

從邏輯上說，尊重法律，就應當尊重法律規定的一切，從內容到手段，到程序，漏洞也不能例外。因為：一則，漏洞本

身就是某一法律條例中不可分割的一部分；再則，一個煞費心計鑽法律漏洞的人本身還是尊重法律的，他做的仍然是「法律沒有禁止」的事情。真正不尊重法律的人是連立法的必要性也不承認，常常乃至習以為然地從原本就是支離破碎、不成體系的法律中破網而出。

不過，儘管按照「法律面前人人平等」的法制要求，在法律漏洞面前也應該人人平等。可是，由於鑽漏洞畢竟還需要有別出心裁（即同立法者有不同思路，或者能高屋建瓴地洞悉其奧祕）的心智和機敏。所以，漏洞常常只對聰明人來說是存在的；大部分人只能在「天衣無縫、固若金湯」的法律條文面前抓耳撓腮。

對於把研究律法看作人生義務或祖傳手藝（這兩種態度分別指向猶太人自己的律法和他民族的法律）的猶太人來說，任何一種法律都有漏洞（否則《塔木德》中也不會有那麼多「議而不決」的案例），而且有不少法規條例，其漏洞之大不亞於法院的大門。只要方法得當，手腳做得乾淨，盡可以來去自由。尤其對於那些由歧視、迫害或對猶太人不友好的人所制定的法律，猶太人更可以理直氣壯地以藐視的態度對待之。

不過，從猶太人已養成的習慣來看，與其破網而出，不如堂而皇之地鑽漏洞更為自然；神不知鬼不覺，既不引人注目，也不會於心不安，還可以讓漏洞長存，以便後人進出。

第二次世界大戰期間，波蘭已落入希特勒的魔掌，邊上的小國立陶宛也處在狼吻之下。許多猶太人紛紛逃離立陶宛，經日本遷往他國。

　　有一天，日本政府機關的函電檢查官把日本猶太人委員會的萊奧・阿南找了去，要他把一份發往立陶宛科夫

諾的電文翻譯出來，並解釋一下。

電文中有一句話：Shisho miskadshim b'talis ehad。

阿南當時解釋說：這份電報是卡利什拉比發給立陶宛的一個同事，談的是猶太教宗教禮儀上的幾個問題。而這句話的意思就是說：「六個人可以披一塊頭巾進行祈禱。」

檢查官聽了解釋，覺得有理，就讓電報發出去了。

其實阿南自己也不知道，這句話放在這裡是什麼意思，為什麼突兀地跑出一句「六個人可以披一塊頭巾進行祈禱」來。

後來，他終於找到那個可敬的卡利什拉比，向他問起這個問題。

卡利什拉比卻用深沉而悲哀的目光久久凝視著他，意思似乎說：「一個猶太人怎麼能不知道這句有名的塔木德格言呢？」

「你難道不懂嗎？六個人可以用一份證件上路。」

這一下，阿南才恍然大悟。卡利什拉比剛剛離開歐洲，來到日本，他關心著立陶宛的猶太同胞。他知道，日本在科夫諾發出的過境簽證是以家庭為單位的。於是，他就向那裡的猶太人建議，六個本來不屬於一家的人可以作為一個家庭去申請簽證，以便更多的猶太人藉此離開立陶宛。

誰讓日本人不對家庭作出一個精確的界定呢？其實，平心而論，日本人沒有研究過塔木德，不知道許多單獨看起來如何明確的規定，放在變化的情境中完全可以出現許多極為「不明確」的問題。更何況，要日本人掌握那種超越常規邏輯的「拉比邏輯」，顯然不是一下子就能辦到的。所以，當一個又一個

猶太人「六口之家」通過各種途徑踏上日本列島之時,他們只會驚訝於猶太人在組織家庭規模上的高度同一性;不經拉比的開導,他們是絕對想不出猶太人的家庭人數,竟然還是由日本出入境管理條例所決定的。

# 4・局部守法

立陶宛的科夫諾與日本的神戶相距約一萬公里,在第二次世界大戰期間,卻有兩千多個猶太人藉過境為名,由科夫諾經神戶來到上海,從希特勒的魔爪下死裡逃生。

1939 年十月至 1940 年五月,大約有一萬名猶太人由德國和蘇聯占領下的波蘭逃到中立的立陶宛,其中有兩千人取道西伯利亞,到達日本的神戶。前節中提到的「六個人可以披一塊頭巾進行祈禱」就是這一轉移過程中的小插曲。

那麼,這些猶太人又是如何想到利用這條路線的呢?

當時,立陶宛的猶太難民中有一批原在波蘭的特爾舍塔木德經學院的學生,其中有一個學生叫納坦・古特維爾特,是荷蘭籍人。

古特維爾特為了離開立陶宛,便向駐在里加的荷蘭駐波羅的海三國的大使德克爾要求前往荷屬西印度群島的庫拉索,德克爾大使同意了他的要求。

古特維爾特拿到終點簽證之後,便去日本領事那裡申請途中經過日本時的過境簽證。當時,正值日本為了打探德、蘇關係而在科夫諾新設立了一個領事館。領事杉原千畝純粹出於人道主義動機,給猶太人過境提供了很大的方便。

古特維爾特順利地弄到日本的過境簽證後,又向蘇聯官員

徵得了離開立陶宛的許可。當時立陶宛名義上是一個中立國，實際上完全處於蘇聯的控制之下。

古特維爾特在另一所猶太的密爾經學院中有不少朋友，他們聽說了此事之後，紛紛表示也想利用這一途徑出境。為了幫助同胞，古特維爾特又去里加找荷蘭大使德克爾，請大使幫他的朋友們也開個前往庫拉索的簽證。

德克爾聽完他的來意後，告訴他：「到庫拉索不需要簽證，只需要登陸許可證。不過，許可證一概由庫拉索總督審批簽發。」

古特維爾特一聽，計上心來，便請求德克爾大使在他的朋友們的護照上只批上這句話的前半句，那就是：「到庫拉索不需簽證。」

大使對這種救人一命的妙計心領神會，便委託荷蘭駐科夫諾領事，為古特維爾特的朋友辦理這件事。

不久，密爾經學院的全體教職員與學生全都得到這種前往庫拉索的簽證。隨後，又蒙日本領事杉原千畝高抬貴手，憑著這份不甚可靠的「庫拉索簽證」，領到日本的過境簽證。

消息傳開後，其他的波蘭猶太人也如法炮製，弄到了這種簽證，其人數達到三千五百多人。最後，其中的兩千人取道西伯利亞到達日本，並最終來到了上海。

庫拉索純屬虛晃一槍。

古特維爾特的這個辦法十分巧妙。

當時，猶太人正處於亡命出走而無人收留這種從未遇過的絕境。

1934 年十月末，一艘載著 318 個波蘭和捷克猶太人的船在黑海上盲目漂流著。旅客沒有護照，船不能靠岸。

同年，載著 750 名猶太逃亡者的「卡波」號在海上不幸遇

難沉沒。

1939 年六月，900 名猶太難民乘「聖路易」號船沿美國海岸漂流了三週之久，美國沒有一個州接納他們，這艘船最後被迫返回歐洲。

1941 年十二月中突，兩百噸的「施特魯馬」號超重載著 769 名猶太人，其中有 10～16 歲的兒童，抵達伊斯坦堡。土耳其拒絕接納難民，英國又不許他們進入巴勒斯坦。最後，該船在土耳其政府強迫下，離開駛入裏海，於 1942 年二月二十四日被德國潛艇擊沈，只有一人生還，餘者全部葬身大海。

但即使無人收留，也必須出走，否則等希特勒一到，只能被「最後解決」：在整個二次大戰時期，死於納粹屠刀之下的猶太人竟達六百萬！

可是，沒人收留就辦不成入境簽證，因而也得不到離境許可——未經許可離境，有被蘇聯當局以叛國罪論處的危險——更得不到過境簽證。

古特維爾特敏捷地抓住庫拉索簽證中與眾不同之處，取其規定中於猶太有用的上半部分，而抹去、或者說乾脆不涉及下半部分。這既使朋友們可以大大方方離開立陶宛，同時也沒有陷德克爾大使於瀆職之地：大使講的是實話，雖則只是半句。

但就是這半句實話，已經足夠這些波蘭難民受用了，因為他們原本的目的地並不是庫拉索；庫拉索總督也絕不會為突然到來的大批難民而同德克爾大使辦交涉。

所以，在整個過程中，沒有人違法，沒有人失職，而且除了日本領事杉原千畝因為開出三千五百張過境簽證而被提前免職之外（但他是出於自己的人道主義信念而這麼做的，與古特維爾特的計謀無直接關係），其他當事人都沒有面對於己不利的後果。德克爾大使甚至連自己扯了謊的自疚心理都不會有，

因為他根本沒有扯謊。而為這皆大歡喜的一幕劃上句號的，是整整兩千個猶太人的死裡逃生。

這種在守法的同時得到單純守法所得不到之效果的部分守法，很能體現一個律法民族的守法智慧。因為說白了，人們的現實生活中，極少有機會百分之百守法；相反，他們都是在不同程度上採取了「局部守法」的策略。西方人一有事情就委托律師處理，因為律師最懂得哪些「局部」對自己的委託人最為有利。

而且，大家都知道，世界各國中只要有猶太共同體的地方，其律師隊伍中必有超出正常比例的猶太人。

# 5 · 倒用法律

「局部守法」是巧妙地利用整套法律條文中於己有利的部分，在沒有根本觸犯法律的情況下，順利地避開條文中不利的部分。對於法律或者其他任何約定，除了利用這種肢解之後區別對待的辦法之外，還有一種守法的技巧，就是「倒用法律」的妙計。

1968 年前後，由於日本經濟高速發展和國際貿易的順差，日元在西方金融市場上日益堅挺而美元日顯疲軟。作為日、美兩國經濟狀況的指示器，美元與日元的比值出現重大變化的時機越來越近了；其重要跡象之一就是日本的外匯儲備、亦即美元儲備越來越多。

1970 年八月，日本的外匯儲備才達三十五億美元，這是日本全體國民戰後二十五年辛勤工作的積餘。可是，從十月份開始，外匯儲備便成億地向上爬升。先是每月兩億，繼之十二

月份出現四億美元的盈餘，1971年到三月出現六億盈餘，五月結餘十二億，八月甚至結餘四十六億。一個月積累的外匯就超過戰後二十五年的積累！

就這樣，在一年不到的時間裡，日本的外匯儲備由三十五億猛增到一百二十億，最後達到一百五十億美元。

對此，日本政界、新聞界，還有商界中的大多數人都陶醉於良好的自我感覺之中。「這是日本人勤勞的象徵，因為日本人勤奮工作，才積攢下這麼多的外匯。」

然而，猶太人卻在暗暗好笑，邊笑邊調集一切頭寸，向日本大量拋售美元。因為他們知道，日元的升值是遲早的事，只要日本的外匯儲備超出一百億美元，這個時候便會來臨。這個美元——日元匯率的大幅度變化，也許是本世紀中最後一個發大財的機會。所以，猶太人甚至向銀行貸款來向日本大量拋售美元。

對於猶太人的動作，反應遲鈍的日本政府一直弄不明白是怎麼回事，國會只知道辯論這些流入日本的外匯會不會對日本的經濟造成破壞。一些議員振振有詞地說道：「外國人搞投資，絕對賺不了錢，即使賺了錢，也要納稅。」他們不知道，身在海外的猶太人雖然對交稅挺認真，但根本沒有辦法向日本政府納稅。

不過，日本政治家的這把算盤也沒有完全打錯，因為日本有嚴格的外匯管理制度，靠在外匯市場上搞買空賣空式的投機是不可能的；但他們沒有想到，從他們眼裡看過去的周詳嚴密的外匯管理制度，從猶太人那邊看過來卻有一個大漏洞，這就是當時的《外匯預付制度》。

《外匯預付制度》是日本政府在戰後特別需要外匯時期頒布的。根據此項條例，對於已簽訂出口合約的廠商，政府提前

付給外匯，以資鼓勵。同時，該條例中還有一條規定：允許解除合約。

　　猶太人就是利用外匯預付和解除合約這一手段，堂而皇之地將美元賣進實行封鎖的日本外匯市場。他們採用的辦法是——

　　猶太人先與日本出口商簽訂合約，充分利用外匯預付款的方式，將美元賣給日本。這時，猶太人還談不上賺錢。

　　然後耐心等待，等到日元升值，再以解除合約的方式，將美元買回來。一賣一買，利用日元升值造成的差價，便可以穩賺大錢。

　　果然，日本政府直到外匯儲備達到一百二十九億美元時，才若夢方醒，意識到有中了這種詭計的可能，到八月三十一日才停止「外匯預付」。不過，還留了一個尾巴，允許每天成交一萬美元。

　　最後，到外匯儲備達到一百五十億時，日本政府不得不宣布日元升值，由 360 日元兌換 1 美元，提高到 308 日元兌換 1 美元。

　　這意味著，猶太人向日本每賣出買進一美元，就可以白白賺取 52 日元，贏利將近 12%。難怪事先就有猶太人聲稱，即使以 10% 的利率向銀行貸款，也有利可圖！

　　事後據粗略統計，日本政府的損失高達四千五百億日元，平均每個國民承擔差不多五千日元；其總值相當於日本菸草專賣公司一年的銷售額。

　　據日本商人滕田田說，這筆錢是猶太人賺去的。因為自始至終，猶太人都不停地向他打聽日本外匯市場的變化。

　　到底猶太人賺了多少，是很難統計的。但確如日本商人說的，只有猶太人才有能力調動如此規模的資金。而且據說還有

猶太人為發了這樣一筆意想不到——意想不到日本政府竟然這麼愚蠢，愚蠢到不要說及早關閉外匯市場，就是連按原比值退還預付款的辦法也不敢用。

我也同意這種觀點，只是必須再補充一點，就是如此善於利用法律漏洞的民族，也許只有猶太人了。

按理說，《外匯預付制度》本來是為了促進日本商人開展外貿的。接了國外訂單，盡早拿到外匯，就可以及時進口所需的原料配件等等，確保按期交貨。企業拿到預付款，還可以減少資金占用，何樂而不為？

而且，順著看過去，允許解除合約本是交易場上的常例，本身並不是什麼十分顯眼的漏洞，除了在日元大幅升值的這種場合下。

但猶太人看中的就是在大變動下原先不成其為漏洞的規定現在成了大漏洞，而利用這個漏洞的最好辦法就是倒用日本的法律。

日本政府為了做成生意而允許預付款和解除合約，到了猶太人那裡，則成了為預付款和解除合約而做生意。猶太人在簽訂合約和預付款時，已經打定主義：不要貨物要美元，只不過為要回更多的美元藉做生意來賣出買進一回。

這一場日本人蝕本的交易，也許可以看作兩種文化比較的一個極好個案。

日本人外表溫文和善，內心卻緊張激烈得厲害，動不動切腹自殺，似乎就沒有其他有效的排洩緊張的方式。這樣一個民族，心理上自然就像一隻逃出籠子的兔子，一味只知向前飛奔，而不敢回頭看一眼。

猶太人則相反。這是一個相對來說內心平和得多的民族，越是經歷坎坷，越是對自己多方安慰，「倒講歷史」就是常用

的一種方法。

這裡，我們僅舉一個例子。

猶太人老是說耶和華應許了他們迦南之地，還會幫他們把周圍的其他部族趕走。但歷史事實是，這些部族還在，而猶太人自己倒已成了「巴比倫之囚」。

於是，猶太人反過來說，這些部族、尤其是常常弄得猶太人極不愉快的部族，是耶和華上帝特意留下來的，以免猶太人和平日久，不知戰事、不習戰事。

對歷史事實尚且可以用這種倒果為因的方法解釋，那麼，對異國的條例用顛倒「目的──手段」的方式對待，不是更容易、心理上更輕鬆了嗎？

在第二章中，我們把拉比的那種「顛倒因果的邏輯」稱之為智慧，這種智慧不已在狠賺日本政府的大錢中得到證明了嗎？對於屢吃日本人大虧而不醒悟或者說不知教訓在哪裡的中國人來說，似乎從中也可得到一點啟迪。

# 6・諸更高的法律

猶太人的信守約定是舉世皆知的，那麼到底達到了什麼程度呢？我們從《塔木德》上找個個案來看一下。

有個老板和雇工訂了契約，規定雇工為老板工作，每週發一次工資，但工資不是現款，而是工人從附近一家商店購買與工資等價的物品，然後由商店老板來結清帳目，領取現款。

過了一週，工人氣呼呼地跑到老板的面前說：「那個商店的老板說，不給現款就不能拿東西。所以，還是請你付給我們現款吧！」

不久，商店老板又跑來結賬了，說：「貴處的工人已經取走這些東西，請付錢吧！」

在這種情況下，老板應該怎麼處理好呢？

當然，首先是調查真相。但由於工人們和商店老板各執一詞，無法證明誰說了謊，而且雙方又都宣誓說自己沒有說謊。所以，最後塔木德作者的結論只能是讓老板付兩份工資：一份給工人，一份給商店老板。因為唯有他同時向雙方都作了許諾，而商店老板和工人之間原本沒有關係。

這個個案討論完了，所得出的教訓是：不能隨便許諾。

「不能隨便許諾」當然是一句至理名言。三千多年前，上帝的一個許諾鬧得以阿衝突，沒辦法收場。但有時候人們在做出許諾時，根本無法預見可能出現的結果，而這種結果竟然又出現了，守約成了一個不可能解決的難題時，又該怎麼辦呢？活人讓尿給憋死嗎？猶太人另有一個辦法。

從前有個國王，他只有一個女兒，十分疼愛。

一次，公主得了重病，百般醫治無效，已經奄奄一息。束手無策的醫生告訴國王，除非馬上得到神藥，否則，公主就沒有希望了。

國王焦急萬分，趕緊在京城貼出布告，宣布：

「任何人只要能夠治癒公主的疾病，就將公主嫁給他，並立他為王位繼承者。」

在很遠的地方有兄弟三人，其中老大有一支像現代望遠鏡那樣的千里眼，正巧被他看到了國王的布告，他便同兩個弟弟一起商量：如何治癒公主的疾病？

兩個弟弟也各有自己的寶貝。老二有一塊會飛的魔毯，可以作交通工具；老三有一個魔力蘋果，不管什麼

病，吃了這個蘋果，馬上就會痊癒。

三兄弟商量停當後，就一起乘著魔毯，帶著蘋果，飛到了王宮。

公主吃了蘋果之後，果然一下子恢復了健康。

國王大喜過望，立即命人準備宴會，向全國宣布新確定的駙馬。

可是，國王只有一個女兒，而治癒公主的卻是兄弟三人。究竟讓公主嫁給誰呢？

老大說：「如果不是我用千里眼看到布告，我們也不會想到上這兒來給公主治療。」

老二說：「如果沒有魔毯，這麼遠的地方，誰想來也來不了。」

老三則說：「如果沒有魔力蘋果，即使來了，也治不好病。」

聰明的讀者，要是讓你做國王，你認為三兄弟中哪一個做駙馬比較合理？

猶太人的國王認為：「拿蘋果的老三。」

因為猶太人認為，有千里眼的老大仍然擁有千里眼；有魔毯的老二仍然擁有魔毯；而原先擁有蘋果的老三，因為已經把蘋果給公主吃了，便什麼也沒有了。

根據《塔木德》上的說法：「當一個人為人服務時，最可貴的還是能夠把一切奉獻出來的人。」

就事論事地看，這句道德格言當然完全正確。但是要從守約的角度，把這則故事剖開來看的話，可以發現塔木德使了一個手腳。

國王的布告實質上就是一項許諾，在猶太人看來，這是具

有「法律」意義的，是必須兌現的。在這份布告中，本來說好，誰治好公主的病，公主就嫁給誰。現在，三兄弟中每個人都為此出了力，而且確如他們所說的，都出了一份不可或缺的力。所以，他們每人至少都有一份權利，可以要求成為駙馬。

但是，公主只有一個。既不可能一分為三，這從生理上不許可；也不可能「一女事三夫」，這違反了猶太人的律法。要是單獨嫁給其中一個，又意味著對其他兩人失信，也就是「違約」，這同樣是猶太律法不贊成的。

因此，國王無論怎麼做，都面臨違反律法的現實可能。為了避免這一不可避免的結局，《塔木德》另找了一條標準，就是不看誰對治癒公主的疾病貢獻大，而看誰的「奉獻」大。

貢獻與奉獻雖然只有一字之差，但相去甚遠。貢獻是相對行為結果與受惠者而言的，也就是國王從其自身「得到」的角度作出的評價。而奉獻是相對行為過程和施惠者而言的，也就是國王從對方的「受損」角度作出的評價。所以，從「貢獻」而至於「奉獻」，實質上切換了評價標準，從而也就改變了國王許諾的條件之內容。

不過，由於猶太價值體系中，同樣作為評價標準，「奉獻」的地位高於「貢獻」，置於較「貢獻」優先的地位，當然是合理合法的。既然如此，改變許諾的兌現條件也是「有法可依，有理有據」了。這就是訴諸更高的法律的好處。

# 7・不可以說，盡可以做

《塔木德》中還有一則極有深意的寓言——
羅馬皇帝和以色列最偉大的拉比來往很密切，因為他們兩

個人是同一天出生的。

　　當兩國政府的關係不十分友好時，他們兩個人還是繼續保持著親密的關係。不過，他們的朋友關係，對兩國的政府並沒有什麼好處，當皇帝有什麼問題要請教拉比時，必須派遣使者繞遠路才行。

　　有一天，羅馬皇帝叫使者帶口信給拉比說：「我有兩件事要做。第一件是我死了之後，想讓兒子繼承皇位；第二件是準備讓以色列的太巴列市成為自由關稅城市。可是我只能做成其中一件。如果想一次做成功這兩件事，應該怎麼辦才好？」

　　由於兩國之間的關係非常不好，如果以色列人知道拉比回答了羅馬皇帝的問題，一定會產生惡劣的影響。因此，拉比無法回答使者的提問。

　　使者回來向羅馬皇帝彙報了事情的經過，皇帝便問他：「你把我的口信說給他聽時，拉比在做些什麼？」

　　使者回答說：「拉比讓孩子騎在自己的脖子上，然後把鴿子交給兒子。兒子拿到鴿子後卻放到天空。除了這件事，拉比什麼也沒有做。」

　　羅馬皇帝聽了，馬上就明白了拉比想說的話：「首先把王位傳給兒子，然後由兒子使太巴列市成為自由關稅的城市。」

　　過了一段時間，使者又送來皇帝的請教事項。這次諮詢的是：「我手下的官員欺騙我，我應該怎麼辦？」

　　拉比同樣以演啞劇的方式表達了自己的意見。只見他走到菜園，拔起一棵菜；幾分鐘後，又跑到菜園裡去拔了一棵菜；再過幾分鐘，又去拔掉了一棵菜。然後，就結

束了。

　　羅馬皇帝明白了拉比的口信，那就是：「不要一下子就想除掉你的全部敵手；分成幾次，各個擊破，逐步一一消滅。」

　　人的意志、心情，不靠語言或文章，也能充分表達出來。

　　從表面上看，這則故事的寓意就是最後那句話，即人類不借助於語言，也能表達自己。目的似乎純粹為了介紹大拉比借用動作語言表達個人意見的智慧。

　　但要是仔細考慮一下，便會發現，問題遠不是那麼簡單。

　　《塔木德》本身是教誨人們如何在具體情境下遵守規範的。而大拉比本人卻因同羅馬皇帝的私交，便不顧兩國交惡不應私相往來的「公義」，同皇帝互通音訊，甚至出謀劃策。這樣做，雖則沒有對猶太民族造成危害，但於道理上講不通。

　　不過，反過來說，既然私交並未影響公利，為何這種私交於道理上又講不通呢？

　　再進一步，真的碰到這種無損於公利但道理上又講不通的事情或情境，猶太人究竟又該怎麼辦？

　　看來，這才是上述寓言所要解答的問題。

　　正是在這個問題上，「最偉大的拉比」為每個猶太人提供了回答；或者說，提供了他們可以從中找出答案的行動。

　　在大拉比面臨的情況下，同羅馬皇帝的使者交談是不合時宜的。這種不合時宜不是就說的內容，而是就說這種行動本身而言的。與其為了「說」本身而去另外大大爭論一番或者解釋一通，乾脆還是不說。但不說不等於不表達，而是以「不說而行」來表達。

　　所以，大拉比既沒有在「說」上面違反規範，而是以「不

說而行」來表達。

就「不許說」這一形式上的規範而言，他沒有違反規範，而就「不許說」這一內容上的規範而言，他又是違反了規範；就「不許同敵國皇帝交往」這一點上，他違反了規範，但就「不危害猶太民族的利益」這一點上，他又沒有違反規範。

大拉比表演啞劇時，真正的觀眾是羅馬皇帝，但一經《塔木德》記載傳揚，觀眾就轉換成所有閱讀《塔木德》的猶太人和非猶太人，所有讀到這則寓言的人，包括本書的作者和讀者；而啞劇傳達的意思也同時發生了變化，**轉變為**：只要在根本的道理上站得住腳，不可以說的，盡可以去做。（當然，這裡所說的「做」已不單純是「表達」的意思，還包括將「不可說」的事付諸行動的意思。大拉比的行為本身就同時具有「做」的這兩個層面的涵義。）

說與做永遠是人類社會規範內在特性必定造成的一對矛盾。「說」實質上代表了規範的一般、抽象的意義和規定，它具有某種不顧一切特殊情境的僵硬性。沒有這種僵硬性（或稱剛性），也就談不上規範的嚴肅性。

而「做」則必定碰到許多具體而特殊的情境與條件，其豐富、複雜程度遠非「說說」就能「說」清楚的。

於是，在「說」不清楚但又必須「做」的情況下，不「說」硬「做」就成了人類變通的規範，打破「說」與「做」這一對矛盾的主要方法。大拉比的啞劇就是猶太民族提供的一個相關範例。

有意思的是，這種方法和思路也是「說」不得只能「做」，即示範的動作。所以，大拉比的「做」無形中也就成了《塔木德》的不「說」之「說」，成了《塔木德》的「做」。

大拉比是智者，《塔木德》是智者之書，所以盡可不「說」便「做」了下去。而筆者沒有能力再「做」下去，只好開口，「說」了不可「說」的東西，就此成了大蠢人一個。筆者之所以會成為大蠢人一個，其中一個重要原因在於低估了讀者觀賞並理解啞劇的能力。

　　（本章各節所用材料大部分皆係猶太人自己記錄下來的，故皆可視為他們「做」，至於與他們的「說」有無本質的區別，讀者盡可自己裁定。筆者不敢再「說」了。）

　　從上述寓言流傳千百年來看，猶太人是絕對理解得了這一啞劇，絕對知道只「做」不「說」之真諦的。這種理解的最充分體現便是摩薩德追捕那個屠殺猶太人的劊子手、臭名昭著的德國戰犯阿道夫‧埃希曼的行動。

　　摩薩德全名為「以色列情報和特殊使命局」，主要負責以色列境外的各種秘密活動。摩薩德搜集情報能力之強、效率之高和能量之大，絕不在美國中央情報局和前蘇聯的 KCB（格別烏）之下；而其從事的祕密活動，在各國特工機構內部更是有口皆碑。

　　以色列建國之後，就開展了偵察、搜捕在逃的二次大戰的德國戰犯，尤其是雙手沾滿猶太人鮮血的劊子手的行動。

　　那些曾幾何時不可一世的殺人魔王，在第三帝國土崩瓦解前後，便紛紛逃往國外，特別被他們看中的是南美一些軍事獨裁政權的國家。因為在那裡，他們即使被人發現，也不會被引渡到英、美或以色列等國；何況他們又偽裝得極好，隱藏得十分巧妙。要把他們捉拿歸案，真有「大海裡撈針」的難度。

　　1962 年，摩薩德接到旅居阿根廷的猶太人舉報，得知奧地利納粹分子，在希特勒滅絕猶太人的計畫中，專門負責猶太人的遷送、奴役和屠殺的阿道夫‧埃希曼隱藏在阿根廷後，便

迅速出動。

　　經過多方偵察認定，最後以綁架的方式，將埃希曼強行帶回以色列，經法庭審理後，把他送上絞刑架，伸張了正義。

　　在這次行動中，以色列政府沒有拘泥於國際法，沒有無休止地同當時的阿根廷政府磨嘴皮子，徒勞地說服軍政要人應將戰犯引渡到以色列，從而給戰犯以重新潛逃的機會；而是一句話不「說」，「做」好了再「說」。

　　結果，雖然阿根廷政府事後提出抗議，但世界各國主要新聞機構在以大量篇幅報導埃希曼被抓獲之消息的同時，據說卻沒有一家報導阿根廷主權受到侵犯的情況。這事實上證明，聰明的猶太人「做」得恰到了好處。

# Chapter 5
# 錢的民族　生財的智慧

　　人們一直相信猶太人很有錢。這種想法不知源於古猶太王國第三代君王所羅門的炫耀，還是日後反猶主義者編造的別有用心的神話，或者另有說法；反正兩千多年來，人們一直這樣相信，並且越來越深信不疑，也不管猶太人自己是怎麼想、怎麼聲辯的。

　　如果說「謊話說一千遍就會成為真理」，那麼，兩千年的信念毫無疑問更會成為現實。

　　其實，猶太人盡可以從歷史的陰影下走出來了。今天世界各國的商人公認猶太人為「世界第一商人」，其中既無貶抑之意，更無覬覦之心，有的也多半是欽佩和羨慕。生財智慧已經成為猶太智慧王冠上最為碩大而耀眼的鑽石之一。

## 1・現鈔的好處

在日本流行著這樣一個關於猶太人的小故事——

　　　有一位猶太人，病重臨死之際，把所有親戚朋友都

叫到床前，對他們囑託後事，說道：

「請把我的財產全部換成現金，用這些錢買一張最高檔的毛毯和床，然後把餘下的錢放在我的枕頭底下。等我死了，再把這些錢放進我的墳墓，我要帶著這些錢到那個世界去。」

親友們聽從他的安排，買來了毛毯和床。這位富翁躺在豪華的床上，蓋著柔和的毛毯，凝視著枕邊的金錢，安詳地閉上雙眼。

遵照他的遺囑，富翁留下的那筆現金和他的遺體一起，被放進了棺材。

這時，他的一位朋友趕來與他做最後的告別。這位朋友一聽說死者的財產都換成現金並按照其遺囑放入棺材之事後，便立即從自己的衣服口袋掏出支票本，飛快地簽上金額，撕下支票，放入棺材，同時，從棺材中取出所有現金，並輕輕地拍拍死者的肩膀，說道：

「金額與現金相同，你會滿意的。」

這則故事對猶太人的刻劃明顯地漫畫化了，但也不能說十分刻薄。因為被諷刺者可能只感覺到略略有些酸澀，而酸澀感絕對是每幅成功的漫畫必須具有的起碼效應。

猶太人並不是一個生下來就手裡拿著錢的人，不像中國的賈寶玉在娘胎裡已經積攢下一塊通靈寶玉。直到聖經時代，猶太社會在性質上還是一個典型的農業社會。巴勒斯坦雖是客商來往、商品集散之地，但由遊牧而定居不久的猶太人還處於農業經濟階段。當時的一些城市，據考證，人數也只不過兩千～三千人。

因此，在這個時期，商業交易在猶太人內部並不普遍，從

名稱上來看，商人與非猶太人是一個詞。至於錢商，在猶太人中更是絕少存在。《聖經》中有的禁止放債取息的誡律，而且，早於商業發展之前便已形成的慈善制度——什一稅，更使錢商們沒有存在的必要。耶和華上帝一再教導猶太人記住自己在埃及受的苦，要向窮弟兄鬆開手。

這種觀念的影響所及，到塔木德時代，公元五世紀的那位偉大的拉比，主持《巴比倫塔木德》編輯的蘇拉神學院院長拉夫·阿席所描繪的來世，還是：「人們不吃不喝，不生育，也無商業活動，沒有嫉妒，沒有仇恨，也沒有敵意。」

此前制定的《密西拿》中還明文規定，任何取息的貸款都屬於不得進入天堂的罪孽之一。借錢謀利被看作乘人之危，絕非慈善之人所當為。

然而，大流散以及流散狀態中，猶太人普遍的屈辱地位，迫使猶太人走進商業世界，開始越來越多地同錢打起交道來。

作為一個新來的移民群體，猶太人很難一下子進入居留國主流社會的分工體系之中，成為其中一個有機的組成部分。因為當時各國的經濟基本上都是自然經濟，在這種經濟體制中，勞動分工同血緣、親緣、地緣等紐帶是密切交織在一起的，在任何一個地方，它基本上都是自我封閉的社會形態，不可能輕易地接受外來者。

在這種情況下，猶太人只能在一個個封閉的分工體系邊緣活動，作為不同體系的中介而生存下來。這種邊際性的中介活動，說得明白些，就是溝通不同分工體系的商業活動。邊際性的民族同這種邊際性的謀生活動倒也正好吻合。

當然，除了從事這種中介活動之外，說得明白些，就是溝通不同分工體系的商業活動。邊際性的民族同這種邊際性的謀生活動倒也正好吻合。

當然，除了從事這種中介活動之外，猶太人還有一種謀生的機會，那就是前往分工體系尚未完成、尚未封閉的地方，如新興的城市，或者進入尚未因血緣紐帶等等而板結的新興行業。只是這些「新」地方與「新」行業同「舊」的分工體系相比，必定是具有更多商業色彩的地方和行業。

　　把猶太人進一步驅趕進商業世界，尤其是金融世界的，是基督教會及其價值觀。

　　早期的猶太教雖然反對商業活動，但並不一般地反對謀取物質財富的活動，對於錢（斯文點可以稱之為貨幣），更是心態坦蕩。

　　「錢不是罪惡，也不是詛咒；錢會祝福人的。」

　　「錢會給我們向神購買禮物的機會。」

　　「身體所有部分都依靠心而生存，心則依賴錢包為生。」

　　這些格言都典型地反映了猶太人價值觀體系中金錢所占有的不算過分的地位。

　　但是，基督教的態度就不同了。作為一種窮人的宗教，基督教從一開始就對財富及其抽象形式——錢——持嚴厲譴責的態度。即使到它成為西方社會中的既成體制之後，對財富的態度有所轉變，但對錢的態度仍沒有轉變。其原因也許在於，就像基督徒不能接受不具形態的猶太上帝而非得捧出肉胎神靈的耶穌基督或聖母瑪麗亞一樣，他們無法接受抽象的貨幣卻對土地或其他物質形態的財富倍感親切。所以，以世襲莊園的出產為生活來源被視作高貴的生活方式，而從事同錢打交道的商業、金融業活動卻被視為卑污之舉。

　　而既然基督教會已把殺神——耶穌基督之死——的罪名加在猶太人頭上，視他們為有罪且卑污之人，那麼，把猶太人強行趕進這一卑污世界，自然成為中世紀基督教會神學邏輯的必

然結果與必備前提。因為基督教會除了把猶太人趕入卑污世界之後反過來再以身處卑污世界來證明猶太人卑污之外，實在沒有辦法證明，孕育了基督教的猶太教何以會成為卑污的宗教。基督教會真有點「不怕母醜，只怕母不醜」的變態心理。

因此，在中世紀基督教社會中，猶太人不得擁有土地，因為土地不是單純的不動產，而是社會等級的標誌；猶太人也不得從事許多手工業，因為猶太人做得太好，有使基督徒丟失飯碗的可能。猶太人只能從事受到教會譴責但又為社會生活，特別是城市生活所不可或缺的商業和錢幣業。

可笑的是，身處社會上層的封建貴族和高級僧侶，只會揮霍而不會理財，弄得自己常常不得不同卑污的猶太錢商打交道。其必然結果只能是財富藉智慧的渠道而發生大轉移。

教皇英諾森三世在 1206 年給法蘭克國王的信中就曾提及：「在法蘭克王國，猶太人已變得如此傲慢，以至於他們通過罪惡的高利貸，不僅榨取了高利，而且以利滾利。他們侵吞了教會的財產和基督徒的財產。」

當然，智慧不足以保護自己財產的人，只要有權力，照樣可以攫取聰明但無權力者的財產。還在教皇承認愚蠢的自供之前，世俗統治者就不但從捐稅上分享著猶太人的贏利，而且多次採取沒收猶太人財產和債權的手段，以暴力來彌補智慧的不足——

1182 年，法國國王將猶太人全部逐出皇家領域，沒收其財產；凡欠猶太人的債務，五分之一上繳皇家，餘皆廢除。

十三世紀，英國國王不斷增加猶太人的捐稅以彌補赤字。

1296 年，所有猶太人被勒令離開英國，其住所與財產轉歸國王所有。

整個十三世紀中，猶太人一直是德國的重要稅源，當局向

他們強徵特別稅，以表明他們是國王的財富。

所有這一切無非表明，錢，現在對猶太人來說，明顯地成為一把雙刃劍，一把雙刃都割向猶太人的雙刃劍。

沒有錢，猶太人就不可能贖得在某一國家裡的生存資格；有了錢，又會誘發把猶太人驅逐出這個國家的罪惡動機。

錢沒有氣味、沒有色彩，可以隨身攜帶、可以交換任何東西，這對猶太人有著無可比擬的優點，因為錢是作為異端的猶太人同基督教社會發生聯繫時唯一不帶異端色彩的東西；但正是錢的這同樣一些優點，使國王們更加熱中於掠奪猶太人，因為錢不但容易掠奪，而且在掠奪之後，他們不需要進行任何其智力不足以勝任的經營活動便可以享受戰利品。

這等於說，猶太人沒錢也得有錢，有錢轉眼也會變得沒錢。這種說不清良性惡性的循環，逼得猶太人不得不精益求精地提高自己生財理財的能力和智慧。因為錢畢竟是他們在流散中可以借助的唯一實在的手段，也是散居四方的猶太共同體藉以相互支援的最便捷的手段。

不可否認，猶太人的這種散居狀態也是促進猶太人經商，特別是經營跨國商業——國際貿易——的一個重要因素。

由於海外猶太共同體的存在，一國之內的猶太人相對來說最容易獲得有關的經濟信息，在經商活動中最易獲得境外的幫助，包括借款等金融支持。猶太人獨特的語言能力和他們自成體系的跨國語言，同樣有助於他們出國經商。至於在基督教世界同伊斯蘭世界勢不兩立而實際對峙的時期中，更是只有猶太人同時處於兩個世界之中，可以自由出入雙方的壁壘。歷史上，猶太人被英、法等國幾次驅逐又幾次召回，國際貿易的需要始終是國王們頭腦中主要考慮的問題之一。

當蒸汽機的吼聲宣布了專橫的政治權力的衰落，當錢的最

純粹形式——資本——成為西方最近的社會制度的本名之時，在歷史的高壓下，已將錢融入其生活方式的猶太人終於開始走上了坦途，儘管中間又數次陷入山窮水盡的境地。在民主、法制和人類良知的庇護下，猶太人可以坦然地接近世人贈予的「世界第一商人」的桂冠，不受拘束地發揮自己由歷史遭際而因禍得福所生成的經商才智。

猶太智慧是把握金錢的智慧！

# 2・生意無禁區

猶太人素以清規戒律繁多而著稱於世。說心裡話，猶太人對於他們的 613 條戒律充滿自豪之感。對此，外人也許很不理解：「作繭自縛，還自豪些什麼呀？」

其實，這多半出於對猶太人的不了解。在實際生活中，猶太人反倒比許多民族都要少受束縛。因為規則越多越詳盡，某種意義上反而意味著可以明確不受限制的地方也越多。反過來，初看沒有明確限制，但做起來動不動就觸電，反倒令人更無所適從。所以，相比之下，猶太人反倒更加自由。這種自由體現在商業活動中，就是猶太人做生意幾乎沒有禁區。

猶太人素來不吃豬肉，此為飲食律法中明文規定的一大忌。不過，只要有錢可賺，猶太商人十分樂意經營豬肉的買賣。美國芝加哥有一個飼養豬的猶太商人，養豬數量多達七百萬頭；美國的屠宰業有 10% 操在猶太人手裡，其中也不會沒有殺豬的工廠。由此可見，有關豬肉的律法，對猶太人的豬肉生意毫無約束力，因為律法只禁止猶太人的嘴巴和消化系統同豬肉打交道，而不禁止身體的其他部位同豬打交道。

《塔木德》對酒的評價並不高，深信：「當魔鬼要想造訪某人而又抽不出空來的時候，便會派酒作自己的代表。」這同我們日常語言中的「醉鬼」一詞有異曲同工之妙：喝醉之人同鬼相去無幾。

　　為此，《塔木德》還叮囑猶太人：「錢應該為買賣而用，不應該為酒精而用。」

　　那麼，要是「錢為買賣酒精而用」呢？當然是最為合理的了。因為與其設法不讓自己的錢流進他人的酒桶裡去，不如設法讓他人的錢流進我的酒桶裡來。在錢的問題上，撒旦的代表往往比上帝的代表辦事效率高，無論是把錢帶出去，還是把錢帶進來。

　　世界上最大的釀酒公司「施格蘭釀酒公司」就是猶太人所擁有的。到 1971 年，這家公司已經擁有 57 家酒廠，分布在美國和世界各地，生產 114 種不同商標的飲料，並以「施格蘭冰露」打進中國大陸市場。為魔鬼生產代表的人，不一定會接待這個代表，而頻繁接待這個代表的人，自然是沒有資金再來開設釀酒公司了。

　　猶太人極為重視立約與守約，並使之高度神聖化。在商業活動中，猶太人一貫極為守信守約。然而，這種態度並沒有導致猶太人把合約書都供奉在神龕裡，每天為它獻祭。

　　相反，只要有買主、賣主，合約本身也是商品，同樣可以買賣。雖然，這種合約必須是合法的、可靠的，而且首先是有利可圖的。

　　猶太商人中有一類英語稱為 factor 的商人，常被譯為「代理商」。其實，相當不夠確切。factor 專門從事購買合約的活動。他把別的公司企業等已經訂立的合約買下來，代替賣方履行合約，從中獲利。

比如你同某家公司簽訂了一筆兩百萬元的供貨合約。factor 知道後，發現其中有利可圖，便會找上門來，付你比如 20% 的價格，買下合約，然後，由他向要貨的公司供貨。當然，他最後的獲利要大大高於合約金額的 20%。

合約是商品，公司也是商品。

猶太人很喜歡創立公司，特別喜歡創立贏利的公司；不過，最最喜歡的也許還是創立了贏利的公司再把它賣了來獲取更多的利益。

猶太人不是出身於守著一小塊土地過活的小農家庭，沒有那種故土難離似的對所創立之公司的依戀。這種略顯感傷的情感也許在基督教會剝奪猶太人的土地占有權時，給一起剝奪掉了。既然創立公司的目的就是贏利，那麼，作為創業努力的最好報答，就是公司賣了最高價；如果到手的還是現金，那簡直就十全十美了。

聞名世界的美國愛司箱包公司，其老板是猶太人。愛司公司的總部最早的時候設立在芝加哥。由於該地氣候惡劣，老板得了肺結核。醫生勸他到美國南部療養。於是愛司公司的老板乾脆乘行情看好之際，賣掉了芝加哥的公司，舉家南遷。

等他安頓下來療養好了，就在南部又重新開發，再次生產箱包。結果成了世界第一箱包大王，並走進了上海南京路原王星記扇子商店。

當然，有些買賣公司的猶太人在確有經營成就的同時也會多少做些手腳，以抬高售價。

1969 年，因在證券交易中動作違反規範而被美國證券交易委員會起訴並因此入獄的猶太商人沃爾夫森，是五〇年代和六〇年代的金融神童。他從借了一萬美元創業，把一家廢鐵工場辦成一個高贏利的企業。到廿八歲時，他的財產已超過一百

萬美元。

1949 年，他以二百一十萬美元的價格買下首都運輸公司。這是華盛頓特區的一套地面運輸系統。時隔不久，他就宣布增加紅利。這種做法本身是平凡之極的慣例，只是這一回紅利超過公司的贏利。也就是說，沃爾夫森是以侵用公司庫藏的方式來製造高贏利的假象。結果，他把自己的股分以差不多高達買價的七倍賣出。

順便提一下，「生意無禁區」不僅僅指交易內容上無禁區，還指交易對象上也無禁區。

猶太人是一個世界民族，不管世界劃分為多少個意識形態的勢力範圍，猶太人只有一種意識形態，即是——耶和華上帝及其律法。

所以，儘管當年東西方兩大陣營冷戰得熱火朝天，美國猶太人與蘇聯猶太人相互之間照樣做生意，充其量再請上一個瑞士的猶太同胞做中間人。難道各國政府還能打算干預家庭內部的交易活動不成？

不過，話說到底，所謂「生意無禁區」也只是一種言過其實的說法。因為有利可圖的商品中，畢竟還有有悖道德和法律的玩意兒，如毒品和人口這類東西，就不像是一個正派的猶太商人感興趣的商品，雖則其利潤更厚。

所以，對於「生意無禁區」這句話，最好還是理解為：它體現了猶太人在做生意時，盡可能不受種種非理性的先入之見或純粹意識形態因素的影響和干擾，從而使自己獲得盡可能大的自由度。這樣一種生意經，理所當然是每個商人都應學而時「用」之的。

# 3・利潤來自於時間差

猶太人是個「時間的民族」而不是個「空間的民族」。這倒不是因為猶太民族歷史悠久卻長期沒有自己固定的地域，而是指猶太人本身就對時間特別敏感，而對空間則差了一些。生活在大沙漠中的遊牧民族多半都是如此。

遊牧民族從來沒有丈量過：諾大的沙漠到底有幾十公里、幾百公里，還是幾千、幾萬公里，但從時間上來說，要多少天才能走出沙漠則是性命攸關的。因為他們所帶的糧草和飲水都決定於對空間的時間估算。《聖經》中上帝以時間為單位造物，就是這種「遺風」。

以這種最基本的生存技能為基礎，猶太人發展出他們獨特的時間概念，從上帝造物為始到千禧年來臨為止的時間段就是其中的一部分內容。而從對時間的這種終始性質和階段性質的敏感中，猶太人進一步發展出種種藉時間差贏利的技巧。

美國著名的猶太商人，同時被譽為政治家和哲人的伯納德・巴魯克（1870～1965）於卅歲之前已經由經營實業而成為百萬富翁。他在 1916 年時，曾被威爾遜總統任命為「國防委員會」顧問和「原材料、礦物和金屬管理委員會」主席；以後又擔任「軍火工業委員會」主席。1946 年，他擔任了美國駐聯合國原子能委員會的代表，並提出一個著名的計畫——「巴魯克計畫」——即建立一個國際權威機構，以控制原子能的使用和檢查所有的原子能設施。無論生前身後，巴魯克都受到普遍的尊重。

早年，巴魯克的創業也是十分艱難的。但他作為猶太人所具有的那種時間差的敏感，幫助他在一夜之間發了大財。

巴魯克廿八歲那年的七月三日晚上，他正和父母一起待在

家裡。忽然有消息傳來，西班牙艦隊在聖地亞哥被美國海軍消滅。這意味著美西戰爭即將結束。

這天是星期天，第二天是星期一。按照常例，美國的證券交易所自然是關門的，但是倫敦的交易所則照常營業。如果他能在黎明前趕到自己的辦公室，那麼就能發一筆大財。

但當時是 1898 年，小汽車尚未問世，而火車在夜間又停止運行。

巴魯克急中生智，趕到火車站租了一列專車。列車風馳電掣而去，巴魯克終於在黎明前趕到自己的辦公室。他成功了。

多年後，巴魯克還頗為得意地回憶這次成功的投機，並承認他曾多次使用這種把握時間差的金融技巧。

不過，以猶太人的誠實，巴魯克承認這種技巧不是他第一個創造的，而是從另一個猶太人那裡學來的。這個猶太人就是內森‧羅斯柴爾德。

羅斯柴爾德家族可以說是歐洲猶太人的第一望族，傳統悠久的大銀行家族。其家族銀行遍布歐洲的幾個主要國家，在第一次世界大戰前，一直操縱著歐洲的金融市場。

倫敦的羅斯柴爾德在 1883 年不列顛帝國廢除奴隸制以後，曾拿出兩千萬英鎊補償奴隸主的損失。1854 年，他們還為資助英國在克里米亞同俄國的戰爭提供一千六百萬英鎊的貸款。1871 年，他們又拿出一億英鎊，為法國向普魯士支付戰爭賠款。

納也納的羅斯柴爾德為哈布斯堡王朝建造鐵路給予極大的援助。

巴黎的羅斯柴爾德則援助法國建造鐵路，並提供法國向俄國的全部貸款。

那不勒斯的羅斯柴爾德甚至是教皇不可缺少的貸款人。

還有其他地方的羅斯柴爾德及其代表，就不一一列舉了，內森‧羅斯柴爾德不過是這一龐大家族中的一員。

1814 年，拿破崙法國同歐洲聯軍正苦苦鏖戰，戰局變化無常，撲朔迷離。聯軍統帥英國惠靈頓將軍在比利時發起的攻勢，一開始打得很糟糕，英國的證券因此不大景氣。

內森‧羅斯柴爾德為了打探最近戰況，專程渡過英吉利海峽來到法國。當戰事發生逆轉，法軍已成敗勢之時，內森‧羅斯柴爾德就在滑鐵盧戰地上。

一獲悉確切消息，內森立即動身，趕在政府急件傳遞員之前幾個小時回到倫敦。羅斯柴爾德家族利用這僅僅幾個小時的時間差，乘英國證券價格尚未上漲之際，大批吃進，大大地賺了一筆。

這是一則金融界裡的傳說。是傳說就必定同事實有一定的距離。但不管到底相去多遠，人們把這種掌握時間差的金融技巧的創制權歸之於羅斯柴爾德家族，自有其道理。

一方面，羅斯柴爾德家族確實有一個自己的急件傳遞網絡，以便他們分布在歐洲各地的支脈能夠及時獲得各種信息，在市場行情發生變動之前，先期採取行動。

另一方面，羅斯柴爾德家族素來被認為是「一個幾乎能象徵猶太人經商之道的代表」，所以，把這樣一種充滿猶太人時間智慧的金融技巧發明權歸之於它，是十分公道的。

不過，藉時間差漁利的方法不止一種，會用的人也不止羅斯柴爾德家族中的人。由一文不名的窮小子而成為南非首富的猶太商人巴奈‧巴納特，也是一個利用時間差的好手。

巴納特（1852～1897）是一個舊服裝商的兒子，童年時就讀於一所由羅斯柴爾德家族捐助、專為窮孩子建立的猶太免費學校。以後聽說南非是塊發財寶地，他便帶了四十箱雪茄去了

南非。

雪茄沒有賣掉，而是作為抵押，使他搞到了一些鑽石。從這時開始，短短幾年間，他成了一個富有的鑽石商和礦藏資源的經紀人。

巴納特的贏利高低呈周期性變化，每週六是他獲利最多的日子。因為這一天銀行照例提前結束營業，巴納特可以用支票購買鑽石，然後在銀行重新開門之前將這些鑽石售出，來償付原來的款項。

這種手法說穿了，就是利用銀行停止營業不結算的當口開空頭支票，以誠實經商的標準衡量，屬非規範行為。為了這種經營習慣，他在猶太人中間聲譽不佳，大家對他頗多非議。

不過，反過來看，既然賣主最終總得到銀行重新營業時間才能兌現支票，而只要保證支票到時不給打回來，於賣主也沒有造成額外的損失（當然，風險似乎有一點）。所以，也難說一定就是不道德的。因為現鈔也好，支票也罷，現代經營最終動用的都是信用，只要不失信用，其餘皆為技術問題。

所以，巴納特抓住這一「時間差」，調用了超過他已有資金的資金，並以此贏得更高的利潤，就生意論生意，仍然是一著高招。


# 4·釣魚須防奪餌

《塔木德》中有一則商人用計的寓言，由於寫的是商人，所以字裡行間都浸透了生意經的氣息。


有一個商人來到市鎮。他知道幾天之後有特別便宜

的商品出售，就留在那裡等大削價的日子來臨。但是，他帶著許多現金，放在身邊很不安全。

於是，他悄悄來到一個無人的地方，挖了一個洞，把錢都埋在地下。可是，第二天回到原地一看，錢卻不見了。他再三再四地回憶，當時確實沒有人看到自己埋錢，為什麼會不見呢？他百思不得其解。

他無意中一抬頭，發現遠處有一間房子，房子的牆上有個洞，正對著他埋錢的地方。

他突然想到，也許住在這間房子裡的人從牆洞中看到自己埋錢的情形，然後才挖走錢。於是，他來到房前，見了住在裡面的男人，客氣地問他：

「你住在都市，頭腦一定很好。現在我想請教你一件事：我是特地來本鎮辦貨的，帶了兩個錢包，一個放了五百個銀幣，另一個是八百個。我已把小錢包悄悄埋在沒人知道的地方，但這大錢包是埋起來比較安全呢，還是交給能夠信任的人保管比較安全？」

房子的主人回答說：

「要是我處在你的立場位置，什麼人都我不會給予信任。也許我會把大錢包埋在小錢包掩藏的地方。」

這個貪心不足的人看到商人一離開，便把挖來的錢包放回原來的地方。商人回頭立刻挖起錢包，完整無缺地找回自己的錢幣。

對這則寓言，可以作多角度、多層次的闡發。

從道德的角度來看，可以說它體現了猶太民族強烈的道義感。對於一個偷兒，即使沒有確鑿有力的證據，也必須想方設法，迫使或誘使他把不義之財吐出來。「善有善報，惡有惡

報。」讓行惡之舉達不到目的，成為一場徒勞，豈不也是對行惡的一報嗎？

從心理學的角度來看，可以說它體現了猶太人在把握對方心理、調度對方心理方面的極高造詣。偷兒之所以偷竊別人的錢財，就是因為有一種貪得之心；而這種貪得之心自然是可得之物價值越大，心也越大。所以，盡可以藉其貪大得之心，令其吐出已貪得的不義之財。妙就妙在還請他自己出主意，自己交出來。

不過，要真正從一般用智，尤其是商業用智上觀察，最為精彩的用智方法還數其中所應用的「奪餌之計」。

據日本商人說，猶太人常講的英語單詞中，有一個「nibbler」。這是由動詞「nibble」加後綴「er」而來的。「nibble」的意思是釣魚時，魚一個勁地咬食魚餌的狀態。魚要嘛是由 nibble 狀態下，巧妙地奪走魚餌，逃之夭夭；要嘛就是把魚鈎一地 nibble 進去，從而掛在鈎子上，被人釣起。

這個動詞加上後綴 er 之後，就成為名詞，用來稱呼咬食之魚。引伸開去，就成了猶太人用語中特指的那種奪得釣餌之後逃之夭夭的商人。翻譯成中文的話，大約就是「滑頭魚」，或者「滑頭商人」之意罷。

就釣魚而論，餌是釣者與被釣之魚彼此間發生關係的媒介。無餌的空鈎，非經特殊處理，是沒有魚會來上鈎的。因此，餌可以看作釣者對魚的一種誤導，所以才叫做「誘餌」。

但不管如何誤導，餌總是釣者不得不付出的原初投入。釣者最怕的就是魚奪走了餌卻不一鈎，弄得他有投入無產出。

而就魚而言，食餌固然有上鈎的可能，但若方法得當，能奪餌而去，豈不是無本買賣？

所以，釣者的理想結果是失小餌而得大魚；魚的理想結果

則是奪餌而不上鉤。這是釣者與魚之間鬥智的關鍵之處。

用這種眼光來分析上述寓言中埋錢人與偷兒的較量，我們便可發現，埋錢人實際上運用了奪餌之計。偷兒之所以肯把不留痕跡偷得的錢再放回來，就是想用這筆錢作餌，再去釣埋錢人那「八百個銀幣」。可是，埋錢人卻等他餌一下來，便奪走了事，根本沒有上鉤。

埋錢人沒有上鉤，因為他本來就是釣者，偷兒的設餌是被他誘哄出來的。沒有埋錢人所詭稱的那「八百個銀幣」，偷兒是不肯把偷得的錢再放回去的。所以，偷兒放回錢包本身是偷兒咬餌上鉤的結果。

更巧妙的地方還在於埋錢人設的純粹是「虛餌」。他沒有真的在那裡放上一大包錢，然後去釣偷兒手裡那一小包錢，而只是讓偷兒「聽見」有一大包錢。這種聽得見看不見更拿不到手的錢，作為「餌」，是決計不怕別人奪走的。

把這套設餌奪餌之法運用到商業場上去，那麼無論對廣告也好，公關也好，免費贈送也好，一律可以來者不拒地大吞其餌，但拿定主意，絕不上鉤。可以白看「萬寶路的世界」，但不抽一支「萬寶路」香菸；白看「蠟筆小新」動畫片，但不買一本出版的書；白用一小袋「潘婷」試用護膚霜，但絕不掏錢再去買成品。這樣，設餌的生意人就慘了。

可惜的是，在生意場上就像在河裡、海裡一樣，畢竟還是吞餌的比奪餌的多。

於是乎，塔木德就有必要告誡猶太人，不要輕易設餌（要設也多設那種「虛餌」），而要多多地想法奪餌。這實在正宗猶太人的一大生意經。

# 5 · 每次都初交

在上一節中，我們對埋錢人與偷兒這則寓言的闡發，僅僅著眼於埋錢人一方的多智。其實，換個角度，從偷兒一方的少智，也可以引發出猶太人的一大經商智慧。

任何單個作家也好，民族也好，他（她）所塑造的人物根本上都是他（她）本人的投射。成功者的成功之處是在他的眼裡看起來應該成功的，而失敗者的失敗之處也是在他的眼裡看起來應該失敗的。

所以，從上述寓言中，我們不但可以看到猶太人眼中一個商人應當具有的機敏詭詐，也可以看到一個商人所不應具有或必須設法避免的某種觀點、心理等等；而後面這些就表現在寓言中那個偷兒的言行之中。

應該承認，寓言作者本來是將偷兒置於不敗之地的。他手腳做得十分乾淨，一點痕跡都沒有留下。唯一導致埋錢人起疑心的，是他的房子有一個牆洞正對著埋錢的地點。熟悉文藝創作之思維邏輯的讀者，一眼可以看出，這個牆洞只是故事情節發展所不能不借助的「漏洞」，而不是法庭上會左右審判官裁定的漏洞。然而，所有這些保證他立於不敗之地的有利條件，卻被他心理上的一個漏洞給全部抵消了還不夠。

從直接原因來看，他的貪得無厭是導致他最終一無所獲的心理大漏洞。要是他滿足於已經到手的「五百個銀幣」而不再得隴望蜀，覬覦那「八百個銀幣」，到手的錢便飛不了。

但是，反過來，他把錢放回去，就好像做正經生意時進貨一樣，要經營就必須必須投入資金（先不管這錢的來路），從道理上說，也沒有明顯不對的地方。

所以，要真正找到這則寓言的密碼，絕不能單純停留在取

笑偷兒利令智昏，竟至於毫無邏輯地相信別人會來同他商量藏錢這種本就不可讓人知道的祕密，而應該到他的另一種心理中去找，那就是：他竟然由第一次，就相信了還有第二次。

為了說明這一點，我們這裡另舉一個例子——

有個日本商人請一位猶太畫家上館子吃飯。坐定之後，畫家便取出畫筆和紙張，乘等菜之際，給坐在邊上談笑風生的女主人畫起速寫來。

不一會兒，速寫畫好了，畫家遞給日本商人看。果然不錯，畫得形神畢具。日本商人連聲讚美道：「太棒了，太棒了！」

聽到朋友的奉承，猶太畫家便又轉身來，面對著他，又在紙上勾畫起來，還不時向他伸出左手，豎起大拇指。通常畫家在估計各部位比例時，都用這種簡易方法。

日本商人一見這副架勢，知道這回是在給他畫速寫了。雖然因為坐在對面的關係，看不見他畫得如何，還是一本正經擺好了姿勢，讓他畫。

日本人一動不動地坐了約有十分鐘。

「好了，畫完了！」畫家說。

聽到這話，日本人才鬆了一口氣，迫不及待地湊過去一看，不禁大吃一驚。畫家畫的根本不是那位日本商人，而是他自己左手大拇指的速寫。

日本商人連羞帶惱地說：

「我特意擺好姿勢，你卻作弄人……」

猶太畫家卻笑著對他說：

「我聽說你做生意很精明，所以才故意考察你一下。你也不問別人畫什麼，就以為是在畫自己，還擺好了

一本正經的姿勢。從這一點來看，你同猶太商人相比，還差得遠呢！」

　　到這時，那位日本商人方才明白自己錯在什麼地方：看見畫家第一次畫了女主人，第二次又面對著自己，就以為一定是在畫他了。

　　把這則軼事中的日本商人同上述寓言中的偷兒聯繫起來看，就不難發現，他們都犯了一個猶太人不會犯的毛病：以為有了第一次，便會有第二次。而實際上，在猶太人的生意經上，明確地寫著一條，叫做：「每次都是初交。」

　　哪怕同再熟的人做生意，猶太人也絕不會因為上次的成功合作，而放鬆對這次生意的各項條件、要求的審視。他們習慣於把每次生意都看作一次獨立的生意，把每次接觸的商務伙伴都看作第一次合作的伙伴。這樣做，起碼有兩大好處——

　　其一、是不會像偷兒與日本商人那樣，因自己對對方的先入之見而掉以輕心。

　　其二、是可以保證自己第一次的贏利不至於在第二次生意中，為顧念前情而被作出的讓步所斷送。

　　這兩條優點這麼寫白了放在面前，看上去實在平淡得很；但由於它們作用的是人們的潛意識層面，因此往往在人們的漫不經心之中被忽略了，直到事情結果出來了，大失所望、甚至絕望之餘，人們才不無後悔地記起自己的疏忽。

　　今日社會上發生的諸多合約詐騙案中，有多少「善良的人們」是因為單憑一張熟人、甚至僅僅一面之交的熟人的面子，或者一次小小的「成功」合作而上了別人的圈套？難道是所有這些人都集體疏忽了，或者患了「流行性疏忽症」？

　　其實，這不是疏忽，而是理性尚未展現能力管制潛意識的

表現。而猶太人作為一個特別理性、尤其是在潛意識層面特別理性（否則精神分析學也不會成為一門「猶太科學」）的民族，自然會在這種極其細微、極不容易察覺的地方，有如此清晰的認識，並且駕輕就熟、游刃有餘。這不能不說是一種極為突出、極為高級的經商智慧。

# 6‧在合約中做手腳

「在合約中做手腳」，聽起來不像一個有商業道德者的作為，但既然人們常把商場視為戰場，把商業競爭稱為「商戰」，那麼，「兵不厭詐」的說法自然也就轉化為「商不厭詐」的道理。

在商業場上，首要的不在於道德不道德，而在於合法不合法。只要約定是在雙方完全自願的情況下達成，並且符合有關的法規，結果再不公正，也只能怪吃虧一方自己為什麼事先不考慮周到。

《聖經》中記載著，以色列十二部族的共同祖先雅各曾為其母舅暨岳父拉班牧羊。在工價問題上，雅各主動提出，不需另外支付工價，只要以後新生出來的小羊中凡是帶斑點的、有花紋的或是黑色的，就歸他所有，其他顏色的都歸拉班所有；而且，拉班可以把現有的這類羊全部帶走。

拉班聽了雅各開出的條件，非常滿意，就同意照此辦理。

於是，雅各便繼續給拉班牧羊。到了羊交配的季節，雅各就採了些嫩樹枝，將皮剝成白紋，露出裡面白色的枝幹，然後，將這些枝子，對著羊群，插入飲羊的水溝裡和水槽裡，羊來喝水時，對著樹枝雌雄交配，就生下有斑點或花紋的。雅各

把這些羊分出來另行放牧。

以後，每逢羊膘肥體壯時，雅各就如法炮製，讓牠們產下有斑點、有花紋的羊羔。而在羊隻瘦弱時，則讓牠們自然交配，生下的無花紋、無斑點的都歸拉班。

這樣，沒幾年，雅各就「極其發大」。

雅各的這套辦法是否有現代生物學的依據，我們不知道，因為拉班也不知道。要是知道有這種簡便有效的改變羊羔毛色的辦法，他絕不會同意雅各開出的「工價」。也許，雅各這裡也是借用了耶和華上帝行奇事的力量。

不管怎麼樣，雅各這種在表面上看非常公道，甚至公道得他自己明擺著吃虧的合約中，放進唯有他自己知道的私貨，使對方在自以為占了便宜的情況下簽下合約，到頭來反而大大吃了虧的做法，事實上是自古至今，商場上屢屢使用而且屢屢奏效的「留有一手」。

這種策略的最簡單方式是諸如不交代清楚單位、型號、件數、等級、抵達地點或者專利是否到期等等，到時讓對方為輔助設施、零配件或其他種種變化多付一筆錢。

對這類手法，大抵只要仔細點，考慮周密些，是不難洞察其奸的。而像雅各這種本領，即使放到今天，上當的人肯定還少不了。只是沒有第二個「雅各」，對常人來說，能夠做得像十九世紀猶太大銀行家赫希男爵那樣的本領，也就足夠了。

莫里茨‧赫希男爵是歷史悠久的巴伐利亞猶太金融集團的成員。他是由自己繼承的遺產和太太的巨額陪嫁共計兩、三百萬資金的基礎上，開始銀行家生涯的。不過，他對商業銀行的常規業務不感興趣，主要從事建設鐵路和為鐵路提供投資，然後在有利可圖的情況下，把它賣了賺錢。

1868 年，土耳其人準備建造一條從維也納經保加利亞到

君士坦丁堡的鐵路，全長共計二千五百多公里。沿途地形複雜，山巒重疊。據估算，在較平坦的地段，造價為每公里四萬美元，在山區則高達五萬美元。

赫希經過周密計劃之後，投標建造這條鐵路，並同土耳其政府簽下協議。土耳其政府同意在九十九年租期內，每年支付每公里鐵路二千八百美元的租金，加上鐵路經營者每年為每公里鐵路支付一千六百美元，合計每年可以收回投資的 11%。同時，赫希還獲得了在鐵路沿線開採礦藏、森林資源的權利。鐵路一旦投入營運，每公里鐵路收入超出這四千四百美元租金的部分，將由三家分成：經營者得 50%，政府得 30%，赫希得 20%。

在鐵路開始建造之前，赫希先說服土耳其政府發行債券，由他經營。赫希以二十六美元的價格買進一批面值八十美元的債券，轉手以三十六美元的價格拋售給公眾，在此他就大大賺了一筆。

工程建設開始之後的兩年中，共完成了五百公里的幹線，其中四百公里投入了營運，另有六百六十公里已動工興建。

就在此時，由於鐵路伸入俄國的勢力範圍，遭到俄國政府的強烈反對。結果，土耳其人將鐵路縮短了一千二百公里。

這一變更對赫希來說正是求之不得。它幫赫希卸下了整條線路中耗資最多、風險最大的部分。而原來土耳其政府同赫希的協議中之所以給予他如此優厚的條件，本來是把這段鐵路看作一攬子方案中的一部分。現在最難建造的部分去掉了，而優厚的條件依然照舊，豈不是明擺著讓赫希發財嗎？

正因為這個道理，有不少觀察家認為，這一變更，包括俄國的反對，首先是赫希挑唆出來的；而且，土耳其政府之所以會同意縮短路線，可能也有赫希暗中的使力。有證據表明，這

一變更作出之後，土耳其主管鐵路的大臣便因為獲得兩百萬美元而一夜暴富。

維也納到君士坦丁堡的鐵路最終於 1888 年建成。同年，經過無數次討價還價之後，土耳其政府最終向赫希買下了這條鐵路。

據估計，赫希在整個東方鐵路的建設中，共獲利三千二百萬美元以上。不過，其中可能有一半用來行賄各方面的官員。

事後，一個土耳其歷史學家把赫希參加這條鐵路建設描繪為一個「狡詐、脅迫、掠奪、欺騙」的故事；同時他也承認，沒有赫希，這條鐵路可能根本無法建成。

我們的看法是，不管俄國的反對是否赫希挑唆出來，他至少知道，在當時的世界政治格局下，一條鐵路伸入另一大國的勢力範圍時，會遇到什麼問題。很可能，正是這種一時無法克服的麻煩，被他當作「雅各的樹枝」，藏進鐵路建設的協議書裡。所以，從策略上說，赫希同其祖先雅各是一脈相承的，區別只在於他的行事少了一點神話色彩。

也許正因為猶太人自己熟用此伎，反過來，對別人使用這種伎倆也保持著高度的警惕。

猶太人常在同外國人做生意，不惜重金，請對方所在國的人做合約執行的監督人。因為他們知道，不同文化背景上的人最容易行騙，每種文化都有自己的「雅各的樹枝」。唯有請其本國人監督，才能找出其中暗藏的手腳，才不至於上當受騙。

至於這個人是否可靠，完全可以採取其他辦法來加以保證。高薪聘請就是其中之一。監督人既已有大錢可賺，就沒必要再用自己的「雅各的樹枝」；因為一旦事情敗露，反而把穩賺的錢櫃給砸了。

# 7・不讓違約者得利

猶太人之所以善於在談判訂約的過程中與對方鬥智，同他們本身信守合約的習慣也有一種互為因果的聯繫。

越是守約的人，合約對他的約束力越強，他對訂約也越是重視。因為，訂約之時，一切尚未決定，餘地還大得很，到底受不受約束，受多大的約束，仍可商量，根本的主動權還握在自己手中。一旦簽約，活的東西全成了死的東西，由自己決定的東西全成了決定自己的東西，哪怕再吃虧，也由不得自己，也只好不折不扣地去履約；不像那些習慣於不守約的人，訂約時根本沒有必要多費腦子，只要略有油水，到時撈夠了，就毀約了事。

反過來，越是訂約認真的人，對守約也看得越重，因為訂約再認真，只是準備一個基礎，要是根本不守約，這個基礎搞得再堅實也是白搭，訂約時的努力也就付諸東流。

所以，猶太人訂約時認真，自己守約時認真，要求對方履約時也同樣認真。但這種要求如何才能落到實處呢？尤其是對那些：一、不信上帝，二、沒有為守約而守約的信念，三、可以說也沒有守約習慣的人，怎樣才能使他們不敢違約呢？

猶太人想得非常明白，一個人之所以要違約、甚或毀約，因為他可以藉此得利。既然如此，那麼只要使違約或毀約者的得利化為泡影，甚至得不償失，就可以制止違約；如果這種方法能夠制度化，說不定就可以進一步防止違約的念頭和打算出現。所以，對違約者的懲罰必須落在這個實利上。下面這則塔木德寓言，就隱喻了這層意思。

很久很久以前，有個漂亮的姑娘和家裡人一塊兒出

外旅行。在途中，姑娘離開家人，信步溜達，不知不覺中迷了路，來到一口井邊。

當時，她正覺得口渴，就攀著吊桶，下到井裡去喝水。結果，喝完了水，卻攀不上來了，急得她大聲哭喊著求救。

這時，剛好有個青年男子打這兒路過，聽見井下有人哭喊，便設法把她救了上來。兩個人一見鍾情，都表示要永遠相愛。

有一天，這個青年不得不出外工作，臨行前特地到女方家見她，和她道別，並約好要繼續信守舊約。他們雙方都表示，不管等待多久，也一定要同對方結婚。

兩人訂了婚約後，正想請誰來擔任證人；這時候，姑娘剛好看見黃鼠狼走過，跑進了樹林。於是，她說：「現在那隻黃鼠狼和我們旁邊的那口井就是我們的證人了。」兩個人就此分別。

過了好多年，姑娘一直守著貞潔，等待未婚夫的歸來。可是；他卻已在遙遠的他鄉結了婚，生了孩子，過著快樂的生活，完全把原先的婚約給忘了。

一天，孩子玩累了，躺在草地上便睡著了。這時，跑出來一隻黃鼠狼，咬了孩子的脖子，孩子死了。他的父母都非常傷心。

後來夫妻倆又生了一個孩子，所以又生活得很幸福。這個男孩長大了，會自己到外面去玩了。有一天，他來到一口井邊，為了觀看井下水面上映出的影子，一不小心，掉落井裡，溺死了。

到這個時候，那男青年終於記起了從前和那位姑娘的婚約，當時的婚約證人正是黃鼠狼和水井。

於是，他便將事情全部告訴了妻子，同她離了婚。

青年回到姑娘住的村子，而她還在等著他。兩個人終於結了婚，過著幸福的日子。

很明顯，這是一個在神佑之下合約（婚約）得到履行的故事。值得注意的是，在這個故事中，對違約行為的懲罰不是直接落在違約者本人頭上，比如讓他喝醉了酒掉到井裡淹死，或讓黃鼠狼咬了得狂犬病不治而死（不過，證人黃鼠狼的小命也得搭進去了），卻是讓兩個無辜的孩子當替罪羊，讀來難免於心不忍。

其實，這本是一個勸人為善、勸人守約的寓言，其寓意根本上在於無論如何要使合約得以履行。要是讓違約人一死了之，那就既不符合猶太人「憎恨罪，但不憎恨人」的信條，而且合約也徹底沒了希望，守約的姑娘只好甘受損失，空守閨房一輩子。

所以，故事就毫不憐惜地讓懲罰落在違約行為所帶來的「贏利」上，即兩個孩子身上。在這裡，孩子只是一種象徵，象徵著違約行為的首要成果。（猶太人之重視子嗣，恐怕舉世唯有倡導「不孝有三，無後為大」的中國古人堪可相比。這也是寓言中沒有把「娶過一個妻子」看作首要成果的原因。）這就從根本上抽去了違約行為的內在意義，使它成為一個純粹的無謂之舉，甚至自討苦吃之舉。這對「違約」夫妻不是兩次獲得「贏利」而又兩次從「幸福」墜入痛苦之中嗎？

從這個節骨眼入手，可以說是對「違約者」最有效的懲罰與針砭。

在現實生活中，猶太人對內部的違約者採取的是逐出教門的辦法。在生意場上，一個受到猶太共同體排斥的「猶太人」

可以說是絕難再（在商場）生存下去的。

　　而對於猶太人，則一方面毫不容情地下訴法院，要求強制執行合約，或者賠償損失；另一方面，猶太共同體相互通報，以後不再同此人做生意。既然國際貿易歷來是猶太人最為得手的領域，那麼，遭到猶太人排斥與被趕出「世界交易場」也就相去不遠了。

　　這種規矩一旦確立，並行之有效地堅持下去，就會對一切貿易或商務伙伴產生一種威懾力，使得非猶太人在與猶太人打交道時，不能不也重信守約，儘管他以前或者以後在其他場合都沒有守約的習慣。日本商人寫的那本介紹猶太人經商技巧的《猶太人生意經》中，一再告誡不知守約的本國商人不要對猶太人失約，更不要欺騙猶太人。

　　這實際上表明，猶太人的經商智慧不僅同經濟世界、尤其是商業世界的內在規律有吻合之處，而且在改變其他人的經商模式，使之接受猶太人的規範，從而使猶太人有更大的活動餘地方，也有著獨特的長處。就此而論，猶太人的經商智慧與其說是一種方法的智慧，毋寧說更接近於一種方法論的智慧。

# 8・重要的在於追回贓款

　　偉大的英國戲劇家莎士比亞寫過一齣有名的喜劇《威尼斯商人》，裡面刻劃了一個極端吝嗇又充滿報復心的猶太商人夏洛克。

　　此人專好放高利貸，一毛不拔，並因基督徒商人安東尼奧多次斥責他而懷恨在心。

　　一次，夏洛克藉安東尼奧為資助朋友遠行求婚急需用錢之

機，同他立下契約，言明到期不還，以安東尼奧心口上的一磅肉抵償所借的三千塊錢。

結果，安東尼奧果然由於貨船接連出事而誤了還債日期。在法庭上，不管別人如何調解，夏洛克堅持要安東尼奧心口上的一磅肉，而不要哪怕數額再大的賠款。

於是，安東尼奧的朋友之妻，即朋友靠安東尼奧這筆借款的資助所娶來的妻子，機智地要求夏洛克只能取一磅肉，但不得流安東尼奧一滴血，否則處以極刑，才鎮懾了夏洛克，並使他寧可認賠也不敢下手。

最後，基督徒們不僅以違約罪——說好割肉，卻不割肉了——懲處了夏洛克，罰掉他一大筆財產，還迫使他同意，讓女兒同基督徒結婚，並給予巨額嫁妝和遺產繼承權。

很明顯，莎士比亞對猶太人的這一看法與其說來源於他自己對身邊猶太人的感性認識，不如說更多地來源於中世紀基督教會關於猶太人的刻板模式或成見。因為當時，猶太人定居英國的時間並不長，還只有兩百多年，英國人對猶太人的了解和認識還談不上很深。

所以，莎士比亞作為一代文豪，雖然藉劇中人之口為猶太人作了不少聲辯，但自覺不自覺地還是反映了、並且是典型地反映了當時主流文化對猶太人的那種歧視、無奈而又嫉恨的心態：逼著猶太人只能同卑污的錢貸業打交道；不得不向猶太人借錢且對猶太人的財運亨通無可奈何；千方百計奪取猶太人的錢財和子女。

最不公道的是將中世紀基督徒那種近乎偏執，不惜放棄錢財的報復心強按在夏洛克身上。而隨著夏洛克成為一個著名的文學典型，夏洛克及其以三千塊錢換一磅肉的報復心，似乎也成了猶太人的典型。

其實，作為典型而不是個別的例子，這是對猶太人極大的誤解、極大的無知——因為在涉及錢財的問題上，如果猶太人有報復心的話，那麼這種報復心也集中表現為索回錢財，絕不會要一磅「毫無價值」的人肉來作替代。

在日本有一家猶太人開的公司。一次，一個公司雇員盜取公款後潛逃了。

董事長獲悉後十分惱怒，馬上要求報警處理。公司的一個幹部趕快跑去找猶太共同體的拉比商量。

拉比聽完情況後，明確告訴他：「最好先查清楚他是否真的屬於捲款逃走。如果情況屬實，又告到警察局，他就會受到起訴，被送進牢房。但這不是猶太人的做法。」

按照猶太教律法，如果有人偷了錢，就要使這個人不坐牢而把錢取回來。一坐牢，錢就拿不回來了。拉比建議他們，與其把捲款潛逃者抓回來，投進大牢，不如設法自己找到他，把錢要回來，再處以罰金。

結果，公司真的把那個職員找回來了，並證明他確是盜取公款潛逃。於是，他們把那個人帶到拉比那裡。拉比按照猶太律法，要求他賠款。但那個人表示，他已經身無分文了。他表示，與其坐牢，不如去工作，把工資拿來分批償還公款。

最後，拉比裁定，該雇員繼續為公司工作（當然不會再有捲款逃走的機會），以工資償還公款，並處以一定比例的罰金。賠款由公司收回，罰款則交給拉比用作慈善基金。

其實，從文化學的意義上說，錢本來就是人們生命活動的一般等價物，剝奪錢財就是在剝奪一個人支配自己生命活動的權力。這種劃「錢」為牢的辦法，就其消極作用而言，幾近於關大牢；而就其積極意義而言，又勝過單純的關大牢。

反過來，在怒火中燒時，一味放縱「報復」這種生命活

動，無形中等於以那筆本來可以追討回來的錢所代表的生命活動支配權作了抵押。

精明務實的猶太人絕計不會做這樣的傻事，更不會在合約上留下這麼大的漏洞。莎翁把夏洛克寫得有點傻了，是不是無意識中感覺到，要不把夏洛克寫傻的話，他的戲劇中的法庭就審不下去了？

猶太人不僅在討回贓款這一根本點上十分聰明，而且在確定罰款比例時，也表現出別出心裁的機巧。

一般來說，罰款的比例為贓款的 25% 左右。這只是一個大概，具體的還有許多嚴格規定，視被盜物的性質，被盜物能否用於賺錢，盜竊發生時的場合、時間等等而定。

比如《塔木德》上規定，偷馬的罰則比例非常高，可達到 400%，因為賊人可以用偷來的馬賺錢，而被偷的人有可能走投無路。

有意思的是，一般而言，偷驢比偷馬的罰款低，理由是：「馬比較馴良，容易偷。」猶太民族對智慧的極端愛好，於此也可略見一斑。由此看來，中國古人說的「竊鉤者誅，竊國者侯。」想必也是由竊者智慧高下之別所決定的吧！惜乎沒有「口傳律法」如塔木德者將其明確規定下來並成為文化。

在古代以色列，罰款或拒付款、拒付利息的追討，都採取以為債權人服勞役的方法來償還。只有最嚴重的情形，才把人送進監牢。但在猶太人心目中，這樣做實在是下下策，並沒有根本解決問題。

可以說，在處理這類不合法占有財產的問題上，猶太人似乎又走在歷史的前面。現今世界不正越來越成為一個「以罰代刑」的社會了嗎？

# 9・錢，人格的鏡子

猶太民族在宗教上沒有那種愚蠢的一味譴責金錢的壞習慣，而從自己飄泊不定、四處流動的生活中，又一再感受到錢對於他們現實生存的實在意義，這一切必然使他們對錢產生強烈的好感。

但是，睿智的猶太人深知，無論對個人還是對共同體來說，錢都是一柄雙刃劍：它既可以保障一個人的生存，也可以毀掉一個人的生存；它既可以保障一個人的肉體生存，也可以腐蝕掉一個人的道德生存，進而危及共同體的生存。當年摩西率領希伯來人出埃及時，曾因族人不守同上帝立的約卻造金牛犢，而大發雷霆。如果說，這主要還是出於宗教考慮的話，那麼，所羅門王的一次審判則典型地反映了猶太人對錢這隻不具形態的金牛犢所帶來的消極道德影響的明察。

所羅門王（公元前 973～前 930 年在位，相當於我國的西周時期）是希伯來最偉大的君王之一，統一的猶太王國第三代君王。他在位期間是王國的鼎盛時期；他本人也素以斷獄英明著稱。

某個安息日，有三個猶太人來到耶路撒冷。由於身邊帶錢過多不方便，而當時又沒有銀行，於是，大家商量好把各自所帶的錢都埋藏在一個地方，然後都出去了。其中有個人乘別人不備，偷偷溜回來，把錢取走了。

第二天，大家發現錢被偷走了，知道一定是他們之中的某一個所為，但苦於沒有證據，偷的人又不承認，便決定一起到所羅門王那裡，請求他裁決誰偷了這些錢。

所羅門王聽他們講了事情的經過，一句話也沒訊問，卻對他們說：「我正好有道難題解不開，你們三個人都非常聰明，

所以，請你們先幫我解了這道題，然後我再為你們裁決。」

問題是這樣的──

有一個姑娘，曾答應嫁給某青年，並訂了婚約。可不久以後，姑娘卻愛上另一個男子，便向未婚夫提出解除婚約的要求。姑娘甚至表示，只要同意解除婚約，她願意付一筆賠償金。但這個男青年沒有要她的賠償金，就與她解除了婚約。

由於姑娘有很多錢，結果被一個老人誘拐了。後來，姑娘對老人說：「以前那個男青年不要我賠償金，就同意和我解除婚約。所以，你也應該像他一樣對待我。」

於是，老人同意不拿錢便放她走了。

所羅門王講完了故事，便問那三個人，姑娘、青年或老人，誰的行為最值得稱讚？

第一個人說：「那個男青年雖然不得已解除婚約，但他尊重姑娘的意志，不拿一點賠償金，所以，他是最值得稱讚的。」

第二個人說：「不，那個姑娘才是值得稱讚的人。她有勇氣，敢於向第一個青年提出解除婚約，和真正喜愛的人結婚。這一點很值得稱讚。」

第三個人說：「這個故事簡直莫名其妙，我可弄不清楚。首先，那個老頭既然是為了錢才誘拐姑娘的，卻又不拿錢就放她走了，簡直不合情理──」

這時，所羅門王大喝一聲：「你就是偷錢的人！」

然後，他才解釋道：「他們兩人對愛情、姑娘和訂婚者之間所存在的人際關係，以及他們之間的緊張情緒等等非常注意，可是你卻只想到錢的事。可見，你是罪犯，

肯定不會錯的！」

　　所羅門王的裁決方式要是放在現代社會民事訴訟程序的背景上看，難免顯得粗糙疏漏。但這種藉轉移被訊問者的注意力，以迂迴曲折、旁敲側擊的方法問出真正罪犯的手法，畢竟還是十分聰明的。據《聖經》上記載，所羅門王繼位之後，曾向上帝祈福，所要求的就是上帝賜予他聽訟的智慧。猶太民族的上帝對人增進智慧的請求歷來很樂意給予滿足，所以，所羅門王的審判也許就靠那得之於上帝的智慧。

　　這裡確實有上帝的智慧，即猶太民族的集體智慧。

　　嚴格說起來，第三個人的話一點沒錯，老人出於騙錢的目的誘拐了姑娘，卻又不拿錢就放她走了，確實不合理。任何一個邏輯思維稍稍強一些的人，都不可能不注意到這一明顯的悖謬。但所羅門王又確實是故意藉悖謬來檢驗人品，而《塔木德》把這則軼事記錄下來，奉為訓誡，當然是承認這種包含悖謬的推斷為明智。那只能表明，這裡的悖謬本身是某種象徵，象徵著在錢的問題上，即一般物質利益的問題上，一定的邏輯悖謬是正常的，因為這是兩套邏輯體系轉換時必然會發生的內在扭曲。

　　「為錢就應以錢為轉移」，這是第三個人的思維邏輯，也是錢自身的邏輯；而「面對錢應該看到錢背後的人際關係」則是猶太倫理的邏輯。按照前者，必然得出「為一雙鞋賣了窮人」的結論，而按照後者，才會有「總要向你的弟兄鬆開手」的要求，才可能有猶太民族悠久而為人讚羨的慈善傳統。

　　這兩套邏輯體系不是截然對立的，富人的行善也不是非得將自己降格為窮人才算功德圓滿；但倫理的邏輯較之於單純的「錢的邏輯」應該具有某種優先權則是確定無疑的。所以，所

羅門王正是從「只想到錢」這種以「錢的邏輯」為優先的思考推理上，洞悉了偷錢者的人格。

事實上，在錢的問題上反映出來的並不僅僅是某一個個人的人格，還有一個民族的集體人格。像猶太民族這樣一個既善於理財生財，又善於用財、甚至捨財，而且對錢財與人際關係的孰重孰輕、孰先孰後有如此清晰、如此高度之認識的民族，在西方社會中卻長期被視作唯利是圖之輩，真讓人不知道究竟應該為猶太民族悲哀呢，還是應該為那些長期為偏見所左右的榆木腦袋悲哀。

# Chapter 6
# 慈善的民族　施捨的智慧

　　猶太人能不能算是世界上最最慷慨的民族自可存疑，但猶太民族是一個慈善的民族則是為世人所認可的。這倒不是猶太人慈善講得多，恰恰相反，希伯來語中連「慈善」這個詞都沒有，表達相近意思的只有一個詞 tzedaka，翻譯過來就是「公義」。換言之，一個人在施捨時絕不是在「行善積德」，做些「分外」的好事，純粹是在履行「公共義務」。

　　僅從這一詞義上的不同，便可以看出，猶太人在這件最動感情——無論對施捨者還是受施者來說都是如此，只不過常常方向相反而已。當然，猶太人是有其自己的道理的。

　　作為一個散居的民族，猶太人不能不以某種機制來消除貧富差距造成的內部應力；作為一個常被人趕來趕去的民族，猶太人不能不互相照應；作為一個生性敏感的民族，猶太人諳熟施捨過程中雙方心理的微妙之處；作為一個工於心計的民族，猶太人更知道慈善從來不是單純的施捨。

　　正因為有了這份平常的心，猶太人反而把慈善事業安排得較其他一切民族都入情入理。其中的道理，也許就是我們佛家所說的：「平常心即智慧心。」慈善時的心情自然而然，施捨的智慧就出來了。

# 1・上帝立下的規矩

猶太人的慈善事業源遠流長，其中歷史最悠久的或許就數什一金、安息年和禧年了。

什一金是由古代世界的什一稅演變而來。什一稅的起源一般被認為出現在埃及，最初是一種以貢賦養活政治和宗教等級的方式。在古代民族的相互爭戰中，什一稅也是征服者對被征服者的一種權利。

早期希伯來部落也許是從後一種方式，或者以寄居者給地的主人貢賦的形式，接受了什一稅。始祖亞伯拉罕曾把自己十分之一的收成交給耶路撒冷的國王麥基洗德，據說是為補償被搞髒了的水源。

王國建立之後，什一稅也成為王室收入的一部分。當然，王的胃口大多比神的胃口大，所羅門王可以稱之為「橫徵暴斂」，這十分之一肯定是滿足不了他的。

以後，《聖經》中規定，以色列人必須將其十分之一的收入交給祭司階層利未人作為向上帝的獻祭，並規定其中哪些部分可以由祭司享受，哪些部分歸族人分享或獻給耶和華。

以後，《塔木德》也承認什一稅的作用，並就這筆錢的使用作了種種限制。

隨著第二聖殿的被毀，王權不復存在，聖殿獻祭不復存在，祭司階層也不復存在；而作為精神領袖的拉比，在十五世紀以前，一直靠自己的其他物質手段謀生。因此，原先多少帶有點強制性的什一稅，成了完全自主決定的捐獻。在數量上，人們仍然比較習慣於至少十分之一這個比例。所以，我們不妨稱之為什一金，以同其他民族的捐稅相區別。好在希伯來語中，指稱這十分之一的東西的，本就是一個由「十」派生出來

的詞「Maáser」。

　　猶太人對捐獻什一金有著明確的規定。原則上，每個人都要為窮人捐獻十分之一，「否則，他的祈禱就不能達於天堂。」甚至身為受施者的窮人，也必須捐獻十分之一。

　　　　有一個乞丐去找施主，要求每個月一次的施捨。他敲了幾次門，才見主人開了門，神情恍惚。

　　　　「出了什麼事了？」乞丐問他。

　　　　「你不知道嗎？我破產了。我欠了十萬元的債務，而我的資產才一萬。」

　　　　「這我知道。」

　　　　「那你還來向我要什麼？」

　　　　「按照你的資產，每一塊錢給我一角。」

　　這個乞丐身上看不出還有多少猶太人的樣子，而這種即使破產之人，只要還有資產，也需要捐獻十分之一說法倒還有些猶太精神在裡面，雖然有些卡通化了。

　　不過，真要是捐獻什一金意味著剝奪一個家庭的基本生存資料，或者無父母的姑娘會因此嫁不出去，則可以免除。

　　在猶太人中，是否捐獻什一金，可以由個人自己斟酌決定，就像是否做一個猶太人也可由他自己決定（當然，還要看希特勒之流是否認可）一樣。但捐獻出來之後如何使用，不是完全取決於捐獻人，捐獻人只有在一定範圍之內，可決定將其全部或部分用於何種用途。

　　按照規定，什一金不能用於子女的教育，不能給媒人，不能支付給拉比或其他宗教人員，也不能用來建造猶太教會堂（可採取專項募捐的方法籌款）。「慈善先及親友」是可以

的，但那些把時間都花在研習猶太經典上的人享有優先權。

除了什一金之外，早期希伯來人還有另一項制度性安排，就是安息年或禧年。

猶太人歷來對「七」這個數字有特殊的好感。我們今天之所能不多不少，工作七天就休息一天，很大程度上受惠於猶太人。如果他們碰巧對三六六感興趣的話，我們可能就要四年才輪得到休息一天了。

在猶太人那裡，第七天是安息日，大家不能工作。第七年是安息年，大家當然不能一年不工作，但土地要休息一年。安息年是休耕年，在今日的以色列也是如此。只不過有些以色列人在第七年把土地暫時賣給阿拉伯人，再去買回他們的產品。既然現在以色列人中已沒有人需要以安息年自然生長的作物來果腹了，這麼做也沒有什麼不妥的地方。

在安息年，猶太人不耕作，也不管理葡萄園和橄欖園，任憑地裡的東西自生自長，目的是：「讓你民中的窮人有吃的。」這一年，地裡自然生長的東西，無論多少，皆歸窮人和婢僕等享用，地的主人不得干預。

而且，即使不在安息年，地的四周自行長出、被風吹落、收穫時（有時是故意的）遺落的，當然還有那必不可少的十分之一地上的，都要留給窮人。

經過七個安息年，便到了第五十年，猶太人稱之為「禧年」。從「禧」這個字來看，就是一個大喜之年，首先是對窮人，間接地也是對富人。

在這一年，除了同樣休耕並全體同吃自行生長的作物之外，以色列人互相所欠的債務也一筆勾消，以前賣出的土地自然歸還，實在不捨得離開主人家的，還須另外舉行儀式：把頭靠在門框上，讓主人在耳垂上穿個洞，方可以終身為奴。

《聖經》中上帝還特別關照說：富人不可在禧年臨近之時「惡看窮人」。

禧年成了猶太人除舊布新，人人有個新開端之年，也成了猶太社會消除內部應力之年。

對所有這些安排，猶太人在觀念上一概視之為個人，尤其是有錢人的一種義務，一種具有神學色彩的道德指令。「原來那地上的窮人永不斷絕，所以我吩咐你說：『總要向你地上困苦窮乏的弟兄鬆開手。』」（《申命記》）其他民族持有的慈善是出於某種人類之愛、惻隱之心或者為自己積點陰德之類的想法，同猶太人的觀念毫無共同之處。猶太人的慈善從根本上說不取決於對受施者的態度，即使厭惡他，為了履行義務，也得為不幸者捐獻。這就是「慈善乃公義」的實質。（毫無疑問，這本身也是一種純理論或者理想化的說法。）

猶太人的這套出於獨特價值觀念與心態的慈善安排，在民族兩千多年的顛沛流散中，發揮了巨大的作用。可以說，猶太民族是靠自己相互之間盡這種無條件的「公共義務」而得以延存至今的。

歷史上，無論在什麼地方，只要有一個完整的猶太共同體，並擁有自己的會堂，就必定有一個猶太人稱為「司幕」的救濟員，以解決猶太人日常的一般需要。至於特殊需要，則由輔助協會解決。在海盜盛行的年代，一些猶太共同體還準備了贖還被擄者的專項資金。

可以毫不誇張地說，在一些龐大的猶太共同體，如英國倫敦或美國紐約的猶太共同體中，最大最多的機構也許就是從事慈善救濟和募捐的機構。它們不單保證了共同體成員的需要，而且在其他共同體處於危難之中，或面臨大量移民時，更提供了至關重要的支援與資助。

歷史上的事情不說了，即使猶太人自己的國家，也是在境外猶太人的共同資助下，站穩腳跟，迅速發展的，從 1950～1980 年間，世界各地猶太人給予以色列的捐獻與貸款（名為貸款，其條件之優厚與捐獻也沒什麼區別，因為猶太人本就沒有相互借錢需付利息的習慣；不過商場上另作別論。）一百二十億美元。1948 年以色列建國那年，僅美國猶太人就捐獻了二億美元。這二億美元意謂著什麼？它相當於那一年美國猶太人收入的總和！

　　每當以色列處於戰爭形勢之時，海外猶太人的捐款便會潮水般湧來，除了現金和支票，人們還會送來房屋和汽車加油站的契據，婦女會獻出自己的戒指和首飾，孩子會獻出自己積攢的硬幣，一個老人甚至獻出了他的全部財產：三十美元六角九分。猶太教神學院的一位教授給募捐組織送來一張二萬三千美元的支票，他在附來的便條上所寫的一段話，最具代表性地體現了「慈善乃公義」信條的巨大感召力：

> 「我們願以任何方式幫助你們，只要你們覺得可行──回答電話或黏貼郵票，我會心甘情願地奔赴以色列，換下別人去完成其他職責。你們知道，過去，當那六百萬人走進煤氣室時，這個世界曾默默旁觀；現在，當幾百萬倖存者被沖入油井的時刻，我絕不會保持沈默！」

# 2・悄悄地施捨方為善

一個乞丐告訴拉比，說他靠「肥雞和陳年葡萄酒」過活。拉比問他：「你不擔心自己成為公眾的負擔嗎？」

乞丐一聽，略顯慍色道：「我吃的是他們的嗎？我吃的都是上帝的啊！」

　　這則故事的可信度如何，看完本節之後，讀者自然明白。但我以為，其中可以看出的絕不純是乞丐的不知趣、厚臉皮、無羞恥之心，還有猶太人對施捨者與受施者之間關係微妙之處的體察。

　　慈善應該說是一種美德，但行善者卻並非個個都出於追求德行的動機。施捨者和受施者客觀上的地位差異，很容易導致施捨成為某種宣洩極端個人主義情緒的手段。美國學者約翰・史坦貝克就曾不無道理、也不無偏頗地指出——

　　　　在我們那張魚目混珠的美德清單上，最名不副實的也許就是捐贈這種美德。捐贈造就了捐贈者，造就了他凌駕於受贈人之上的優越和高大。捐贈幾乎始終是一種自私的快樂；在許多情況下，它都是一種徹頭徹尾的破壞性和罪惡的東西。人們只要記住這樣的事實：一些貪得無厭的金融家在一生中三分之二的時間裡都在攫取社會的財產，而在這最後的三分之一時間裡，又將財產拱手交出來。說他們的善舉是一種由於恐懼而作出的賠償，或者說他們撈飽了之後改變了本性，是不夠的。這樣的一種本性不會知足，本性也不會隨意改變。在我看來，這兩種行為出於同一種衝動，因為捐贈和攫取可以帶來同一種優越感；慈善可以說是另一種精神上的貪婪。

　　慈善導向「精神上的貪婪」，這種可能性無疑始終存在，但畢竟不是唯一的可能性，更非必然性。慈善而睿智的猶太民族有能力、有辦法讓慈善導向公義而非「貪婪」。

從神學理論上說，猶太人一向認為，世界和世上所有的一切都是「祂」的，即上帝的。所以，誠如那位乞丐的不慚之言，窮人所接收的都是上帝的，施捨者無非轉轉手而已。反過來說，施捨者的捐贈也無非等於還給上帝；或者借用《聖經‧箴言》中的話來說：「憐憫貧窮的，就是借給耶和華。」

　　既然借錢給耶和華是一個人莫大的幸事（也許僅次於同上帝一起研習《托拉》），而這一幸事又是由於窮人接受了他的「憐憫」才得以成全，那麼受施者幫施捨者的大忙理應遠遠超過施捨者幫受施者解困。

　　正是在這層意義上，拉比們也認為：「乞丐在接收施捨者贈予時的貢獻，超過了施捨者贈予時的貢獻。」

　　如果說，這類「意識形態」解說的目的還在於幫助無助者擺脫受施時難以避免的困窘心理，那麼，猶太的慈善傳統中，還有許多具體的做法，專門用來從根本上解決這種困窘和那種「精神上貪婪」的產生。

　　拉比們歷來主張，最體現慈善之心的施捨應是施捨過程中施捨者和受施者都不知道對方是誰。前面提到過的所謂神會誇獎的三件事之一：「富人暗中把收入的十分之一贈給窮人」就是這個意思。

　　有一次，一位拉比看見一個人當眾給乞丐一個硬幣，便生氣地說：「使人羞愧的施捨，還不如不施捨。」

　　正因為這同一個道理，《聖經》中要求人們在收穫作物時，留下一部分讓窮人收去享用，無論是莊稼、葡萄還是橄欖；或是在安息年，讓窮人享用自然長成的作物。這樣，窮人就不需要同田地的主人發生直接的接觸了。

　　以後，猶太人又發明一種新的辦法，就是在會堂或其他公共場所專門設立若干小房間，名之為「靜室」或「禁聲室」。

這是專門為窮人儲存東西的地方。施捨者悄悄地把東西放進靜室，不留名姓就走了，而窮人也悄悄地拿走所需的東西，同樣不留名姓。有意思的是，每個捐贈者在放好東西後，還要喃喃自語，說這些東西不必看作捐贈之物。這地方所以稱為「禁聲室」，為的也許就是這話毋須說得太響吧！

直到今天，世界各地的猶太人所作的捐贈中，還有許多是匿名的。其中當然也有自知所贈錢物不到十分之一，心存愧疚而隱姓埋名的。不過，在我看來，這種帶愧疚感的隱姓埋名反過來更證明了猶太人道德起點的高度。

不管怎樣，猶太民族在慈善事務上一方面強調保護受施者的自尊心，另一方面突出地防止施捨者藉慈善表現自己的優越性，這都有效地保證了慈善活動作為民族團結、民族凝聚、民族自救之機制的健康作用。

因為保護受施者的自尊心，是保證受施者不對施捨產生依賴心的最根本方法。一個有自尊心的人，即使在萬不得已之時受人施捨，也絕不會安於、更不會自甘墮落地安於別人的救濟，像那個「靠肥雞和陳年葡萄酒過活」的乞丐。這既保證了民族中境遇最差的那一部分人的道德心與進取心，也保證了慈善活動可以有效地進行下去。有自救之心的受施者不會在人數上越積越多，而最終導致慈善救濟的「供不應求」。

就一般情況來看，在西方，猶太慈善機構的賑濟款項使用的有效性和合理性，要高於非猶太人的慈善機構和政府的福利資金。這固然同猶太慈善機構的工作效率有關，但更重要的原因在於猶太窮人得到了保護的自尊心：他們不願加入領取救濟的隊伍，即使迫不得已進入這一行列，他們也唯求及早脫離。

而從另一個角度來看，有意壓低施捨的重要性，防止慈善走向炫耀，走向顯示施捨者的優越性，也有助於慈善活動保持

其德性，保持慈善作為猶太人公義之心的本質特徵，保證慈善活動作為集體整合的重要手段，而不至於因慈善活動中極端利己主義的惡性膨脹反而最終毀了集體本身。

從上述角度來看，猶太人對施捨的種種限制就不僅出於對個體心理細微之處的體察和體諒，更出於對集體生存條件及其健康存在之細微要求的洞悉和感悟。這才是一個始終不忘集體存在的民族智慧高深之處。

# 3‧助人自立乃最高之善

世界上的事往往會走向反面，尤其是好事。所以，以猶太人那種慷慨的脾性和完善有效的慈善體制，外人很容易為他們擔憂，是否會因接受救濟太容易而終有一日接濟不上。

然而，事實證明，猶太窮人自己對慈善組織或慈善活動的依賴並不嚴重，往往是在別無選擇的情況下暫時利用一下，一有可能，他們馬上放棄這根拐杖，站在自己的腳上。

英國倫敦的猶太共同體具有完整的慈善體系，各種機構中最早的有建立於十八世紀的，大部分是在十九世紀，特別是在該世紀末建立的。

當時，大批猶太難民湧入英國，集中於倫敦，一度使倫敦已有的濟貧委員會窮於應付，不勝負擔。許多應急的募捐委員會應運而生，有效地擔負起救濟移民的任務。

移民的到來，在各方面都給定居多年的猶太人造成各種問題，自然也引起種種抱怨。但是，沒有一個人會抱怨移民佔用他們的公共基金。從猶太傳統來說，這條理由是不存在的。

最後，這些移民在倫敦猶太共同體的接濟和幫助下，或者

繼續前往美國尋求謀生機會，或者返回俄國，沒有一個人留下來靠社會救濟度日。

從價值觀上，猶太人就推崇慈善，而不以受施為榮。對猶太人來說，需要接受救濟，無疑證明自己已經到了赤貧的地步，等於承認自己的失敗與無能。這是一個莫大的恥辱！

這種觀念和心態典型地體現在猶太人的一條諺語中：「與其在他人的慈善下過活，不如過貧苦的生活。」在貧苦而獨立的生活中所能保持的個人尊嚴，在接受施捨之時，即使不能說蕩然無存，至少也岌岌可危。

正是這種視慈善之物為「嗟來之食」的態度，使得猶太窮人在很多情況下都隱而不現；或者更準確地說，使他們從貧困中昂然崛起。在後一個過程中，猶太慈善機構的接濟方式也起了極大的作用。

猶太慈善機構，尤其是那些歷史悠久、地位穩固的慈善組織，非常注意避免英國維多利亞時代濟貧機構那種「一視同仁」的做法。猶太組織對要求救濟的人並非「有求必應」，相反，通常需要作嚴格的盤詢，只不過出於猶太人的同情心和對窮人開口乞討時所處窘困情境的體諒，慈善組織一般採取先接濟，後盤詢的做法。

但不管怎麼樣，這種做法表明，一個人要享受慈善救濟，至少必須先證明，他現在的處境應歸之於某種非個人的原因。什麼叫「非個人的原因」呢？

猶太作家歐文·豪在所著的《我們父輩的世界》裡，轉引了第一加利西亞慈善協會的一條規則——

當協會成員欲結婚時，他必須就其未來的妻子向協會提出報告，協會將指定一個委員會，帶她去醫院檢查，

以了解她的健康狀況。如果醫生診斷表明她的身體狀況不佳，那麼，他就應該保持獨身。如果他堅持己見，仍執意同她結婚的話，那麼，男人在他的妻子死後，他將得不到任何撫恤金。

對「神聖的愛情」採取如此冷峻的態度，顯然只能表明，在猶太人看來，不僅共同體承擔著為每個成員提供救濟（必要時）的義務，每一個成員也承擔著盡力不讓共同體為他負擔的義務。而個人證明自己已經履行過這一義務的最好辦法就是拿出直接證據，說明他已作過努力，但仍然力不能及。

舉例來說，猶太人對窮人家的姑娘一直深表同情，因為她們有可能為了辦不起嫁妝而嫁不出去。猶太人有一種說法：有一個過了年齡而未結婚的女兒，是這個家庭中可能經歷的最大不幸之一。因此，猶太慈善制度中，對出身貧寒的姑娘算是特別開恩。

猶太律法規定，一個沒有父母的年輕姑娘要是會因為捐獻什一金而使其嫁妝低於正常結婚的水平，從而影響其結婚機會的話，可以不捐獻。這是為數極少的幾種豁免資格之一。

此外，許多猶太共同體都備有一筆供貧苦的新娘置辦嫁妝的專用資金，稱為 hachnasatkallah。例如，英國倫敦猶太共同體就有一個「每年為貧窮的猶太淑女和培訓有天賦的猶太姑娘提供資助」的「阿尼阿比卜信用社」。

在採取這些特殊措施的同時，共同體對貧苦的姑娘本人也有一個要求，要求這樣的姑娘或新娘證明，她確實已經為自立作出了努力。既然在相當長的時期中，女孩子正當攢錢的方法只有一種，就是到別人家當女傭，那難怪「立陶宛猶太委員會」早在 1638 年就明確規定：

「窮人家出身的姑娘……只有獲得了共同體領袖發給的文件，證明她們在共同體生活期間，自十二歲以後——因為這個年齡已適合做家務——已經有三年時間在別人家裡當女傭之後，才能得到資助。」

猶太共同體對他們關懷備至的貧苦姑娘尚有這種要求她們自立的規定，對其他救濟對象就更不用說了。而前面我們談到那兩個「乞丐」時，之所以說他們已不像猶太人，倒不單單因他們的臉皮，而是在猶太人的慈善體制下，根本就不會造就這樣一種可以「肆無忌憚」地享受「肥雞和陳年葡萄酒」的人。

著名的猶太思想家、猶太律法的權威邁蒙尼德曾明確宣布，最高級別（共有八級）中最高級的慈善之舉就是收容一個一貧如洗的以色列人，送他一樣東西，或借給他一筆錢，或招他入夥，或為他找一份工作，目的在於使其雙手變得有力，從而使他不再需要求助於人。

「使救濟對象不再求助於人」是猶太慈善活動的最終目標。無論從道義上、經濟上，還是民族生存上來說，這個目標都是最合理的。任何一種慈善事業一旦實現這樣一個目標，就意味著它已進入良性循環之中。

可以說，世界猶太人之所以能為以色列提供那麼多的捐款，除了他們把猶太人的國家擺在優先地位之外，根本上還在於絕大多數猶太共同體已經較為成功地解決了它們各自面對的日常救濟問題。而這一成功的主要原因之一，恰恰在於它們造就的是不再求助於人的人。

# 4·普世主義的胸懷

猶太人興辦的慈善事業，猶太人當然有權受益；但受益於猶太慈善事業的，絕不僅僅是猶太人。

以《聖經》來說，上帝對以色列人和外邦人是區別對待的。比如對安息年豁免債務，上帝就規定，凡以色列人所欠的債務都要豁免，不可追討；但借給外邦人的就允許追討。還有，同樣賣身為奴的，以色列人可以在禧年自然獲贖，而外邦人則不可，只能永遠為奴。

不過，在另外一些方面，外邦人也同樣可以享受。比如安息日的休息，外邦人就一樣有份。而且，在以色列人是一種宗教義務，而在外邦人則是純粹的休息。再有，安息年地裡自生自長的物產，外邦人也可以分享。

《聖經》中後面這些規定，上帝顯然也有自己的道理。既然人類的任何一員都是上帝的造物，那麼，猶太人與非猶太人在出身上自然是平等的，大家都是人。在這一根本點上，猶太人沒有將奴隸視為「會說話的牲口」之類的觀念。相反，上帝多次告誡以色列人要善待寄居在他們之中的外邦人，因為以色列人也曾在埃及地寄居，要將心比心。

從這一源頭開始，形成了猶太慈善事業的普世主義傳統。

今天，在任何一個有較大的猶太人共同體的城市裡，人們都不會找不到以這種、那種形式受惠於猶太人的慈善事業；從無數的醫院、診所、圖書館、音樂廳，以及其他以猶太人名字命名的福利和文化設施中，都可以看到這種恩惠。

紐約那所建立於 1852 年並經多次遷移改建、常被列入全美最好的六所醫院之一的西奈山醫院，原為猶太病人所建，現在門診工作人員絕大多數還是猶太人，而門診病人則已絕大多

數是非猶太人了。

英國的牛津和劍橋這兩所大學絕不可能是猶太大學，但它們各有一個「伊沙克·沃夫森學院」，這又純粹是一個猶太人的名稱。不過，在此之前已經有了以另一個猶太人——耶穌基督——的名字命名的學院。

被譽為當代最慷慨的慈善家伊沙克·沃夫森是一個蘇格蘭籍猶太人，英國最大的百貨公司「大宇宙百貨公司」的總裁。該公司擁有三千多家零售商店，同時涉及銀行業、保險業、房地產，還有水、陸路運輸業等。

1955 年，沃夫森設立了以自己的名字命名的基金會；在以後的二十年間，為各個方面，主要是教育機構，提供了四千五百萬美元的經濟資助。許多大學和學院都向他頒發了榮譽學位證書。

沃夫森非常樂於對人講這樣一個故事——

曾經有一個人問他：「沃夫森這個傢伙既是皇家外科醫師學會會員和皇家內科醫師學會會員，又是牛津大學教會法規博士和劍橋大學法學博士，而且還是這所大學的這個博士、那個大學的那個博士，他到底是幹什麼的？」

「他是個寫東西的。」

「寫東西？他寫了些什麼？」

「支票！」

同樣，美國的「希爾斯·羅巴克百貨公司」總裁朱利葉斯·羅森沃德也是一個同樣慷慨大度，「澤被」非猶太人的慈善家，就像兩家公司在各自國內都屬最高級別一樣。

羅森沃德曾為美國二十八個城市的「基督教青年聯合

會」和美國一些貧困地區建立鄉村學校提供資助。為解決芝加哥黑人的住房問題，他出資二百七十萬美元，還分別為芝加哥大學、芝加哥科學和工業博物館各捐贈五百萬美元。1917年，他創立了「朱利葉斯・羅森沃爾德基金會」，基金總額為三千萬美元，並且按照他的要求，基金本利必須在他去世以後二十五年內用完。

1943 年，羅森沃爾德向華盛頓「國家美術館」捐贈了七萬五千件雕塑與繪畫作品。他還曾向「國會圖書館」贈送了約兩千冊珍貴圖書，其中有許多是印刷術發明後的首批印刷品，另外還有許多手稿。為此，他被讚譽為「美國文化史上最少得到稱頌的英雄……人民的最大施主之一」。

作為猶太民族普世主義慈善傳統的另一顯例是對「外邦人」雇工的慈善態度。

羅森沃爾德的經營成功有兩個秘訣：一、是他能夠極為準確地進行市場預測。二、是他為公司職工創設了大量福利設施；比如設立保健和牙病診治所、疾病和死亡救濟撫恤金、療養中心，以及給予長期為公司服務的職員以利潤分成。所有這一切，使工作人員獲得一種在當時美國商業界還不為人意識到的安全感，從而持久而忠實地為公司效力。

世界上最大的製鹼企業、英國「布隆內爾蒙德公司」的創立人路德維布・蒙德是一個出生於德國的猶太裔化學家暨實業家。他在製鹼工藝和勞資關係兩個方面都取得了堪稱革命性的突破。

在英國，他的公司是最早給予工人每年一週有薪假期的企業之一。1889 年，公司又首創性地實行八小時工作制。而在此之前，工人每天需工作十二小時，一週八十四小時。

蒙德的工作制度改革引起轟動，他被人們視為模範雇主。

當初在公司建廠時，因不願寧靜的鄉村環境遭到破壞，附近的勞動者都拒絕為他工作，現在則都搶著要進他的工廠。在蒙德的工廠裡做工可以獲得終身保障，而且，退休之後，父親的工作可以由兒子繼承。蒙德工廠裡的職位已經成為工人的一份家庭財產。

　　猶太人歷來有使個體利益和集體利益趨向一致的本領。如果說，以前只是在猶太人內部達成了這種一致，那麼在普世主義的慈善範圍內，猶太人將同更大得多的人群，甚至整個世界（當然這是遠景）達成這種一致。以色列建國之後，曾派出大量科技專家幫助亞非各國發展科學技術，這是一個例證。

　　在類似蒙德工廠這樣的情況下，即使周圍不幸又出現了反猶主義活動，我想，這些將職位視作家庭財產的工人應該不會跟著一起折騰，而毀掉自己的這份財產。這難道不是猶太慈善家和慈善機構希望看到、能夠看到，並多少已經看到的一點成果嗎？


# 5・以共同體的名義

　　猶太人不但樂於施捨，同時也善於募捐。

　　西方有一個笑話，說得不無道理——

　　一架飛機正飛越大西洋，機內引擎突然起火。機長連忙請求機上每個乘客按照自己的信仰，「做些宗教上的事情。」

　　於是，穆斯林朝著麥加跪拜，羅馬天主教徒數著念珠祈禱，清教徒唱起了讚美詩；而一個猶太乘客則挨座募捐，為防止以後的飛機引擎著火而籌措研究基金。

　　將猶太人「宗教上的事情」簡化為募捐一件事，自然包含

著對猶太人的某種揶揄。既然笑話免不了簡化與強化，也沒必要過於較真，否則，就太缺乏幽默感了。

而且，在現代合理化的世界中，人們一般更重視能呈現實效的行為，科學成為比神學更為時髦的東西。所以，「宗教上的事情」可以為防止今後的事故作出實質性的貢獻，倒更顯出猶太人的務實精神。

何況，今日世界上，募捐已經成為各種機構集資的固定程式；沒有捐款，許多社會活性動至少不會搞得像現在這樣歡。

既然如此，猶太人因為精於此道，又顯得有些超前了，又可以給人們上課了。

猶太人確實會募捐，歷史上的例子多少帶有一點苦澀，就不談了，僅以美國猶太募捐組織在兩次以阿衝突期間的成果來看，就非同小可。

1967 年的六·五戰爭爆發那天，美國猶太組織在著名的旅館華爾道夫·奧斯特里爾旅館舉行的一次聚餐會開始的十五分鐘裡，每分鐘得到一百萬美元的捐款保證。

在這一天，芝加哥募集到二百五十萬美元，亞特蘭大募集到一百萬美元以上。在這為期六天的戰爭爆發後的一個星期內，美國猶太人的以色列緊急基金募集到九千萬美元。

1973 年的十月中東戰爭期間，美國猶太組織募集到一億美元。這一年，美國人捐獻了四·七七四七億美元，購買以色列債券超過五億美元。

以色列建國頭十年中，光從美國猶太人那裡得到的捐款就達十四億美元之多。近年來數額更大，正常年分約為每年五億美元。

猶太組織之所以能募集到那麼多的捐款，當然有多方面的原因，但最根本的一點就是猶太人把慈善捐獻看作一種紐帶，

一個連結中心，一個散居共同體的會聚點。隨著近年來純粹宗教性質的熱誠下降，募捐要來越成為猶太人與猶太共同體歸屬關係的唯一媒介，對以色列之外的猶太人來說更其如此。募捐作為一種猶太的傳統教育，可以有效地加強猶太人的民族認同感；靠著這種認同感，散居的猶太人自己就可以使猶太民族延存下去。

在這種思想指導下，猶太機構在募捐時採取的方式就很有自己的特色。

美國猶太人聯合募捐會的前任主席、以色列猶太代辦處的籌款機構負責人保羅・朱克曼曾作過一番經驗之談，很能體現猶太人募捐時的基本思路和方法。

「一個人永遠不應該單槍匹馬地募集一大筆捐款，這是一條公認的原則。拒絕一個人，特別是一個朋友或鄰居，那再容易不過了。如果兩個或更多的人一起去，這就不是一個猶太人向另一個猶太人索取禮物——這是整個共同體，是猶太民族在這樣做。」

「如果一個全美猶太人的領導人，一個以色列的領導人和一個受尊敬的當地猶太人的領導人都去拜訪他的話，完全可以理解為全世界的猶太共同體去拜訪他。」

因此，即使募捐時不能不談到錢，但絕不會光是談錢。猶太組織的代表常常談及如何改變人的本性，並將捐款者看作共同體的寶貴財富。

這裡，我們又一次看到猶太人特有的那種將最經驗的事物賦予最超越之意義的智慧。借助於這種方法，猶太民族獲得的不止是捐款，還有真正意義上的「共同體的寶貴財富」；即使他原先並不是「財富」，則當他捐出財富的同時，也就成了「財富」，成了一個有民族認同感的猶太人。

猶太組織還常常採取一種更具共同體活動性質的募捐方法——按卡唱名法。這是一種規模較大的集中募捐方法。

「按卡唱名法」的一般形式是這樣的：募捐機構專門組織一次表彰宴會或社區的重要活動。在活動之前，有關組織已根據對可能捐款人的調查、以前的捐款情況和本次捐款的期望等等，預先準備好一系列捐款保證卡。應邀出席的來賓對此都是有所準備的。

當宴會氣氛正濃時，或者貴賓演講結束之後，活動主持人便按照已經準備好的名卡依次點名，當場要求捐款。

這種活動一般有一百到五百人出席，相互之間往往又彼此熟識，很容易給人造成一種「伙伴壓力」。為了不顯得自己小家子氣，捐款人一般都會心甘情願地竭其所能，慷慨捐贈，相互之間還會產生攀比效應。其結果，每次都能讓募捐人「喜出望外」。

這種方法可以說是猶太募捐組織所用方法中最招人非議的，甚至被人稱之為「一種愚鈍而極不得體的展示」。此話不無道理。

對一個本來不願捐獻或者不願捐獻那麼多，但礙於朋友、同行的在場，為了不失面子而忍痛掏錢的人來說，確有強人所難的味道。而且，那種相互攀比，固然有助於提高捐款額，但無形中已成為一種比誰財大氣粗的炫耀之舉。

然而，考慮到炫耀本身乃人之常情，這兒不炫耀，那裡也要炫耀，那麼，一樣在炫耀中花錢，與其花得不明不白，讓別人發財，還不如花得清清楚楚，讓猶太人自己的事業獲益。

有意思的是，人們公認這種「愚鈍」的方法只有猶太人才用得好，其他人即使用了，也難以取得如此成功。其中的根本原因當然不會是猶太人的生性「愚鈍」，而恐怕仍在於：只有

猶太人，包括募捐的猶太人和捐獻的猶太人，才真正懂得、體會到了人類最「愚鈍」的本性可以獲得最為昇華的形式。

真正聰明的人，絕不會停留在就愚鈍論愚鈍的愚鈍地步！

# 6・施捨的利潤，慈善的利潤

前面我們提過猶太人關於慈善的一種說法：「憐憫貧窮的，就是借給耶和華。」這句話其實可以作正反兩方的理解。

從正面看，這是將慈善之舉神聖化，賦予它一種神學色彩，從而使個體行為昇華為集體價值的體現。

從反面來看，既然稱之為借而不是送，那麼，毫無疑問，還是要收回的。耶和華自己也說：「他的善行，耶和華必償還。」而且，以上帝對待約伯的情形來看，這個償還必定是連本帶利一起償還的。這就是說，施捨絕不是單純的贈予，而是一種特殊形式的投資。

我這麼說，絕無貶低猶太人在慈善時一片真正善心的意圖。我在前面已多次指出，猶太民族不同於其他民族的一個重要地方就是不諱言利。猶太人沒有偽善的習慣，至少在錢的問題上。雖然他們不喜歡談錢，但一旦談到錢，也就是實利時，他們絕沒有某些民族中常見的那種「手接怕爛手而改用靴筒接」的扭曲心態。

正因為如此，拉比，從《塔木德》開始的拉比在開導猶太人踴躍參加慈善活動時，除了堂堂正正地弘揚向窮人施捨的神聖性之外，還大大方方地宣傳向上帝貸款的有利性。

《塔木德》上有這樣一則故事——

在某個地方有一家很大的農戶，其戶主被稱為耶路撒冷附近最慈善的農夫。每年拉比都會到他家訪問，而每次他都毫不吝惜地捐獻財物。

　　這個農夫經營著一塊很大的農田。可是有一年，先是受到風暴的襲擊，整座果園被破壞了，隨後又遇上一陣傳染病，他飼養的牛、羊和馬全部死光了。債主蜂擁而至，把他所有的財產扣押起來。最後，他只剩下一塊小小的土地。可是，他卻說：「既然神賦予的東西，神又奪回去了，還有什麼好說的呢？」他處之泰然，一點都沒有怨天尤人。

　　那一年，拉比像往年一樣，又到了農夫的家。見他家道中落，拉比們都對他表示了極大的同情，也無意再請他捐獻。

　　這位農夫的太太卻對丈夫說：「我們時常為教師建造學校，維持會堂，為窮人和老人捐獻錢，今年拿不出錢來捐獻，實在遺憾。」

　　夫婦倆覺得讓拉比們空跑一趟，於心不安，便決定把最後剩下的那塊地賣掉一半，捐獻給拉比。拉比非常驚訝在這樣的狀況下，還能收到他們的捐款。

　　有一天，農夫在剩下的半塊土地上犁地，耕牛突然滑倒了。他手忙腳亂地扶起耕牛時，卻在牛腳下挖出了一些寶物。他把這些寶物賣了之後，又可以和過去一樣經營果園、農田了。

　　第二年，拉比們再次來到這裡。他們以為這個農夫還和以前一樣貧窮，所以又找到這塊地上來。附近的人告訴他們：「他已經不住在這裡了，前面的那所高大的房子才是他的家。」

拉比們走進大房子，農夫向他們說明了自己在這一年中所發生的事，並總結道：只要不吝惜財物，樂於捐獻行善，它必定會給予回報的。

據一位拉比說，他常在募捐時向別人講述這個故事，「每一次都獲得成功」。

這種成功無非再一次證明，猶太文化有把最超驗的形而上價值同最經驗的日常需要糅合在一起的能力。

事實上，在倡導慈善時，以實利加以引導，並不一定會沖淡施捨行為的神聖性。因為，沒有對這種神聖性的認可，你把實利講得再大也沒用，這種實利畢竟只是一種把握不住的東西，精明的生意人絕不會為了耳朵聽見的實利就放掉手中拿著的實利，要不然，募捐也太容易了。實利的說法只是一種緩衝，它可以削弱捐贈時一般人常有的那種本能反應。從這個角度看過去，拉比敢講利而不怕丟掉義，反而體現出猶太民族對人性的敏感和在調度人的心理方面表現的諳熟。

況且，實利的說法也不僅僅只是一種緩衝，慈善之舉確實可以帶來實利。現代商業世界中普遍弘揚的那種「取自社會，用於社會」的形而上價值，同樣是有實利為基礎的。那麼多的廠家、商人資助各種體育運動，資助教育，資助殘疾人事業，難道都沒有一點「用於社會，再取自社會（甚至加倍）」的意圖嗎？

在今天的商業活動中，慈善性質的資助賦予確確實實成了一種間接貸款方式，確確實實成了追求豐厚利潤的一種手段！

而且，對商人來說，同樣為了提高知名度，做廣告也要花錢，還有人不信，那麼將這筆錢花在「大得人心」的免費廣告上不是更加合理嗎？對於個人來說，現在同自己毫無關係但又

逃避不了的廣告實在太多，已經讓人厭煩、惹人反感，讓人一見廣告就不想購買，那麼，省掉一點麻煩而又可以或者自己、或者親友、或者更遠一點的相關者直接、間接受惠於這筆節省下來的廣告費，不也更加合理嗎？

慚愧的是，當我們振振有詞地論證了施捨對所有涉及者的所有這一切好處之後，我們只不過重新回到《聖經・箴言》中「憐憫貧窮的，就是借給耶和華」這句格言上。無論從社會價值觀上，還是生意經上，猶太人又領先了世界至少整整二十個世紀！

而作為所有這類格言背後最深層的那種自覺地將個體利益和整體利益調整到一個方向，在個體使整體得到的同時，個體也可以經由整體而得到的根本性策略，無疑將作為體現人類社會生活之中最高智慧的終極真理之一，引導人類皆大歡喜地走過一個又一個「整整二十個世紀」！

# Chapter 7
# 流散的民族　凝聚的智慧

　　民族作為現代學科意義上的一個術語，首先是一個政治——地域概念，因為地域在很大程度上構成了一個群體的邊界條件，使其得以區別於同種族的其他群體。

　　然而，長時期中，猶太民族作為一個民族，最缺乏的恰恰就是共同的地域。人們在談及猶太人，特別是歷史上的猶太人時，一定會用到一個詞 Diaspora，中文譯為散亡或者流散。意指猶太人流落世界各地，成散居狀態的歷史經歷。一般將這一狀態同猶太民族政治——地域意義上的亡國聯繫在一起，其標誌為耶路撒冷聖殿的兩次被毀。

　　從歷史上看，政治意義上的散亡由「巴比倫之囚」開端。公元前 586 年，猶大王國為新巴比倫國王巴布甲尼撒二世所滅，聖殿被毀，耶路撒冷成為一片廢墟。猶大王國的國王、祭司、貴族和工匠數萬人被擄至巴比倫，在那裡度過半個世紀的囚徒生活，史稱「巴比倫之囚」。不過，這段時間裡，猶太人大部仍居他在巴勒斯坦。

　　公元 69 年，猶太人反抗羅馬的起義被鎮壓，第二聖殿被毀。公元 132 年又爆發了巴爾·科赫巴起義，三年後失敗。羅馬人為消除猶太人的抵抗意識，遂將耶路撒冷夷為平地，並

用犁犁過。猶太人除了被殺和被賣為奴者之外，全部被驅逐出巴勒斯坦，流散各地，成為真正意義上的散亡。

當然，在這種政治意義上的散亡之外，也有經濟意義上的散居。早在大衛王和所羅門王時期，猶太人已經自發地開始去異國他鄉定居。而即使今日有了猶太人自己的國家以色列，居住在以色列的猶太人也只占全世界猶太人總數的四分之一。個別年份之間，甚至有移居國外的人數超過回歸以色列的人數的情形。

但是，不管是被迫的流放，還是自願的外遷，不管有沒有自己地域意義上的國家，猶太人作為一個文化意義上的民族，作為一個具有最強烈的民族認同感的民族，始終是存在的。它既體現為二千年中各猶太共同體之間的相互支援，也體現為今日世界各地猶太人對以色列的近乎無條件的支持。沒有這樣一種超越時空的凝聚力，猶太復國主義的理想是不可能成為今日之現實的。所以，正是從這一凝聚力著手，我們可以看到猶太民族在克服地域紐帶闕如所帶來的不利方面的卓越智慧。

# 1・時間的國度

每個民族都有自己的節日。

節日，在最根本的意義上，是人類對自然時間的改造或曰「文化」（文明化）。寒來暑往，晝盡夜臨，這是自然遠在人類生之前就已開始的運作，原本對人來說，只有生物學的意義。但是，節日的形成卻變亂了自然的節奏，淡化了自然意義，而突出了時間的文化意義。在這方面，猶太民族可以說是真正的行家裡手。

猶太民族最重要的節期當數安息日。這是個非常古老的節期。Shabbos（安息日）源於阿卡德語，讀如「沙巴」，意為「七」。但在希伯來語中，其含義是「停止工作，休息」。

　　猶太人沒有星期幾的稱呼，他們只稱第一天（星期日）、第二天（星期一）……第七天（星期六）。從第六天傍晚日落到第七天太陽落山，這段時間就是安息日。

　　對安息日的來源，眾說紛紜，有說來自巴比倫，也有說源自迦南，也有人說受埃及的影響。不管怎麼說，安息日所具有的宗教色彩肯定是猶太人給加上去的。

　　在《聖經》中，對安息日的解釋主要有兩種：《申命記》第五章中突出了其社會意義方面，認為每個人，不論男女、主僕，都應有休息的機會，而且這個休息的機會還作為一個紀念日，可以提醒人們憶起當年上帝救贖希伯來人的經過：「當晚耶和華你神所吩咐的，求安息日為聖日……這一日你和你的兒女、僕婢、牛驢、牲畜，並在你城裡寄居的客旅，無論何工都不可作，使你的僕婢可以和你一樣安息。你也要紀念你在埃及地作過奴僕，耶和華你的神用大能的手和伸出來的膀臂，將你從那裡領出來。因此，耶和華你的神吩咐你守安息日。」

　　《出埃及記》中對安息日作了另一種解釋：「因為六日之內，耶和華造天、地、海，和其中的萬物，第七日便安息，所以耶和華賜福與安息日，定為聖日。」這顯然同《創世記》中的說法一致。上帝在忙碌了六天之後，休息了一天，所以，作為上帝的選民，猶太人也應該安息一天，雖然沒有像上帝那樣勞累。

　　從猶太歷史來看，在早期，安息日作為休息日，是一個快樂的節日。在這一天，人們不幹活、不經商，但可以至聖殿朝拜，或做短途旅行。

公元前 586 年，猶大亡國，聖殿被毀，大量猶太人被擄，淪為「巴比倫之囚」，其他節期都不復存在。這時，安息日便被賦予了特別的文化意義，成為猶太人與上帝立約的獨特記號，從而也就成了一個猶太人明確民族身分、堅定民族認同的節期。

從巴比倫返回迦南之後，安息日已被看作一個可慶賀和崇敬的日子。在這一天，聖殿裡有特殊的獻祭，同時出現了比較嚴格的戒令：在安息日，任何人不許經商或出門旅行；不許挑擔；不許把負載的牲畜帶到耶路撒冷；什麼東西都不許拿出家門，什麼活也不許幹。

按照猶太律法，人們在家裡過安息日時，有一套十分完整的禮儀。

星期五晚上，丈夫要上猶太教會堂做禮拜。在家裡，主婦點起兩支蠟燭，等丈夫回來後，對一杯酒進行祝聖。在星期六上午，午餐前，他也要誦讀一些祝福詞，使一杯普通的酒成為聖物。安息日不進行一切世俗活動，但有三頓節日的會餐：星期五晚上、星期六中午和下午。到時，一家人換上清潔的衣服，鋪上潔白的枱布，品嘗預先烤好的魚肉⋯⋯

這意味著，每隔七日，整個猶太世界都要像一家人般慶祝一番，重溫自己同上帝的立約，在「苦中作樂」中堅定民族信心：就像每週都會來到的會餐一樣，上帝的拯救必將來臨。

正因為安息日具有這種凝聚作用，所以，隨著猶太民族越益流散，地域紐帶越益鬆弛，處境越益困難，守安息日的規定也相應地越益嚴格。這表明安息日這條時間的紐帶越益牢固堅韌，甚至出現了令其他民族難以理解的極端行為。

公元前 168 年，希伯來人為反對敘利亞塞琉古王朝強迫猶太人改宗的暴政，武裝起義，史稱馬加比起義。經過兩年鬥

爭，希伯來人終於光復耶路撒冷，並獲得一百多年的獨立。

但是，根據《次經》❶記載，戰爭中曾發生兩起異乎尋常的事。

一次，一群希伯來人遭到敵人攻擊，只因為那天正好是安息日，他們便寧死也不抵抗，結果，一千餘人慘殺戮。

還有一次，希伯來人在戰場上大勝敵兵。正待乘勝追擊之時，第六天的太陽落山了。他們為了守安息日，竟然就此收兵回營。

第二次世界大戰期間，當近百名攻讀拉比職位的猶太學生在星期五日落後才抵達神戶時，他們竟拒絕按規定在登陸的表格上簽字，以免褻瀆安息日，而全然不顧他們是在逃難途中。神戶猶太人委員會的代表非常尷尬，只好向當時還算合作的日本當局作解釋，徵得同意後，他在每個登陸者的證件上簽了一個 Shabbos（安息日）來代替他們自己的簽名。為此，這個代表還得了一個渾名：Shabbos Goy（褻瀆安息日者）。

直到今日，以色列的社會生活還周期性地陷入癱瘓。每當安息日，全國百業皆息，連國內航班和公共交通也全部停駛。幸好出租汽車仍在營業。

為了節省能源，許多國家實行了夏令時制。但在以色列國內，政府的這一打算卻遇到巨大的阻力。許多人認為這樣會褻瀆安息日，因為公共交通會在第七天日落以前就開始營運。一個正統拉比的意見可以說極為典型地表明了安息日所具有的突出的文化意義：

「在能源上節省幾百萬元，甚至數十億元，怎能和我們靈

---

❶　《次經》同為希伯來文化重要遺產，由編選猶太正典《聖經》時未被選中的一部分經文組成，全書共十五卷。

魂上的損失相比？」

在今日這個「合理化」的世界上，聽到如此「理直氣壯」的話，我們難免會覺得猶太人迂腐得很。然而，要是換一個背景，讓處於互不聯繫或很少聯繫境況中的猶太人來說出這句話，那麼，我們能不承認猶太民族在確保民族凝聚力上的智慧與成功嗎？沒有這樣一種不計一切代價地遵守民族規範的傳統力量，猶太民族能有今日嗎？

這裡實際上涉及兩套標準的優先權之爭：究竟是作為民族的象徵優先，還是其他種種經濟、個人的因素優先？換言之，究竟是獨特的猶太民族標準優先，還是人類一般標準優先？

猶太人自己的回答歷來十分明確、十分肯定：猶太民族優先。這就像猶太人的上帝：上帝是統管宇宙的，但他首先是猶太人的耶和華。


# 2·「古史今歷」的節日

在猶太人的生活中，表現為猶太人與上帝立約的節期不止安息日一個。其他各種節日，尤其是一些重大的節期，都具有這種意蘊，而且，都在《聖經》中，藉耶和華上帝之口而成為聖日。

這樣一種意蘊，顯然是古希伯來知識分子在「巴比倫之囚」時期及其後，特地附加上去的。但這樣一種加工，顯然又不是個別人的心血來潮或別出心裁。一個民族之所以會在個別人的頭腦中產生這類念頭，並為民族成員所認可，演化為民俗，本身便是一種集體要求和集體創造。

事實上，這類作品在其他民族的生活中也多有發現，如我

國的端午節、寒食節等，便同民族所弘揚的某些氣節、情操相聯繫，也是一種以時間為載體的象徵符號。

猶太民族一些節日的獨特之處在於：一則，它們都同上帝相聯繫，都具有某種神聖性，進而成為民族識別的標誌；二則，它們都由於《聖經》中上帝親口吩咐，兩千餘年來幾乎成為某種標準化的禮儀。凡逢這些節日，猶太人都恪守上帝的規定，一成不變地將「歷史」重演一遍。傳說中的歷史，似乎已經成為每個猶太人每年的親身經歷！

猶太人有三大教節：逾越節、五旬節和住棚節。

其中再現歷史或曰演劇成分最多的，是逾越節和住棚節。

〔逾越節〕的出處是上帝在帶領以色列人出埃及時與他們立下的。當年，在上帝指引下，摩西率領以色列人逃離他們被奴役的埃及。為了迫使埃及法老答應放以色列人離去，上帝決定向法老行奇事，要擊殺埃及人的所有長子和一切頭胎牲畜。

為了避免誤殺尚處於埃及地的以色列人及其牲畜，上帝跟以色列人說好，在猶曆亞筆月（現稱尼散月）的第十日選好羊羔，於十四日傍晚宰殺，塗羊血於門楣或門框上。然後，把羊烤熟，當晚吃完，準備上路。就在這天晚上，上帝派天使擊殺埃及人的所有長子和頭胎牲畜，唯獨放過那些門框上塗有羊血的人家。「見羊血而逾越」，故稱「逾越節」。

由於上帝要求猶太人從此以此日為「聖日」，紀念上帝的救贖，所以，猶太人世世代代守「逾越節」，並在每一次的逾越節上都一絲不苟地將《聖經》上載明的詳細規則，重新來上一遍──

每年初春的第一個月即亞筆月，在這個月的第十天，每家都要從羊群中挑選一頭一歲的公羊，此羊必須沒有一點傷殘。到十四日傍晚，家家把選好的羊殺了，把羊血塗在門框上。在

向上帝獻祭之後，把羊烤熟，一根羊骨也不許折斷。

當晚，人人都行裝在身：腳穿皮鞋，腰束帶了，手持行杖，儼然一派即將登程的打扮。然後，匆匆忙忙地把烤羊肉連同五臟全部吃光，吃剩的東西全部焚燒掉。如果家中人口少，吃不掉整隻羊，可以同鄰家一起吃；這也是上帝關照清楚的。進餐時，除了羊肉以外，通常還有無酵餅和苦菜。

逾越節的次日，即亞筆月的第十五天，就是〔除酵節〕，節期為七天，在這七天中，猶太人只吃由沒有發酵的新麥麵烤製的麵包。而且，除了準備食物之外，什麼工作也不能做。這七天也是獻給上帝的。

當年，上帝行奇事擊殺埃及人的所有長子和頭胎牲畜之後，埃及法老忙不迭地催促以色列人離開埃及，以免再貽禍埃及人。以色列人走得匆忙，來不及預備食物（也許前一宵羊肉吃得過飽，有點積食），只帶著未曾發酵的麵。所以，後世猶太人每年此時都要吃無酵餅，以紀念上帝領他們出埃及。

由於這兩個節期緊緊相連，久而久之已結合在一起，今日統稱為逾越節。不過，兩個節期的內容全部完整地保留下來。第二次世界大戰期間，猶太人即使虎口餘生般地避難於上海，還專程從美國運來了烤製無酵餅的烤爐。

就時序而論，〔住棚節〕是猶太人第三個大教節。住棚節在猶曆七月，即以他念月（今稱提新利月）的十五日至二十一日。

按照《聖經》的記載，住棚節有三項主要內容——

第一是獻祭：「這是耶和華的節期，就是你們要宣告為聖會的節期，要將火祭、燔祭、素祭，並奠祭，各歸各日，獻給耶和華。」

第二是住棚：「你們要住在棚裡七日；凡以色列家的人，

都要住在棚裡，好叫你們世世代代知道我領以色列人出埃及地的時候，曾使他們住在棚裡。」

第三是手持枝條歡樂：「第一日要拿美好樹上的果子和棕樹上的枝子，與茂密樹上的枝條，並河旁的柳枝，在耶和華你們的神面前歡樂七日。」

今日的以色列國內，在歷時七～九天的住棚節期間，除了病弱者之外，人們都住在用樹枝搭成的棚中；而以色列政府每年在節日前夕，還特地派人修剪樹木，把剪下的枝條，供大家搭茅屋。

這是何等典型的生活化的戲劇和戲劇化的生活！這樣一種充滿戲劇色彩和故事情節的節日氛圍，無疑使原本在虛煙繚繞的傳說中似有似無地浮現在既往歷史，具有了現今的即時性質，具有了年年必將重現的歷史宿命的性質！

散居各地的猶太族眾無疑將因這自幼熟習，融合歷史、現在與將來為一體的「親身經歷」，而在個人歷史、民族歷史和民族的救贖上形成極為牢固的共識和極為強烈的認同——

大家都處在出埃及地前夜的準備狀態之中，大家都處在出埃及地的行程之中，大家都正向著「流奶與蜜」的上帝應許之地進發！

這樣一種行前的忍耐、行中的亢奮和對目的地的企盼，鑄就了猶太民族的共同心理特徵：猶太人的認同沒有地域紐帶，也不需要地域紐帶；更確切地說，不需要其他地域紐帶；因為上帝應許之地就像其名稱「流奶與蜜的地方」一樣，永遠充滿了理想的魅力！

這是一個存在於想像之中的地域，但這個地域由於在年復一年的戲劇化節日中一再遙遙而又近近地呈現，從而具有了一切地域都不具備的那種實在性！

# 3·時間國度的首都

同許多古老的民族一樣，猶太民族也有自己的曆法；比如今年公曆是一九九三年，按猶曆計算，就是五七五三年。

猶太曆法既不同於繼承了古希臘、羅馬遺產的基督教社會太陽曆，即今日的公曆，也不同於同處中東的伊斯蘭教太陽曆，而是一種同時融合了太陽曆與太陰曆的曆法。

在猶太曆中，一年按照月亮盈虧，分為十二個月：正月稱尼散月（約在公曆三～四月之時）其次為以珥月（二月）、西彎月（三月）、搭模斯月（四月）、埃波月（五月）、以祿月（六月）、提斯利月（七月）、馬西班月（八月）、基斯流月（九月）、提別月（十月）、細罷特月（十一月）和亞達月（十二月）。

凡同時使用太陽、太陰曆的民族，都不能不碰到兩種曆法的變換問題，其中最重要的是彌合太陽周期與月亮周期之間的時差問題。這裡，我們感興趣的不是猶太民族在制訂曆法上表現出來的技術方面的智慧，而是猶太民族在確定曆法時表現出來的藉時間聯繫而牢固確立民族地域中心的智慧。

直到公元四世紀，猶太人藉以確定曆法時間的方法仍是純粹經驗性的，即以觀察天體，尤其是月亮為基礎。

眾所周知，月亮繞地球一周就是陰曆一個月，嚴格說來，是二十七天十二小時四十四分又三秒。所以，為了確定「新月」、即太陽零度的確切時刻，就需要從散步在本地區的各個點上的觀察者那裡獲得證據。他們可以從日落之後初升的月亮上看出新月的特徵。

不過，作為個人的觀察者，即使確信自己看到新月，也無權宣布新的一月開始，因為他不具這種權威。猶太史的第二聖

殿時期和聖殿被毀之後的時期中，這種權威被授予納希，即猶太民族的精神領袖。而作為這種權威的堅實基礎者則是耶路撒冷作為以色列首都的地位。

這樣一來，觀察資料的呈報與確切時刻的頒布，便形成每年每月川流不息的雙向運動。

每月三十日，各個地區的觀察者帶著自己的觀察資料，匆匆忙忙趕往耶路撒冷，以便在拉比法庭前證實他們業已看到的新月。老人們特地借了坐騎，一路上的危險地段還有警衛守望著。有時整個家庭、整個共同體或成群的人浩浩蕩蕩，一起動身。儘管從技術上說，新月的確認只要有兩個成年人的證據就足夠了，但為了不使下個月的觀察者沮喪，無論來的人有多確多，他們在耶路撒冷都會受到款待，並且被安頓在小客棧裡。

一旦觀察者帶來的證據被法庭接受，納希便莊嚴宣布此日為 Rosh Hodesh，即下個月第一天。要是法庭作出裁定之前，夜幕已經降下，那麼次日便被宣布為 Rosh Hodesh。

隨後，各地的來人又浩浩蕩蕩地踏上歸程，從耶路撒冷把確定的 Rosh Hodesh 帶回巴勒斯坦地區和猶太人的流散地。這一切至少在三十日次夜通過點燃火把開始。

每個月的這一時候，在耶路撒冷城東的橄欖山頂，一個衛兵點燃了用雪松枝條紮成的火把，然後，把火把高高舉起，向著遠方來回晃動，直到看見東部地平線上另一支火把燃起。

這樣，火把一支接一支，朝著巴比倫方向推進，那裡住著大部分流散的猶太人。只要一看見西邊地平線上的火光信號，每個背井離鄉的人都會爬上屋頂，揮舞著火把。結果，在 Rosh Hodesh 之夜，整個美索不達米亞的夜空一片通明，宛如進行著一次盛大的焰火晚會。而這由火把匯聚而成的海洋，其源頭卻若一絲脈線，懸掛在遙遠的耶路撒冷。

這種充滿喜慶色彩的傳遞新的一月之信息的活動，後來因為撒馬利亞人故意擅點火把的搗亂而不再舉行。但耶路撒冷以其地域的神聖性而賦予其地方時間的神聖性，或者反過來說，以其地方時間的神聖性而得以體現地域的神聖性則一直延續下來。散居各地的猶太人為了保證同耶路撒冷的同胞一起渡過完整的二十四小時，常常採用將慶祝一天的節期改為慶祝兩天。須知這絕不單純是喜慶活動的增加一倍，通常是宗教義務的增加一倍。

第二次世界大戰期間，一批波蘭猶太難民經日本前往上海避難，就碰到這樣一個問題：過了國際日期變更線之後，究竟哪一天算安息日和贖罪日❷？猶太學者彼此之間無法達成一致的看法。

為此，難民中的拉比發電報給耶路撒冷的一些學者，請求他們作出裁定。

聖地的大拉比於一九四一年九月召集學者開會，裁定：安息日和下一個贖罪日均按當地日曆計算。然而，當時被譽為「宗師」的亞伯拉罕‧葉沙亞胡‧卡列利茨拉比卻提出異議。

結果，相當一部分猶太難民為了確保同聖地一致，兼顧兩種都有權威的意見，而守了兩天的安息日和兩天贖罪日。這意味著，一部分猶太人整整禁食了四十八小時！

這四十八小時的禁食絕不是對兩種權威的調和，而是對耶路撒冷時間之神聖性的尊重。任何一個民族即使不具備一個政

---

❷ 贖罪日是猶太教的一個重要節期，在每年猶曆七月（提斯利月）的第十天。這一天人們不許做工，只能齋戒、苦行。早期還有向聖殿獻祭的活動，現在仍有在猶太教會堂中以獻雞謝罪的儀式。活動極為隆重、莊嚴。

治——地域意義上的首都，只要有了這樣一個時間的首都，也就有了文化的首都、民族的首都！只要時間長存，這個民族就不會真正流散；只要時間長存，這個民族就一定能夠由時間的首都而重新獲得自己的地域首都、政治首都、國家首都。

# 4・十人即為共同體

有個小販在大街上邊走邊吆喝：「有人要買人生祕訣嗎？有人要買人生祕訣嗎？」

街上的行人一聽，紛紛向他擁來，其中還有幾位拉比。大家你一言我一語地爭著要買他的人生祕訣。

小販說：「使人能真正活下去的祕訣，就是要注意使用自己的舌頭。」

在猶太寓言中，類似於勸誡別人使用舌頭（講話）時多加小心的故事、格言不在少數。《塔木德》中說：「舌頭這個東西，說它好，沒有比它更好的；說它壞，沒有比它更壞的。」舌頭好的地方、甚至必不可少的地方，我們放在下一章裡講；而舌頭壞的地方，用一位拉比的話來說，就是「會招致別人動怒或不和」。

正因為「言語不慎」對外會造成民族糾紛，對內會造成自己人不和，所以，猶太人非常注意管住自己的舌頭（猶太人不輕易談錢，恐怕也屬於舌頭管制條例中的一款）。而一旦在猶太人之間出現因言語不慎而失和的情況，失言者往往會盡可能向對方道歉，請他原諒。

要是對方接受了道歉，並表示寬恕，那自然是一切都算了結了。然而，要是當事人執意不肯原諒，那又怎麼辦呢？在這

一點上，猶太人有自己獨特的解決方法。

這個「言詞不慎」而又得不到當事者原諒的人，會轉而去詢問其他十個與此毫無關聯的猶太人，把前前後後的經過向他們作出說明，並告訴他們，自己已經向他道歉，但對方仍不肯原諒，然後，問這十個人他們是否能夠原諒他。要是他們都同意原諒他的話，那麼無論當事人的態度有無變化，失言者都毋需再於心不安，因為他已經得到了大家的原諒。

要是在失言者向他道歉之前，當事人已經死了，那麼，失言者也可以請十個猶太人一起來到死者的墓前，當著大家的面，向死者乞求原諒。要是這十個人原諒了他，那就等於死者原諒了他。

中國人歷來有「冤家宜解不宜結」的說法，為的就是「冤家易結不易解」。這「不易」大部分情況下是因為受損害的一方不肯「解」的緣故。這在幾乎一切民族中都是如此。

可是，猶太人卻別出心裁地想出這麼一個擺脫一方當事人的方法，給予失言者以解除怨結的機會。所以，這十個人就可以作主的辦法就有智慧在裡面了。

之所以規定要十個人的原諒才可以代替當事人的原諒，是因為在猶太人看來，九個人以下（包括九個人）只能是個人，而十個人就是集體。十個人是猶太人結成共同體的「法定最少人數」，有十個人就可以組成一個「會集」。

所以，十個人的態度就是猶太人集體的態度，十個人的原諒就是猶太人集體的原諒。這意味著，在某種意義上，猶太民族的存在和集體的權威始終高於猶太人個人，猶太共同體有權干預個人之間的恩恩怨怨，以免它造成集體的分裂，貽禍全體猶太人。借用另一則寓言來表達的話，就是：猶太人個人所做的一切，同時也就是對猶太民族的所為。

有艘船載著許多人在海上航行。旅客中有個人拿起錐子，在自己的座位下挖了一個洞。

　　旁邊的旅客見狀大吃一驚，紛紛責備他。

　　他卻說：「這是我的位置，我要幹什麼，你們管不著。」

　　結果，過不了多久，洞被鑿成了，整艘船也就隨之沈入了海底。

　　所以，《塔木德》報導說，每個猶太人都要自覺地從它們會給猶太民族整體帶來什麼影響的角度，衡量自己的所作所為、一言一行。

　　正由於這個道理，猶太人在請求赦免罪過時，不說「我」怎樣怎樣，而一定說「我們」怎樣怎樣。因為哪怕是自己一個人犯罪，猶太人也必定認為是集體犯的。在他們看來，猶太人就像一個大家庭，自己犯了罪，也就等於全體猶太人犯了罪。所以，必須從「我們」的立場出發作出懺悔，請求赦免。

　　反過來，自己雖然沒有犯罪（比如偷盜），但如果發現了某個猶太人的偷盜行為，發現者自己也必須向上帝謝罪：「因為自己的慈善做得不夠，所以別人才會去偷盜。」

　　這不是猶太人習慣於自虐，而是強烈的民族意識和由這種意識生發出來的民族責任感，是一種比單純的地域紐帶堅韌千百倍的「道義」紐帶，而這種「道義」紐帶又僅僅需要「十個人」就可以編就。流散的猶太民族真是一個講究效率的民族！

# 5‧會堂，流動的聖殿

　　打開任何一本同猶太人有關的書籍，眼前就會頻頻出現「聖殿」二字。除了描寫聖殿和講述同聖殿有關的事件之外，

還會排列諸如「第一聖殿時期」、「第二聖殿時期」、「第一聖殿被毀」、「第二聖殿被毀」等等用語，專門指稱一個個階段分明的歷史時期。

從這中間，我們不難看出聖殿在猶太歷史和猶太民族生活中的地位。

聖殿本意是一個供奉耶和華上帝和珍藏「約櫃」的宮室，是每年舉行各種向耶和華獻祭儀式的場所。

當年，摩西在西奈山上得到了上帝授與的法版之後，便按照上帝的吩咐，把它們（共有兩塊）珍藏在一個精心製作的木櫃裡。由於這兩塊石版上有上帝親手寫上的律法，所以，它們既代表了上帝要求以色列遵守的戒律，也代表上帝與以色列人立的約：只要以色列人信守律法，上帝也應許以色列在諸民族中為大。既然法版是耶和華同其選中之民的「合約書」，那麼，這個藏法版的櫃子也就成了一個物證，故稱之為「約櫃」。約櫃再安放在一個稱為會幕或聖幕的帳幕中。

最初，約櫃連同會幕保存在示羅。以色列人同其他民族發生爭戰時，就帶著約櫃一起出征。一次，在同腓力斯人交戰時，還發生了前面提到的「約櫃被擄」之事。這實際上表明，以色列人作為一個遊牧民族，仍處在向定居民族的轉變之中，約櫃的流動是民族缺乏固定地域的表徵。

從猶太王國的第一個王掃羅開始，以色列人形成了統一的民族和統一的王國，並開始在同西邊異族的爭戰中，逐步占據了優勢。但掃羅王與他的三個兒子仍然戰死沙場。

到第二代君王大衛王時代，猶太王國國勢日隆，大衛王想把約櫃迎回來，在耶路撒冷造個宮殿珍藏起來，但沒有建成。因為上帝讓先知拿單通知大衛，這件事最好還是留給他的兒子去辦。這實質上是猶太民族在初步獲得鞏固的地域上還缺乏安

定的感覺。

第三代君王所羅門時，猶太王國如日中天，四周各國紛紛來朝。這時，所羅門便大興土木，徵用十幾萬人，花了七年功夫，造就了金碧輝煌、富麗堂皇的聖殿，史稱「第一聖殿」。

所羅門死後不久，猶太王國便一分為二，並開始自相殘殺。兩百年之後，北方的以色列王國先於公元前 721 年亡於亞述人之手；又過了一百多年，南方的猶大王國也於公元前 586 年亡於新巴比倫人之手。耶路撒冷城破之日，聖殿被夷為平地，上層人物與工匠被擄至巴比倫，從此開始「巴比倫之囚」的黑暗時期。

公元前 529 年，巴比倫為波斯人所滅，一部分猶太人從巴比倫返回巴勒斯坦，開始著手重建聖殿，於公元前 516 年方告完成，史稱「第二聖殿」。

第二聖殿不如第一聖殿壯觀，但極受人們尊敬，甚至有過於第一聖殿。因為當時巴勒斯坦只是波斯帝國的一個小省分，猶太人在尚未獨立的情況下，歷經艱難，建起聖殿，所以，聖殿象徵著猶太民族不屈不撓的精神和爭取獨立的追求。

以後，猶太民族又經過多次興衰，包括中間一百年的獨立，直到公元 69 年猶太人反抗羅馬人的起義失敗，聖殿再次被毀。

從這段簡略的歷史中，不難看出，聖殿的始建、初毀、重建、再毀的過程，實際上折射出早期猶太民族的盛衰。

第一聖殿的建立，標誌著統一宗教、統一民族、統一王國的完成。聖殿成為一個宗教民族精神中心的象徵，也成為一個遊牧民族第一次獲得確定地域空間的象徵。這種雙重象徵所內含的雙重意義以及附著於其上的雙重情感，在第一聖殿被毀之後進一步得到了強化，並更加強烈地轉移到第二聖殿上。

然而，第二次建造起來的聖殿，也第二次被毀了。此後，猶太民族的固定地域不復存在，精神中心的物質空間形態也不復存在。原先寄託在聖殿的一切希望；民族獨立、文化延存、國家重建的希望，只要不湮滅，必定要求找到新的固著點。語言中反覆出現「聖殿」這個詞是一種固著，而更具物質形態的固著，也就是更能補償空間聯繫地域紐帶之闕如的固著，則是伴隨著流散的猶太人的足跡而在世界各地出現的猶太教會堂。

　　會堂（bet haknest）原意為「會集之所」，最初大約起源於「巴比倫之囚」時期，是猶太人會集在一起學習《聖經》和祈禱的處所，並由這種會集而形成相對穩定的小型猶太共同體（社團）。

　　前面我們已經提到，根據猶太教規，滿十個人就可以組成一個「會堂」，所以「會堂」最初的含義側重於集合在一起的人，而不是地方場所。這意味著，亡失了地域之後的猶太人開始是以人群結合的方式取代固定的地域，以非地域性的「會集」補償失去了的聖殿。

　　第二聖殿時期，聖殿又成為民族生活的中心，巴勒斯坦以外的會堂都朝向耶路撒冷的聖殿。第二聖殿被毀之後，精神上的聖殿依然存在，而且因為猶太民族完全失去自己的地域，反而要求具有更明顯的空間形式，會堂就此日益成為一個個非地域性共同體的地域中心。

　　散居的猶太人一般在達到二十來戶人家時，就會集資建造會堂，延請拉比來主持會堂事務，或許還有了自己的貧民救濟員——司幕。

　　世界各地的猶太教會堂形式不一，但典型的會堂小而樸素，男女分隔，仍然保持著重點在集「會」而不在會「堂」的特點。

禱告時，十個成年男子站成一排，面向耶路撒冷，宛如會堂猶在。

按照猶太教規，一天要進行三次禱告：晨禱、午禱和晚禱。猶太人習慣於集體禱告，每天一早就會集在會堂之中，安息日前夕和其他節期也要會集在會堂中學習《托拉》、祈禱或行其他聖事。以這種方式，猶太人可以感覺到集體的存在，增強集體的意識。

猶太人還有一個習慣，個人要是碰到了什麼疑難或解決不了的事情或事關重大的情況，就上會堂請教拉比，或同大家一起商量。所以，為了便於集體祈禱和保持聯繫，猶太人一般都居住在會堂附近，大多不超出以會堂為中心、以十五分鐘路程（猶太人的空間範圍，歷來都是以時間為尺度的）為半徑的範圍之內。

所以，小小的會堂實際上成了猶太人的集體存在場所，成了散居的猶太人精神的主權地域，成了異族文化包圍之中一塊猶太文化的飛翔中心，成了每一個流落異鄉的猶太人都可以直接感智、直接進入的「聖地」和「聖殿」！

在會堂裡，流散的民族聚攏起來；在會堂裡，作為民族傳統代表的拉比行使著精神的權威；在會堂裡，種種猶太事業，從教育到慈善，都投入運行！維繫猶太民族生存的全套機制在聖殿這個小小的物質空間內發揮著它們全部的作用！一個非地域的民族找到了自己最為節約而高效的地域性存在的方式！

會堂——猶太民族空間智慧的最充分體現！

# 6·家庭，民族的縮影

在漫長的歷史時期中，除了會堂，猶太民族的第二個空間集合形式也許就是家庭了。

家，本身必須佔據一定的空間地域，哪怕再小，這塊用各種物質材料直接框定的物質空間時常是名副其實的「國中之國」（儘管在「水晶之夜」，它只能「國破家亡」）；而且，家人之間必定具有其他群體中所不具有的血緣紐帶。

所以，民族一般必備的兩大紐帶——種族與地域——在家庭中找到了最好的結合形式。正因為如此，猶太人家庭活動中存在著大量的共同體活動。

猶太人居室的門上都放著一個小箱子，裡面放有一卷寫有經文的羊皮紙卷，稱之為 nezuzah（經文楣銘）。有的在朝向耶路撒冷的牆上還釘有圖畫成標誌。人們進出家門時，或者用手觸摸「經文楣銘」，或者用嘴親吻。這種安排實際上使家庭居室成了處於外族文化之中的一小塊物質空間，成了實實在在的猶太文化地域。

在家裡，猶太人同樣每天禱告三次；過宗教節期，同樣演出全套生活化的戲劇。從逾越節到住棚節，到七天一次的安息日，共同體活動的相當一部分都以家庭為單位進行著；而差不多同時進行著同樣活動的千千萬萬個家庭，構成了高度整合的猶太民族千千萬萬個活著的細胞。家庭成為全部猶太文化一個最密集的貯存地，成為猶太民族空間存在的分子形式。家庭就是共同體，就是民族本身的縮影。

正因為如此，猶太人對家庭關係極為重視，對協調家庭關係不遺餘力，維繫家庭，就是維繫民族。從《塔木德》中，我們可以找到許多推崇人倫親情的動人事例與故事。

有個猶太人住在古代以色列一個叫戴馬的鎮上。他擁有一塊價值六千個金幣的鑽石。有個拉比想用這顆鑽石來裝飾聖殿的正殿，便帶了六千個金幣來到他家，向他買這塊鑽石。

可是，湊巧放鑽石的金庫的鑰匙放在父親的枕頭下方，而父親又剛好睡得正香。這個人便對拉比說：「因為我不能吵醒父親，所以，不能把鑽石賣給你。」

拉比認為，這個人為了不吵醒父親而寧肯放棄賺錢的機會，是個孝子，值得褒獎。

而一位拉比自己所行的孝道，更令人驚嘆。他同母親一起外出，走到一片高低不平的地方時，母親每走出一步，拉比便把自己的手伸出來，墊在母親的腳下。

這兩則故事的可信度如何，我們不去討論，主要應當看到，猶太民族所弘揚的孝道，其程度同中國人的「二十四孝」已足可相比。「父慈子孝」下來，是「兄友弟恭」。

很久以前，在以色列有兩個兄弟。哥哥已經結婚，有妻子兒女，弟弟還是獨身。兩兄弟都是非常勤勞的農夫。父親死時，把財產分給了兩兄弟。

兄弟倆將收穫的蘋果和玉米公平地分成兩份，各自藏在自己的倉庫裡。到了晚上，弟弟想，哥哥有妻子兒女，開銷大，所以把自己所得的份額中拿出一部分，移到哥哥的倉庫裡。

同時，哥哥卻認為自己有妻子兒女，沒有後顧之憂，而弟弟還是單身，應該為以後的生活多準備一些，所以把自己的一部分玉米和蘋果搬到了弟弟的倉庫裡。

第二天早上，兄弟倆醒來後到倉庫裡一看，東西都一點不少地放在那裡。

第二晚上、第三天晚上都這樣；他倆不約而同地連續搬運了三個晚上。

在第四個晚上，兄弟倆在將各自的東西搬到對方倉庫的路上竟相遇了。兩人終於知道對方的心意，不約而同地扔下手上的農作物，緊緊地抱在一起哭了。

兩兄弟抱在一起哭泣的地方成為耶路撒冷最受尊敬的場所，直到今天仍被追思傳頌著。

《塔木德》作者不但弘揚著這樣一種家庭內部的相親相愛，還不惜委曲求全地挽回他人家庭的和平。

過去，有一個叫梅厄的拉比，很擅於演講。他在每週的星期五晚上，即安息日前夕，前往會堂演講，每次都有好幾百人來聽他的演說。其中，有一個婦女，非常喜歡聽梅厄拉比的說教。儘管星期五晚上，猶太主婦通常都待在家裡準備安息日會餐用的菜餚，可她卻每次都去聽拉比的演講。

有一次，梅厄拉比的說教說得太久了一些，等她回到家已經很晚了。還沒進門，她就被丈夫給攔住了。他生氣地問她：「安息日的菜餚還沒準備好，你到底上那裡去了？」

她回答說：「我到會堂去聽梅厄拉比說教了。」

丈夫聽了，對她說：「除非你去對著拉比臉上吐口水，否則就不要進這屋子裡來。」

說完，他就把門鎖上了。她沒有辦法，只好和朋友們住在一起。

梅厄拉比聽說了這件事後，知道自己的話說得太久了，破壞了一個家庭的和平。

於是，拉比特地請那個女子來，告訴她，自己的眼睛常會疼痛，請她用口水幫他洗洗眼睛。這是沙漠地帶人們清理眼睛裡的灰沙時常用的辦法。

這位女子就朝著拉比眼睛裡吐了一口口水。眼睛好了，她和丈夫的家庭矛盾也消除了。

弟子們問拉比：「你是很有名望的拉比，為什麼會允許一個婦人往臉上吐口水？」

拉比說：「為了挽回一個家庭的和平，就要盡一切力量。」

顯然，越是處於險惡的社會環境中，和平家庭的溫馨親情越能使散居的猶太人感受到「共同體」的溫暖，從而產生強烈的向心力。這種朝著直接共同體——家庭——的向心力匯聚在一起，便是整個猶太民族的凝聚力。

# 7・孩子是希望的所在

猶太人有一句極為睿智的格言——

人類有三個朋友：小孩、財富、苦行。

這裡的人類當然應當理解為猶太民族。因為任何人的全稱命題其實都是其特稱命題的轉型。所以，這句格言告訴我們的是猶太民族的三個根本關注點——

**小孩是民族的肉體存在；**

**善行是民族的精神存在；**

**財富是民族的現實存在。**

對於以「文化」立「族」的猶太人來說，善行及其背後的

價值與信仰，是民族最高意義的存在，無此，即無猶太民族。但是，這種精神存在要成為每一歷史時刻的現實存在而不淪為歷史遺跡，必須與民族的肉體存在同在。而財富不僅代表維繫猶太民族精神存在和肉體存在的必要條件，還是猶太民族的肉體存在藉以證明其精神存在之不朽的根本證據。

所以，最終說來，猶太民族的這三種存在是在孩子身上實現「三位一體」的。

從這層意義上，我們不難明白，猶太人何以會對孩子具有這樣的種帶有崇高感、神聖感的情感。

猶太人的一則典故是這樣說的——

當初上帝要把「十誡」授與猶太民族時，曾要求猶太人作出保證：他們必能守護律法。

於是，猶太人首先以最早的偉大祖先，如亞伯拉罕、以撒、雅各等名字起誓：一定守護十誡。

然而，上帝認為不夠。

猶太人又以他們日後所能獲得的一切財富起誓。

上帝還是認為不夠。

猶太人又以所有猶太人所生之哲人的名字起誓。

上帝仍嫌不夠。

最後，有個猶太人說，一定會把「十誡」傳給孩子，並以孩子起誓。

這時，上帝終於說道：「好！」

這樣的寓言，只有一個長期在血與火的急流中跋涉而隨時會遇到滅頂之災的民族才構思得出來。只有當一個民族清晰地意識到，自己的未來和一切希望都寄託在孩子身上時，才會給

孩子帶上這樣一輪光環，使孩子幾近於神聖。

從這樣一種「孩子神聖」的觀念出發，猶太人的家庭成了名副其實的「孩子的王國」。

當孩子還在母親的子宮裡時，就已受到全家的特殊照顧。猶太人有一條規矩，孕婦應當享受特殊待遇，必須讓她吃得好。在貧窮人家，甚至寧可大家挨餓，也不能讓孕婦餓著。

孩子一出生，就成了家庭的中心。用塔木德的話來說：「一歲是國王：大家集合起來，像服侍國王一樣哄他，取悅他。」甚至還有這樣的話：「有了孩子，人就會愚蠢。」

以前曾有人寫了一份遺囑，上面明確說明：「全部財產都留給我的兒子，但要是他不是真正的愚蠢，就不得繼承遺產。」

拉比知道這件事後，便跑來問他：「你寫的什麼遺囑啊？簡直毫無道理。孩子不愚蠢就不給他遺產，究竟是什麼道理？」

當時，那個人正好嘴裡銜著一根空心的筆桿，他就一邊吹出怪聲，一邊在床上爬行。

原來他的意思是：當自己的孩子有了孩子，並且開始裝怪樣子來哄孩子時，就可將財產給他繼承了。

沒有孩子、或者有了孩子但對孩子缺乏「神聖感」，就不得繼承遺產，這是何等「怪模怪樣」的規矩！是不是猶太人一涉及孩子的問題，馬上什麼都「怪模怪樣」起來？

當年卡爾・馬克思也以給子女當馬騎，趴在地上滿屋子轉而「聞名」於他的眾多朋友。不尋常的人做的這種傻事看起來正是猶太人所謂的「愚蠢」吧！

不過，猶太父親給孩子們當馬騎只能算是「業餘愛好」，其專業職責是「教師」。他們往往採取一種很特殊的教學方式，就是多同孩子交談，討論問題，有時還故意同他們胡攪蠻纏。這種風格的教育風行於猶太人的各個階層，且其中的話題還多以《托拉》、《塔木德》等經書上的問題為取向，從而在培育孩子思考和論說能力的同時，培育出一顆猶太心靈。

這種培育猶太心靈的過程中最動人的一幕，是從小培養孩子的慈善之舉。

在塔木德時代，猶太人家庭在安息日前夕，做母親的一定會點上蠟燭，父親則把手放在孩子們頭上，念誦祝福詞。

猶太人家裡都有一些設置捐款的小箱子。在點蠟燭之前，孩子把父母給他的硬幣投入小箱子內，作為捐獻。

到安息日下午，窮人們會來到富裕人家門前請求施捨。這時，不是由富人家的父母直接把錢交給窮人，而一定由孩子把小箱子裡的錢拿出來送給窮人。

猶太人認為，這樣就可以從小培養孩子慈善的行為，把一顆善心種植在孩子的心上。

「種瓜得瓜，種豆得豆。」種下的是孩子的善心，收穫的是民族的長存！

# 8・凝聚力來自於集體與個體的同在

在《塔木德》中，有不少鍛鍊一個人思維能力的小故事或情境設問，其中有一則非常有助於我們理解猶太民族特別強大的凝聚力之來源。

《塔木德》曾提出這樣一個問題：要是生下的嬰兒長著兩

個頭、一個身體，應該把他算作一個人呢，還是兩個人？

這個設問初看之下，大有經院哲學那種「一個針尖上可以站多少個天使」問題的酸腐氣。不過，還是且慢作出結論。

在猶太人看來，只要這個嬰兒能夠存活，別人在如何對待他的問題上必定會遇到麻煩。按照猶太律法，孩子滿月時要請拉比祝福，這時究竟祝福一次呢，還是兩次？祈禱時要在頭上放個鉢，究竟是放一個呢，還是兩個？所以，這個問題是迴避不了的。

《塔木德》作者提供的解決方案簡潔明瞭。

在一個頭上淋上熱水，如果另一個頭也發出悲鳴，就是一個人；要是另一個頭滿不在乎，那就是兩個人。

用猶太人的話來說，如果有人聽到以色列的猶太人受到迫害，或者俄國的猶太人受到迫害，會感受到痛苦，並發出呼喊，那個人就是猶太人；如果不會呼喊，就不是猶太人！

十分明顯，這個設問只是一則隱喻，實質上是要在現實生活中檢驗出猶太人的民族認同感和凝聚力。

不過，要是僅僅這樣認為，也還沒有抓住這個隱喻的真正要領。

這種感應，從微觀上看，只是一個猶太人對一些猶太人的遭遇之感應，但從宏觀上看，便是所有猶太人對個別猶太人的感應，是民族共同體對個別成員的感應。

因為，當每個猶太人都像另一個頭那樣為別的猶太人呼喊時，這種指向一致的感應已經匯成了一股合力，從無定向、相互抵消的分力，轉變成一股只取一個方向的合力。而在人類社會中，無論共同體也罷，階級也罷，組織也罷，一切超出個體範圍的集體，無一不是通過聚合個體的力量為有組織的合力，從而成為一個有其自身存在的實體。這種指向一致的合力無論

本身指向何方，必定同時在每一個個體身上產生一種指向集體本身的向心力。集體的超個體存在即由於這種向心力或凝聚力而得以實現。

這種向心力的源頭在哪裡可以來自內化了的價值觀念，來自共同的行為樣式，來自共同的社會地位，但根本上必定有很大一部分來自於為個人所意識到的個體存在與集體存在的同一性：個體的存在只有在集體的存在下才能存在，個體的發展只有在集體的發展下才能發展。所謂「自為階級」才有的「階級意識」，無非就是這麼回事。

然而，僅僅這樣的表述仍還不夠，還必須有其倒過來的表述：集體必以個體的存在為其存在的前提，集體必以個體的發展為其發展的前提。在消極方面說得極端一點，就是，無論從價值觀念上還是社會規範上，集體都沒有權力要求個體作出無條件的犧牲。如果不考慮行文唐突，這一命題可以更好地表述為：任何個體都沒有權力以集體的名義要求其他個體作出無條件的犧牲。（讀者應當已習慣於筆者這種純理念性的提法，故不再另外註明。）

這種個體不受犧牲的權利之存在，本身至少需要下面兩個前提——

其一、是從價觀念上和社會規範上，抵制以集體凌駕於個體之上、無視於個體、犧牲個體的要求。

其二、是從社會結構上消除特定個體凌駕於其他個體之上的地位及其必然伴生物——權力，尤其是獨裁權力。因為種種藉集體名義犧牲個體的要求，往往只是占有這種地位、擁有這種權力的個體以犧牲他人來謀取一己私利的幌子。

猶太民族的福祉（也許一半是「因禍得福」）恰恰在於，它同時具備了使這兩個前提得以確立的前提。

從觀念上，至高唯一神不具形態的存在，已經使所有的個體成為（至少理論上）「生而平等」的，任何人都不能無條件地凌駕於他人之上，都不能提出犧牲他人的非分要求。

　　從社會結構上，王權結構和神權結構較早便從社會生活中消失，自食其力並「以文載道」而不是「替天行道」的拉比成為社會結構的核心，成為有權威而無權力——無暴力性質的政治——軍事權力——的精神領袖，使得任何個體無法在其可以動用的社會力量範圍內，以犧牲其他個體來謀取一己私利。

　　在這樣一些社會——文化的基礎上，猶太民族在集體生存，包括集體事物的存在，與個體生存發生矛盾時，能始終以極為明智的態度，允許個體以自認合理的方式謀取生存，也允許個人以自認合理的方式為他人謀取生存。

　　猶太教中有一條律法準則，叫「pikuah nefesh」，意為「關心他人的生命」。該準則規定，當生命處於危險時，安息日不得工作和贖罪節不得吃東西的禁令都自動無效。

　　在《密西拿》中，有拉比認為，除了亂倫、通姦、謀殺和崇拜偶像之外，為了拯救生命，人們可以違背所有誡命。

　　第二次世界大戰期間，某天正值星期五，塔木德學者亞伯拉耍・卡爾馬諾維奇拉比為搭救波蘭猶太人，乘出租車前去募集捐款。人還在路上，夕陽已經西墜。同往的祕書輕輕地推推沈思中的卡爾馬諾維奇拉比，提醒他說：

　　「太陽已經下山，安息日到了。」

　　不料，這位年高德劭的正統拉比勃然作色地回答：

　　「這些人生命危在旦夕，你還跟我說什麼安息日！」

　　讀者要是已經看過本章第一節的話，一定能體會出從「正統拉比」口中說出的這句話的分量與睿智！這是一個富有良知的民族對個體成員的高度責任感！

其實，早在塔木德時期，學者們就已經為卡爾馬諾維奇拉比的這一行為提供了理論依據——上帝說過：「你們要守我的誡律、典章，人若遵行，就必因此而活。」（《利未記》）

拉比們論證道：「存活是人守誡命之後，上帝對人的獎勵。既然如此，又怎麼可以讓人因為遵守誡命而死呢？」

確實，這樣做豈不是置全知全能的上帝於言而無信的窘境之中了？

這種「以上帝之矛陷上帝之盾」的邏輯論證，（其實邏輯上也說不通：不守誡命便可以存活，那「人若遵行，就必因此而活。」又有什麼意義呢？）本意無非在於變通集體規範，為個體保留一條生路，也就是協調集體生存與個體生存的關係。而一旦到了兩者只能存一的極端場合，拉比們毫不猶豫地作出「存則共存，亡則同亡」的抉擇。

《密西拿》中有這樣一則假設：敵人要一群猶太婦女交出她們之中的一個人以供強姦，否則，她們將全部遭到強姦。

面對這種二者存一的抉擇，拉比們的裁定十分明確：

「那就讓他們玷污她們全部，而不向她們出賣一個以色列人的靈魂。」

這明白無誤地表明，任何個體都沒有權力犧牲其他個體，即使是由個體所組成的集體也同樣沒有權力犧牲其中的任何一個個體。

進一步來說，拉比們在這裡沒有要求某一道德典範「捨己救人、挺身而出」，更無可動搖地表明：集體的存在只有在所有個體同時存在的前提下才有權利存在。

發人深省的是，正是這種幾乎無條件地把個體置於集體同等地位之上的觀念與實踐，卻最為有效地保證了集體的存在。

猶太民族的延存至今本身就是一個極好的例子，而猶太人

中被稱為「馬蘭內」的那個部分的存在，則提供了一個更有說服力的實例。

「馬蘭內」原是中世紀西班牙人對祕密猶太教徒的侮辱性稱呼，本意是「豬」。

自猶太人受迫害之初，就有了祕密猶太教。到基督教用暴力強迫猶太人改宗之後，祕密猶太教徒更成了普遍現象。面對著基督教會的「要嘛受洗，要嘛死亡」的抉擇，有大批猶太人改宗。

對此，猶太共同體表現出極為睿智（不是作者喜歡用這個詞，而是找不到更好的詞可用來形容這種「睿智」）的諒解態度。當時被譽為「流放地之星」的格朔姆拉比明確規定：不得虐待那些被迫受洗後又回到猶太居住區的猶太人。在猶太教會作特別祈禱時，人們同樣懇求上帝保祐那些以色列的子孫。

這些「馬蘭內」雖然沒有殉教，而是改宗了，但內心依然是猶太人。所以，他們最後成為基督教會的一塊最大的心病：教會外的異教徒現在成了教會內的異教徒。（這番情景有點像中國小說《西遊記》中魔頭誤吞了孫悟空一樣。）

於是，從十五世紀開始，基督教會設立了異端裁判所，將許多祕密猶太人送上火刑柱。在異端裁判所存在的三個半世紀中，僅西班牙和葡萄牙就有四十萬猶太人受到審訊，其中高達三萬人被處死。

直到 1834 年，異端裁判所才終於被撤消；因為在前一個世紀中，它已經找不到犧牲者了。猶太人不是被殺，就是被趕出了這兩個國家；人們普遍認為，這兩個國家的猶太人已被全部消滅了。

然而，到 1917 年，意大利猶太人施瓦茨在葡萄牙農村發現了馬蘭內居住地。這些馬蘭內仍祕密信仰猶太教，他們已經

不懂得希伯來語了，只知道「阿特乃」這個希伯來語中表示「我主」的詞；但他們仍然遵守猶太教的基本信條。

在施瓦茨的發現公布之後，這些馬蘭內立即得到世界各地猶太人的關心，為他們建造了生活區和會堂，並於倫敦建立了葡萄牙馬蘭內委員會。

馬蘭內能歷經五個世紀的坎坷歲月而留存至今，被看做是「本身就是不屈不撓的集體意志所建立的奇勳！」不過，在我看來，這種集體意志不是一般的集體意志，而是始終把個體生存看得同集體生存一樣重要的集體意志。

唯有這樣的集體意志，才能建立這樣的奇勳！

# Chapter 8
# 強項的民族　自救的智慧

　　猶太民族之所以被稱為「強項的民族」，上帝乃是「始作俑者」。

　　當年，摩西在耶和華上帝的指點和祐護下，率領以色列人出埃及，來到西奈山下。摩西上山去領上帝授與的法版，以色列民眾久候不至，便請摩西的哥哥亞倫為他們做了一隻金牛犢，頂禮膜拜。上帝遙感獲悉之後勃然大怒，對摩西指斥這些「硬著頸項的百姓」，要向他們發烈怒。在摩西婉言相勸之下，耶和華總算心平氣和了，沒有發烈怒。然而，這個「硬著頸項」的名稱，不管是褒是貶，抑或是又褒又貶，卻伴隨著猶太人，再也摘不下來了。

　　猶太民族的頸項確實硬。他們一邊稱耶和華上帝為全知全能，有行奇事的力量；一邊又毫不「為聖人諱」地將耶和華與以色列人立約的信物櫃被擄一事記入「正典」《聖經》，大有《列王記》中同時記錄諸王功績與暴政的氣魄。

　　而且，亡國前後，先知們又一再聲稱：「以色列啊……你是因自己的罪孽跌倒了。」

　　既然是自己跌倒的，那只有靠自己的力量站起來。這種「自己的力量」中，毫無疑問有因虔信耶和華上帝而獲得的精

神力量。但「硬著頸項」的猶太人根本上沒有袖手等待耶和華再行那種讓異族人人長痔瘡的奇事，而是盡自己的一切力量，調動自己的聰明才智、心理素質，偶爾還有體力技能，掙扎搏擊了將近兩千年，終於帶著驕傲的神情，重新出現在國際社會之中，強項不減當年。

以色列人回到了「迦南」。

以色列讓「迦南」真正流淌著「奶與蜜」。

猶太民族以自己的力量兌現了上帝應許之事！

# 1·獨特的自救方式

現代文學批評中有一套方法，專門尋找各種故事、戲劇等有情節鋪陳的文學作品的基本內核，稱之為原型或母題。批評家常常發現，一個民族的故事編來編去，總脫不了若干母題，而整個人類的不同部分，即不同民族，也往往會有若干共同的母題。西方戲劇離不開聖經故事的情節模式，就是這個道理。

那麼，猶太人的生存中有沒有這樣的母題呢？

回答是肯定的，至少在《聖經》中就有一個。

摩西是猶太民族歷史上里程碑式的人物，其歷史功績之大是無人能望其項背的。沒有摩西率領以色列人出埃及，他們便會一直處於被奴役的境地。

更為意義重大的還是摩西溝通了耶和華上帝與以色列人。他代表族眾，在西奈山與上帝立約，接受了上帝的「十誡」，從而使以色列人成為上帝的選民，成了律法的民族。

然而，摩西自己卻一生下來就遇上大難，幸虧他姐姐的智謀，才得以死裡逃生。

當年，以色列人寄居埃及，他們雖然遭到法老的奴役，但生養眾多，繁衍強盛。對此，埃及法老深感不安，生怕一旦埃及同外族發生衝突，以色列人會裡應外合。所以，法老便極為苛刻地對待以色列人，想把他們折磨死。可是，以色列人還是一個勁地不斷增長。

　　法老愈加驚恐，便命令族眾：

　　「以色列人所生的男孩，你們都要丟在河裡；一切女孩，你們要存留她的性命。」

　　這時，以色列人的一個支派，利未家族有人生了一個兒子。孩子長得眉清目秀，十分俊美。當媽媽的捨不得把他丟掉，把他藏了三個月。後來實在藏不下去了，只好取來草箱，抹上石漆和石油，將孩子擱在蘆荻之中。孩子的姐姐遠遠望著，想知道弟弟究竟會遭遇到什麼。

　　恰巧這時，法老的女兒來到河邊洗澡，看見蘆荻中有個箱子，便讓使女去把它拿過來，打開一看，原來是一個俊美的小男孩。

　　孩子哇哇哭了起來，法老的女兒動了惻隱之心，說：

　　「這一定是一個以色列人的兒子。」

　　這時，小男孩的姐姐趕緊跑上前對法老的女兒說：

　　「我去找一個以色列婦人來替你奶這孩子，好嗎？」

　　法老的女兒於是同意了。

　　孩子的姐姐馬上回去叫了母親，一起來見法老的女兒。

　　法老的女兒對她的母親說：

　　「你把這孩子抱去，為我奶她，我一定付你工錢。」

　　於是，母親又抱回自己的兒子，用法老女兒的錢把他養大後，送給法老的女兒作兒子。

　　法老的女兒給孩子起了個名字，叫「摩西」，意思是「從

水裡拉上來的」。

後來，摩西忍受不了埃及人對以色列人的折磨，奮起反抗，最終在上帝的幫助下，率領以色列人走出埃及，進入上帝應許的「奶與蜜」的迦南。

從《聖經》的這段記載，我們可以概括出這麼一套邏輯轉換——

企圖殺害摩西的是埃及法老，付了工錢養活摩西的是法老的女兒，法老的女兒所付的工錢又來源於法老本人，這豈不等於企圖殺害摩西的法老反倒付錢養活了摩西嗎？

率領以色列人出埃及的是摩西，拯救摩西出「水深火熱」的是他的姐姐，這豈不等於摩西的姐姐率領以色列人走出埃及了嗎？

讓企圖殺害摩西的埃及法老出錢養活摩西的是摩西的姐姐，率領以色列人出埃及地的也是摩西的姐姐，這豈不等於摩西的姐姐以讓埃及法老出錢的方式，將以色列人帶出了埃及？

把這幾句繞口令似的話說清楚了，不就是：「以迫害猶太人的人的錢財來維持生存，謀求發展，乃是猶太人自我解放的根本辦法。」

這種從根本上解決問題的辦法並不單單見之於摩西之姐的那一策劃，還可見之於以色列人的神，耶和華上帝的運籌。

《出埃及記》中寫得明明白白，上帝一方面鼓勵摩西帶領以色列人出埃及，賦予他種種大本領，讓他在族眾和法老面前行奇事，以樹立威信和鎮懾法老；另一方面，又讓法老的心剛硬，不放以色列人走。

其目的何在呢？

「我必叫你們在埃及人眼前蒙恩，你們去的時候，就不至於空手而去；但各婦女必向她的鄰舍，並居住在她家裡的女

人，要金器、銀器和衣裳，好給你們的女兒穿戴。這樣你們就把埃及人的財物奪去了。」（《出埃及記》）

所以，藉對手之錢財來維繫生存，並進而制伏對手，確是猶太人的生存大謀略、解放大思路。自摩西的姐姐以來，猶太人一直把它作為一項重要的攻防手段，雖則在具體使用時，形式上有所不同。

有個日本人曾於 1949 年前後在駐紮於日本的「聯合國軍總司令部」中擔任業餘翻譯官，親眼看到猶太人士兵所行的「奇事」。

在這段時間裡，他發現美軍士兵中有一群奇特的人，他們不是將校，卻擁有女人，成天駕車兜風，過著比將校還奢侈的生活。其他士兵看不起他們，暗中咒罵他們是「猶大」，即出賣耶穌基督的人，可是他們在這群人的面前卻也抬不起頭來。

原來這是一群猶太士兵。他們借錢給同事，到了發工資之時，就毫不留情地追討，連本帶利，一點不少；要是還不出，則將配給物資作價償還，而這些東西又可以拿到外面黑市上賣到高價。所以，這群士兵都腰包滿滿。

這位叫藤田田的日本人感慨地寫道：「雖然遭到蔑視，可猶太士兵卻滿不在乎；不但不垂頭喪氣，反而把錢借給蔑視他們的人，事實上用金錢把他們征服了。受蔑視而不氣餒，堅強生活著的猶太人給我以深刻的印象，我不知不覺開始對他們產生好感，不但沒有疏遠他們，反而更接近他們。」

這位日本人不知道，日本人早就被猶太人的金錢征服了。

1904～1905 年日俄戰爭期間，美國銀行行庫恩洛布公司董事長雅各布·H·希夫通過發行債券，集了幾筆貸款，在緊要關頭借給了日本。這些貸款主要為日本海軍提供了半數資金，使其得以日後決定性地打敗俄國艦隊。而且，由於這筆資

金的帶動，日本政府還得到歐洲各國以及金融界的另外一些貸款。

希夫的這筆貸款所選擇的時間和形勢恰到好處，使日本人在感恩之餘（希夫是第一位獲得日本天皇授予旭日勳章的外國人），對猶太人的金融實力有了極為強烈的印象。日本政府在第二次世界大戰中沒有完全聽命於納粹而殘殺猶太人，同由希夫貸款所引出的各種心理有著微妙的聯繫。

希夫為什麼貸款給日本人呢？作為貸款時日方代表的高橋是清，後來當上了日本大藏大臣和首相，經過調查後發現，希夫同俄國有「私人恩怨」：沙皇亞歷山大二世和三世推行反猶政策，尤其是後者殘酷迫害猶太人，在十九世紀末還出現了集體奢殺猶太人的事件。

不管怎樣，希夫這筆貸款確實收到「一石三鳥」的奇效：打擊了沙俄這個仇敵；贏得了日本人的利息，包括旭日勳章在內；為日後一部分猶太難民留下了一條退路。

當然，這條退路不可能是希夫事先籌劃的，但只要猶太人諳熟錢投在那一個當口最好，他們就可以穩享「行得春風有夏雨」的成果。

# 2．發言權最重要

從前，有一個國王得了一種世上罕見的奇病。醫生診斷下來，此病只有喝了獅子奶才能痊癒。可是怎樣才能取得獅子奶呢？大家都一籌莫展。

有一個聰明的男子知道此事後，想出一個辦法。他每天跑到獅子洞穴的附近，給母獅子送上一隻小獅子。到

第十天，他和公獅子很親密了，終於順利地取到一點獅子奶，可以給國王當藥用。

可在去王宮的路上，他自己身體的各部分卻吵起架來，鬧得不可開交。吵什麼呢？原來是爭論身體的哪個部位在取奶過程中最重要。

腳說：「如果沒有我，就沒辦法走到獅子的洞穴，也取不到奶。」

眼睛說：「沒有我，誰都看不見，也取不到奶。」

心臟卻說：「如果沒有我，就根本沒辦法取奶。」

這時，舌頭突然也加入爭論，說：「如果不能說話，你們一點用處也沒有。」

身體各部位一聽，更不服氣，群起而攻之：「你舌頭沒有骨頭，完全沒有價值，別再妄自尊大了。」

舌頭一看情勢不妙，趕緊閉口不語。

進了王宮，舌頭又開口了，說：「到底誰最重要，待會兒你們就知道了。」

到了國王面前，男子獻上了獅子奶。國王分辨不出這是什麼奶，便問那男子。

男子回答說：「這是狗奶。」

這時，剛才責備舌頭的身體各部位才知道舌頭的重要，連忙向它道歉。於是，舌頭再改口說，「不，是我說錯了，這是貨真價實的獅子奶。」

事務的性質取決於語言所給出的界定，從上述猶太寓言中得出的這一結論，會令中國讀者大感奇怪，認為猶太人對語言的看法實在偏頗得厲害。

其實，以喜歡講道理著稱的中國人只要想一想，無論條分

縷析也好，胡攪蠻纏也罷，爭來爭去，人們時常也只是為了對某件事「有個說法」而已。所謂「君子動口，小人動手」，動手者之所以為小人，就因為動口的君子一說，他就得玩完。

不過，從上述的寓言中，我們可以領悟的並不僅似是這一點。因為以猶太民族所信奉的上帝之「道」即為世界之源的信條，語言界定的決定性意義本是題中應有之義。我們看到的是猶太人對發言權本身的極端重視。

從生理學的角度來說，舌頭比手、腳、眼睛、心臟等等，確實最無助於獅子奶的獲得。其他部位都不可或缺，唯獨沒有舌頭也無礙大事。但到了國王面前，事情卻完全倒了個樣，唯有舌頭不可或缺，因為舌頭有發言權。

今日的新聞記者被奉為「無冕之王」，輿論的力量被譽為「第四種權力」而同立法、司法、行政三大權力並列，不也是這個道理嗎？

正是出於對個體權利中最重要的一份權利的重視，在西方歷史上，猶太人最早確立了讓被控告者與控告者對質的權利，並在《塔木德》時代就確立了被控告者所作的不利於自己的供詞一概無效的規定。因為拉比們睿智地認識到：「根據長久的經驗，自白往往來自拷問，故此不足採信。」

這一傳統一脈相承，至今在以色列的法庭上，自白仍舊作無敵的處理。這種從消極方面保護發言權，以保證發言權不被他人所利用的規定，充分表明了猶太民族對發言權的極端尊重，顯示了它在保護個體的這一最基本權利方面的遠見卓識、深思熟慮。

相形之下，美國人引為自豪的「保持沈默的權利」，只能算是一種雖則文明但不夠徹底的形式。

至於中國古代那種動輒以「大刑伺候」加以逼供，或詭計

百出地加以誘供，還自以為是智的積習，更是等而下之，令人一想起來就覺汗顏。

遺憾的是，猶太民族給予成員個體的這種發言的權利，對該民族自身來說，在漫長的歷史時期中，即常常得不到保障。以「殺神」——耶穌基督之被害——到「血的誹謗」——毫無根據地指控他們有以兒童之血獻祭的儀習——到「唯利是圖的經濟人」，一直到「國際密謀」，猶太人一直受到某些深懷偏見的基督教徒形形色色顛倒黑白的指控，並且一直處於無權聲辯，或者即使聲辯也無濟於事的境地。

莎士比亞在不無誤解地刻劃猶太人的《威尼斯商人》中，給了夏洛克藉戲劇舞台以聲辯的機會，這已稱得上一個偉大藝術家的寬容了。

這樣一種生存狀況的長期存在，反過來不能不使這個深知發言權之重要的民族更加深感發言權之可貴。他們不能不奮起抗爭，爭取這項根本性的權利，以便為自己辯護；哪怕是徒勞的，也絕不放棄。

十九世紀八〇年代出現了一個臭名昭著的反猶分子奧古斯特・羅林。他發表了反猶主義著作《塔木德猶太人》，流傳極廣，再版十七次。

羅林雖然是布拉格大學的古希伯來史教授，但他的希伯來語水平極低，卻大言不慚地攻擊《塔木德》，散布中世紀流傳的種種誹謗，並在著作的再版前言中一再狂妄地宣稱：如果猶太人能從德國東方學家協會處獲得證據，證明該書所引材料中有捏造和虛假的成分，他願意出價一千塔勒。

面對羅林肆無忌憚的惡毒攻擊，拉比約瑟夫・布洛赫博士奮起應戰，針鋒相對地提出：要是羅林能證明他有能力讀完《塔木德》中的一頁，哪一頁可由他隨意選擇，布洛赫願意出

價三千塔勒。

布洛赫言辭尖銳，駁得羅林體無完膚。羅林惱羞成怒，向法庭控告布洛赫。法庭經過兩年半調查，定於 1885 年十一月十八日開庭審理。但就在聽證會開始之前，羅林突然撤回起訴。這等於承認自己敗訴。法庭遂判決羅林承擔全部訴訟費用。身敗名裂的羅林不得不由布拉格大學退休。只是不知道這是否同時也是他在「反猶太主義事業」中的退休？

隨著人類社會的進步，羅林之流的反猶主義專家今天即使存在，也不敢那樣肆無忌憚了。但深知發言權之重要的猶太人，更不會放棄手中的話筒。

美國律師中，猶太人的比例奇高，在全國律師中，猶太人占了 20%，在紐約律師中更是占了 60%！美國的三大電視系統「全國廣播公司」（NBC）、「美國廣播公司」（ABC）和（哥倫比亞廣播網）（CBS），都是以猶太人為首的。全美一千八百份日報中，約有 50%為猶太人所有；新聞王國中的最高榮譽「普利茲獎」是猶太人約瑟夫・普利茲所設立；甚至「水門事件」也是由猶太人所有的《華盛頓郵報》首先披露！

而作為爭取發言權的努力之最高形式，當數美國猶太人院外集團的活動，其代表就是每年預算超過一百萬美元的「美以公共事務委員會」。

該委員會是一個強有力的院外活動集團，它有四十八名說客，並且可以指望在一百多名參議員中爭取到大約二十五名，在四三八名眾議員中爭取七十五名。白宮決策者一旦表現出可能對猶太人，特別是對以色列不利的姿態，常常就會有近千隻電話、近百張抗議電報在幾天內湧進白宮。

嘗過這種滋味的前總統卡特說：「我寧願政治上自殺，也不願傷害以色列。」因為事實上，兩者是一碼事，只不過後者

的效果更強烈。

對於這種院外活動，不管美國政治家普遍作何評價，我們的想法是，一個占全美人口不足 30% 的小族類群體，竟有資格被批評者抨擊為：「使別人不敢講話，以致在美國政治舞台上只能聽到和感知他們的聲音。」——保羅・芬德利《美國親以色列內幕》。

這種肝火過盛之辭哪怕再言過其實，也足以說明，猶太民族在今日世界上爭取發言權的成功。相比之下，我們難道沒有明白認為，美國華人在政治舞台上的聲音太輕了嗎？

# 3・不失時機地展示強項

《塔木德》中有不少介紹拉比「強項」的故事。

有個安息日的下午，羅馬皇帝去拜訪一位拉比。

皇帝雖然事先沒有同拉比打招呼，但他在拉比家裡還是過得很愉快。吃晚飯時，餐桌邊上還有人合唱聖歌，或談些《塔木德》上的事。

皇帝十分高興，主動表示星期二還要來訪問。

等到星期二皇帝來時，人們事先已作好了準備。最好的食具擺了出來，安息日時休息的僕人現在也出來侍候，上次因廚師休息只好吃冷菜，這次卻有很多熱的菜餚以及可口的點心。

儘管如此，皇帝覺得還是安息日那天吃的東西有味道，便問拉比：

「上次菜裡用的到底是什麼香料？」

拉比回答說：

「羅馬皇帝沒有辦法拿到那種香料。」

皇帝卻自負地說：

「不可能！皇帝不管什麼香料都可以弄到手。」

拉比說：

「只有『猶太安息日』這種調味料是不管羅馬皇帝你怎樣使勁也弄不到手的。」

拉比這句話的意思很明顯，表達的是猶太人不畏強權的意志。安息日的全套禮儀器具、食物是猶太民族的傳統之象徵，不可能聽從羅馬皇帝的頤指氣使。

不過，這位拉比在羅馬皇帝面前雖然「強項」，還在道理上，畢竟兩人還是朋友。有一位拉比，簡直強項到不近情理的地步，似乎連強項也可以成為「為強項而強項」似的。

差不多也是這個時期吧，一次，有個拉比來到羅馬，正好看到街上新貼出了一張布告，上面寫著：

「王妃最近遺失了一副價值連城的首飾。如有人在三十日內找到並且送還，將予重賞；唯三十日後被發現持有此物者，將處以極刑。」

後來，這位拉比於無意中發現了這副首飾。不過，他沒有立即送還王妃，而是一直等到第三十一日才來到王宮，當面送還。

王妃喜悅過後，問他：

「三十天前貼出布告時，你有沒有在這裡？」

拉比回答說：

「我在城裡。」

王妃臉色一變：

「既然這樣，你為什麼過了三十天才送來，你知道這麼做會有什麼後果嗎？」

拉比坦然回答道：

「我知道。」

王妃更覺奇怪：

「那你為什麼要保管到第三十天呢？如果你昨天送來，還可以得到重賞。難道你不愛惜自己的生命？」

拉比凜然說道：

「如果有人在三十天內送還，王妃會認為這個人是畏懼王妃呢，還是對王妃有敬意？我想告訴人們的是，我到今天才送還，絕不是畏懼王妃，我所畏懼的乃是神。」

王妃聞聽，連忙改容，說道：

「那麼，我應該對具有這種偉大之神的你，表示深深的敬意。」


看了這則故事，令人不能不有這樣一種感覺；似乎拉比們完全不是讀書人的斯文模樣。即使不像高吟著「風蕭蕭兮易水寒，壯士一去兮不復返」的荊軻之輩，因為他們不動刀動槍；那至少也像擊鼓罵曹的那個狂勢禰衡。不願意領敵國王妃之賞，這可以理解，而且非常聰明地選擇了一個非常適當的場合展示自己的「強項」。

羅馬人對猶太人的強項不是不知道，不是沒有機會領教。羅馬人最終將猶太人全部逐出巴勒斯坦，實際上也等於表明：他們對這個強項民族是別無他法了。

而猶太人處在這樣一個信奉暴力的民族統治下，更想維持一定程度的獨立和自主，只能首先堅持自尊自強，從心理上就

讓對方有所準備、並有所讓步。拉比的這番作為就是昭顯民族尊嚴的表演。

不過，這種表演不能貿然進行。過分的剛硬難免失於脆弱。猶太民族兩千年散而不亡的經歷表明，這個民族是有著非凡之韌勁的。在這裡，這種剛中帶柔的韌勁就表現在拉比畢竟還是把首飾送還了王妃。

這意味著，不管拉比畏懼的是神還是王妃，王妃的布告及其內容是得到認可的。王妃無論從面子上、還是實利上，都是有所得的。而拉比則恰恰運用王妃有所得時的心境，藉神示威，展示民族的剛烈之氣。

王妃既有所得，作為羅馬人，又同樣推崇剛烈，所以，比較容易「易容」，而不至於惱羞成怒，硬砍拉比的頸項。

我們的這一番剖析，對拉比是否有「以小人之心，度君子之腹」的懷疑，讀者盡可以有自己的看法。但是，猶太人善於利用特殊場合或時機來表現自己的決心或者剛烈之氣，絕不僅見於這位拉比。

1967 年以阿戰爭期間，曾發生過一件極為蹊蹺的事情。六月八日下午，美國軍艦「自由號」在西奈半島以西十五哩之外航行，卻遭到以色列飛機和魚雷艇的猛烈攻擊。

那天，從早晨六時起，以色列飛機就不斷對這艘通訊船進行偵察。在知道它是美國艦的情況下，仍於下午二時多次出動飛機，對它進行掃射，投擲凝固汽油彈。最後，再配合以三艘魚雷艇施行魚雷攻擊，一枚命中，大有非擊沈「自由號」不可的意思。

當時，「自由號」被打得遍體鱗傷，設備嚴重被毀，船員死亡 34 人，負傷達 171 人，幸未沉沒。

有意思的是，以色列海空軍的攻擊停止不久，以色列政府

便照會美國政府，把整個事件解釋為一場誤會，並表示歉意。美國政府「欣然」接受了這種解釋，並把這一事件的真相嚴嚴實實地掩蓋下來，以致十幾年後，對許多美國人來說，這一事件及其背後的政府意圖，仍然是一個謎。

實際上，美國政府很猜楚，以色列的這一舉動並非當時世人所說的「殺紅了眼」，而是傳達了一個明白無誤的信息，顯示了以色列人敢於向一切作為敵方，出現在當時戰場範圍內的軍隊開火的決心。

當然，這一信息首先不是傳遞給美國盟友，而是傳遞給阿拉伯國家的盟友——前蘇聯。因為前蘇聯領導人此前此後曾多次表示將以武力干預中東局勢，迫使以色列就範。

於是，以色列人便藉西奈半島上戰火正烈之機，不惜以「自由號」作為送還王妃的首飾，向前蘇聯領導人展示其強項的態度。美國政府正是對以色列人的弦外之音心領神會，為了「共同事業」，才心照不宣地把這件事「大事化了」。

那麼，前蘇聯領導人又怎麼樣呢？既然被襲擊的不是他們的軍艦，自然不便多說，但即便幸災樂禍，恐怕也心中有數。不管他們是怎樣的心情，其中必定少不了摻有幾分羅馬王妃的那種「敬意」。


# 4・時時刻刻準備著

猶太人可以說是世界上忍耐力最強的民族，動不動切腹自殺的日本人，對猶太人的這種能力常常讚嘆不已。是的，沒有這樣一種忍耐力，任何民族都不可能經歷兩千多年的流散而不消亡。

何況，猶太人本身又以「上帝的選民」自居。這種自我加封的優越地位，實質上是一柄名副其實的雙刃劍，它在加強民族自尊、賦予民族成員以希望的同時，卻同時使他們時時感到這種優越地位與現實生活的格格不入，從而時時產生希望的幻滅，甚至絕望，因為就實際遭遇而言，他們常常更像是「上帝的棄民」！世界上沒有一個民族的處境比他們更糟了，他們遇到的常常不是一個敵人，而是左右夾攻，腹背受敵。

　　在這種情況下，以「上帝的選民」來喚起自己的信心仍然是必要的。但僅僅如此，又是不夠的，還需要造就民族成員一種特殊的心理素質；這就是忍耐，忍一切不可忍之事的能力。所以，從塔木德時代起，拉比們就著意培養人們的忍耐之心。

　　據說，猶太史上最偉大的拉比之一希雷爾拉比，就是一個堪稱忍耐典範的人。在他生前，人們就常說：「要像希雷爾那樣有耐心，而不是像沙姆埃那樣急躁。」

　　一次，有兩個人打賭，說好誰能讓希雷爾拉比發火，就可以贏四百塊錢。

　　這天剛好是安息日前夜，希雷爾為了清清潔潔地守安息日，正在洗頭。

　　這時，有個人來到門前，大聲喊道：

　　「希雷爾在嗎？希雷爾在嗎？」

　　希雷爾拉比連忙用毛巾包好頭髮，出來問道：

　　「孩子，你有什麼事？」

　　「我有個問題想請教。」

　　「那就請講吧，孩子。」

　　「為什麼巴比倫人的頭是圓的？」

　　「你提出了一個重要的問題！」希雷爾拉比說：

「原因在於他們缺乏熟練的產婆。」

那個人聽完就走了。

才過一會兒，他又來了，大聲喊道：

「希雷爾在嗎？希雷爾在嗎？」

希雷爾拉比連忙又包好頭，走出門來，問道：

「孩子，你有什麼事？」

「我有個問題要請教。」

「那就請講吧，孩子。」

「為什麼帕爾米拉地方的居民都長了爛眼睛？」

「你提出了一個重要的問題！」希雷爾拉比說：
「原因在於他們生活在沙塵飛揚的地區。」

那個人聽完了，又走了。

才過一會兒，他又來了，大聲喊道：

「希雷爾在嗎？希雷爾在嗎？」

希雷爾連忙再次包好頭，走出門來，問道：

「孩子，你有什麼事？」

「我有個問題要請教。」

「那就請講吧，孩子。」

「為什麼非洲人長的都是寬腳板？」

「你提出了一個重要的問題！」希雷爾拉比說：
「原因在於他們生活在沼澤地帶。」

那個人聽完了，沒走，又說道：

「我還有許多問題要問，但我怕惹你生氣。」

希雷爾拉比乾脆把身上都裹好了，坐下來對他說：

「有什麼問題，你儘管問吧！」

「你真的就是那個被人們稱為永遠不會生氣的以色
列親王希雷爾嗎？」

「不錯。」

「要真是這樣的話，但願以色列不要有許多像你這樣的人才好。」

「為什麼？」

「因為為了你，我輸掉了四百元。」

希雷爾拉比問明情況後，告訴他說：

「記住了，希雷爾值得你為他輸掉四百元的，再加四百元也不算多。不過，希雷爾是絕不會發火的。」

希雷爾沒有發火，讀者恐怕倒要發火了。

這則冗長，但又顯得有些趣味盎然的軼事畢竟太冗長了。《塔木德》竟會讓這麼個冗長的故事佔據書寫金科玉律的寶貴篇幅，想必其編纂者已經在希雷爾拉比的身教言教下，練出了可觀的忍耐能力，現在輪到他來訓練我們了。

此言一點不假。猶太人的傳播手段中，歷來都把傳播的內容和傳播過程一起考慮在內。所以，在告訴你希雷爾拉比的工夫時，也就在操練你的忍耐力了。

然而，且不要認為，猶太人是在單純地忍耐。不，猶太人與其說是忍耐，不如說是在等待。等待什麼？有純粹等待神的拯救的，猶太教極端正統派甚至在猶太復國主義運動興起之後，還堅持所謂上帝與猶太人的三條誓約之一：「不得強行返回故土。」但更多人的是在等待行動的時機；這種行動是集體的行動，而不是個體的行動。個體的行動猶太人從未止息過，困難的是集體的行動。

長時期中，猶太民族被迫分散於世界各地，被人隨意地趕來趕去，只能以小規模的共同形式存在。這樣一種生存方式沒有辦法形成全民族的力量，這樣規模的反抗只會導致民族的精

英和實力消耗殆盡。猶太人不是沒有反抗過，但所有的反抗幾乎全部失敗了；而且零星散布的猶太人即使成功地抗擊了一場攻擊，幾乎也必定會引起另外的攻擊，沒有一種勇敢的業績能夠使他們免遭殺戮。

所以，猶太人只能等待，並在等待中為自己積蓄力量，尤其是積累經濟實力。這種暫時還仍是個體性質的行動，由於猶太人所特有的凝聚力，只要時機一到，這些分散的行動就會匯聚成集體的行動。

兩千餘年的耐心等待之後，隨著世界民族政治解放運動在十八世紀興起，猶太人終於迎來了「彌賽亞」，一個猶太人自己的國家就要來臨了。


# 5·行動巨人

「我在巴塞爾締造了這個猶太國。大家也許在五年之內，無論如何，至多在五十年之內將會看到它。」

這是一個猶太人在 1897 年作出的一項論斷，這項當時令人難以置信的論斷發表之後五十一年，聯合國做出了建立以色列國的決議。

這項預言是極其準確，甚至可以說，極其精確的。但作出這一項預言的人並不是一個一般意義上的預言者，而是一個行動者，一個以自己的行動實現自己的預言的行動巨人。

他就是被猶太人譽為「第二個摩西」的以色列民族英雄，猶太復國主義者代表大會的創始人、以色列國的奠基人西奧多·赫茨爾。他 1860 年五月二十日生於匈牙利的布達佩斯。他接受的猶太教育並不多，一度還是一個被同化者和同化論

者，相信可以通過受洗，或者與非猶太人通婚，來解決猶太人問題。然而，現實生活使他認識到，同化的道路是行不通的。

於是，他從以旁觀者的身分同情猶太人、為猶太人辯護的立場，轉變為把猶太問題當作自己的事，並致力於解決猶太人問題。他在 1894 年寫了一部劇本《新的猶太區》，劇中主人公臨終前說的話，預示了他解決猶太問題的根本設想：

「猶太人啊！我的兄弟，你們只有知道應如何去死，人們才讓你們活下去……你們為什麼這麼緊地抓住我？……我要逃——出去……逃——出——猶——太——區！」

1894 年～1895 年間，赫茨爾任維也納一家大報駐巴黎的記者，親眼目睹了著名的德雷福斯案件的審判。

1894 年十二月，法軍上尉、猶太人德雷福斯案遭人誣陷，被定為叛國罪而判處終身監禁。這起冤案在十二年後（1906 年）才得以平反。

在審判德雷福斯期間，法庭內外都有成群的人狂呼：「殺死！殺死猶太人！」這種白熱化的反猶氣氛和場景，使赫茨爾真正變成一個猶太復國主義者。他明白了以文明和進步著稱當時的法國，在猶太人問題上尚且表現得如此偏狹，對那些還未達到法國一百年前水準的民族又能抱什麼希望呢？

從 1895 年起，赫茨爾積極開展猶太復國主義活動。他寫出完整的綱領，拜訪重要的猶太人和一些政治家，闡述建立猶太國的設想，卻無一例外地遭到冷遇。

赫茨爾沒有氣餒，繼續追求自己的目標。他將自己的這份綱領改寫為《猶太國》一書，書中概括地敘述了這個國家的任務，重點論述了建立這個王權國家所必須採取的措施。

事實上，猶太復國主義思想並不是赫茨爾第一個提出的，但赫茨爾第一個提出了政治猶太復國主義的完整設想，制定了

具體措施，並付諸實踐。

　　1896 年《猶太國》一發表，便迅速傳開，赫茨爾以其一定能蹈上新的國土的信念和藐視反猶主義的無畏精神，在廣大猶太人中激起了強烈的共鳴。

　　猶太復國主義運動的第二任領導人、以色列首屆總統哈伊姆·魏茲曼日後回憶道：「此書的發表猶如晴空霹靂，猶太人從中發現一位重要的歷史人物，一個行動的巨人。」而許多青年猶太復國主義者讀了《猶太國》之後，簡直「完全變成了另一個人。」

　　爭取上層人物支持的努力失敗後，赫茨爾開始組織群眾，走上政治猶太復國主義的道路。

　　1897 年八月二十九日，在赫茨爾的努力下，世界猶太復國主義者第一屆代表大會在巴塞爾開幕。

　　這是猶太人自大流散以來所召開的第一次正式的世界性猶太人會議，來自東歐、西歐、美國、俄國和阿爾及利亞的一百九十七名代表出席了大會。

　　赫茨爾向大會作了報告，明確表示贊成在巴勒斯坦創立一個正式、有法律依據的猶太民族家園。

　　大會成立了猶太復國主義者協會，任命赫茨爾為第一任主席，通過了猶太國的國旗和國歌，建立了行動委員會。猶太復國主義的目標是把散居在世界各地的猶太人團聚起來，通過移民的途徑，在巴勒斯坦建立猶太國。

　　大會以後，赫茨爾為猶太復國主義的目標作了大量工作，並取得了重要成果：在第二年召開的代表大會上，代表人數增加了一倍，下屬小組增加了兩倍；1901 年成立了猶太殖民托拉斯，開始為猶太復國主義事業籌措資金；1905 年，猶太國民基金也建立起來。

赫茨爾為民族所作的最後一項貢獻是在猶太復國主義隊伍面臨分裂的關鍵時刻，召開了和解會議，維護了內部的團結。

　　此時，對赫茨爾本人來說，最後的日子已經臨近。

　　會議之前，他已臥床不起，抱病參加會議之後即被送去療養。但他堅持工作，終於在 1904 年七月三日英年逝世，時年才四十四歲。

　　六千多名猶太人為他送葬，哀悼他們的民族英雄。在猶太人的心目中，赫茨爾是他們的領袖和引導他們從黑暗走向光明、走向上帝應許之地的救世主，是「這首充滿幻想的政治史詩的『主題』。」

　　猶太史學家、猶太復國主義元老阿巴·埃班認為：「猶太人開始安排自己的生活和未來，這一點應歸功於赫茨爾。」

　　對於一個流散了兩千年的民族來說，這個「開始」具有何等重大、何等必要、何等根本的意義！猶太人不是沒有進行過解放自己的努力，也不曾放棄過重返錫安的希望。然而，作為一個集體、一個民族，確實沒有作過重返錫安的現實努力，沒有採取過有效的行動。

　　誠如赫茨爾在和解會議上說的：

　　「為了達到這個偉大的目標，需要一種偉大的力量，而這種偉大的力量在宗教秘密團體聯合會裡是不可能找到的……你們生活在自己的小圈子裡積蓄金錢……你們不知道達到目標的途徑，所以你們不能成就任何事業。」

　　宗教的凝聚、金錢的解放仍然是需要的，但在人類邁向二十世紀，世界政治、經濟格局醞釀著全新的大變動時，面對著從未出現過的歷史際遇，如果猶太人仍然單純採取兩千多年來「行之有效」的那些老方法，無疑將鑄成一個歷史性大錯誤。如果在巴勒斯坦沒有政治猶太復國主義者動員去的大量猶太移

民，沒有他們於第二次世界大戰之前已組建好的政黨、總工會、軍事組織，甚至教育體系這套主權國家的初步輪廓，單單六百萬猶太人的犧牲，即使激起了各國領導人再大的同情，也不可能換來一個猶太國。

歷史的際遇稍縱即逝，一個翹首企盼了二十個世紀的古老民族就在這短暫的一瞬間把握住了一個不會再來的機會。

赫茨爾倒下之時，猶太國仍未出現。但歷史證明，這個猶太國已經由幻想邁向現實的大門，赫茨爾耗盡畢生精力，克服了兩千多年的銹滯方使之啟動的歷史車輪，已慢慢地，繼而越來越快地向著上帝應許之地馳去。雖然猶太民族還會經過自己歷史上最最黑暗的一段歷程，但錫安山畢竟已越來越近了。

時針忠實地按照赫茨爾的預言，一格格地走向猶曆 5708 年以珥月五日，即公元 1948 年五月十四日下午四時，復活的猶太國在炮火中站了起來！

這是猶太民族一個新紀元的開端，是猶太民族、猶太文化、猶太智慧創造的一個真正的神蹟！

〈全書終〉

國家圖書館出版品預行編目資料

猶太的智慧／顧駿 著 -- 初版 --
新北市：新視野 New Vision, 2019.07
　　面；　公分 --
　　ISBN 978-986-97036-8-0（平裝）
1.猶太民族　2.民族文化

536.87　　　　　　　　　　　　　108008074

# 猶太的智慧

顧駿　著

主　　編　顧曉鳴
企　　劃　林郁工作室
出　　版　新視野 New Vision
責　　編　林郁、周向潮
　　　　　　電話 02-8666-5711
　　　　　　傳真 02-8666-5833
　　　　　　E-mail：service@xcsbook.com.tw

印前作業　菩薩蠻數位文化有限公司
印刷作業　福霖印刷有限公司

總 經 銷　聯合發行股份有限公司
　　　　　　新北市新店區寶橋路 235 巷 6 弄 6 號 2F
　　　　　　電話 02-2917-8022
　　　　　　傳真 02-2915-6275

初　　版　2019 年 08 月